사라져 가는

전라도 말의 뿌리

이 도서는 한국출판문화산업진흥원의
'2023년 우수출판콘텐츠 제작 지원'
사업 선정작입니다.

사라져 가는 **전라도 말의 뿌리**

1판 1쇄 인쇄　2023년 08월 25일
1판 1쇄 발행　2023년 08월 31일
저　　　자　위평량
발 행 인　이범만
발 행 처　**21세기사** (제406-2004-00015호)
　　　　　경기도 파주시 산남로 72-16(10882)
　　　　　Tel. 031-942-7861　　　Fax. 031-942-7864
　　　　　E-mail : 21cbook@naver.com
　　　　　Home-page : www.21cbook.co.kr
　　　　　ISBN 979-11-6833-086-3

정가 20,000원

사라져가는
전라도 말의
뿌리

위평량 지음

- 언어와 문화의 원형을 찾는 여행 -

21세기사

우리는 들어서 익히 알고 있다. 지난 시절 신안 앞바다의 해저 보물 도자기가 그물에 걸려 올라오자 이를 알아보지 못한 어부들이 매번 깨뜨려 버렸다가 나중에야 그 가치를 알고 뒤늦은 후회를 하게 되었다는 이야기를 말이다.

바로 우리 주변에서 사라져가는 전라도 말이라는 보물을 우리는 머지않아 애타게 찾게 될 것이다. 아니 겨우 찾게 되더라도 그 정확한 뜻도 유래도 알 수 없는 말을 두고서 머쓱할지도 모를 일이다.

저자는 30여 년이 넘는 기간, 전라도 모든 시군 단위 지역을 수십 차례 찾아다니며 방언 조사를 해 왔다. 또 같은 방식으로, 접경하고 있는 경상도 낯선 지역까지 이국땅을 밟듯이 흥미로운 여행을 했다.

전라도 고을고을은 어찌 그리도 매번 새롭고 처음 보는 풍경과 정겨운 삶의 모습들로 넘쳐나고, 매번 내가 살던 우리 마을과 흡사한 농촌 마을을 방문하고서도 그분들이 살아온 이야기를 듣고 있노라면 마치 미지의 세계에 여행을 온 듯한 착각에 빠지곤 하였다. 만나는 사람마다 생전 처음 들어보는 흥미진진한 이야기들과 삶의 애환이 서린 안타까운 사연들이 어찌 그리도 많은지, 호기심 많은 저자에겐 그저 하루 한나절의 방문으로 수십 권의 동화책을 읽은 듯한 뿌듯함을 안고 매번 집으로 돌아오곤 하였다.

그럴 때마다 오늘 나는 놀라운 기적 속에서 살고 있음을 다시 실감하곤 한다. 지금 내가 이 자리에서 온전히 살아갈 수 있는 힘은 바로 수천 년의 헤아릴 수 없는 역경과 생사의 위기를 이겨내고 나를 여기에 있게 해 주신 우리 선조님들 덕분이었다는 사실에 더없는 감사와 존경의 마음이 매번 우러남을 어찌할 수 없었다. 이렇듯 나는 오늘 그냥 있을 수 있는 게 아니라, 우리 선조분들이 최고의 유전자를 나에게 물려주셨기 때문에 가능했던 것이다.

그래서 오늘 여기에 살고 있는 그 누구든 이미 최고의 DNA를 보유하고 있는 셈이다. 무언가 부족하고 위기와 역경을 헤쳐내지 못한 그런 유전자는 이미 모두 이 땅 위에서 적응하지 못하고 사라졌을 것이기 때문이다. 나는 그저 고마워만 할 뿐이고, 이를 바탕으로 행복하게 살아야 할 의무를 지닌다. 그리고 또 다음 세대에게 잘 물려주어야 할 사명감을 느낀다.

우리는 우리를 여기에 있게 해 주셨던 그 삶의 정신을 배워야 한다. 우리 선조들에게서 물려받은 삶의 태도, 그분들이 대대로 사용해 왔던 언어와 문화, 모든 것을 되짚어 보존하고 이를 현대적으로 수용하여야 한다. 고리타분하다고, 시대에 뒤떨어진다고, 이젠 세상이 바뀌었다고 말하지 말자. 사는 방식이 바뀌어서 그러한 말을 사용하지 않고 그런 풍습이 없어졌을 뿐, 세상을 바라보는 지혜와 그 이치는 오히려 끝없는 시행착오를 거듭해 왔던 선조들의 위대함을 우리는 따라갈 수 없으며, 이를 본받아야 한다는 원칙에는 변함이 없다고 본다.

〈전라도 말의 뿌리〉 1권을 낸 지 3년이 지났다. 다시 한번 표준어로 교

육받기 이전의, 이 지역만의 말과 문화의 뿌리를 찾아 떠나는 신비로운 여행, 얼마나 가슴 두근거리는 일인가. 책의 부피를 고려하여 1권을 집필할 때 부득이 남겨두었던 원고를 다시 다듬고 정리했다. 이 자료들은 저자가 20~30년 전부터 조사하고 전사(傳寫)를 해 온 자료여서 가끔 제보자를 찾아 다시 확인하려고 현지를 찾아가거나 전화로 문의를 하려고 하였을 때, 그 사이에 많은 분들이 아쉽게도 작고하고 세상에 계시지 아니하셨다. 어떤 분은 살아 생전에 손수 저자에게 편지를 정성스레 써서 보내주신 분도 계셨다. 책은 언제 나오냐고, 나오면 꼭 한 권 보내주라고 하면서... 원고를 미루다 이제야 겨우 책을 내게 되어 저자의 졸고를 받아보지 못하시고 이 세상과 하직하신 분들께 두 손 모아 죄송한 마음과 그동안의 가르침에 감사의 뜻을 함께 전한다.

다시 한번 강조하지만 전라도 말의 뿌리를 아는 일은 우리 한국어 전체의 뿌리를 아는 일이라고 해도 과언이 아니다. 전라도 말에는 다른 지역방언에서보다 더 많은 고어를 간직하고, 또 언어 변화에서 가장 보수적인 모습을 보이는 말이 많기 때문이다.

전국적인 방언 분포를 보더라도 '丶 > 오'의 경향과 중세국어 'ㅿ > ㅅ' 어휘의 분포의 모습, 수많은 고어 형태가 변하지 않고 그대로 유지되고 있으며 다른 지역에서 찾아볼 수 없는 독특한 어휘가 너무나 많다는 점을 보아서도 전라도 말은 우리 한국어의 가장 원초적인 모습을 그대로 간직하고 있다는 사실을 쉽게 알 수 있는 것이다.

이런 의미에서 〈사라져가는 전라도 말의 뿌리〉는 우리 삶의 역정을 다시 되돌아보고 오늘의 우리를 다시 확인해 보는 중요한 문화적, 역사적 디딤돌이 되리라 의심치 않는다.

다시 한번 생동하는 삶의 현장에서 바쁜 시간을 내어 마다하지 않고 기꺼이 이 책의 〈현장구술담화〉에 협조해 주신 모든 제보자 분들께 이 글을 바친다.

집필 과정에서 각 지역별 차이로 흥미로운 방언분포의 모습을 보이는 말들은 아래 [지도]에 도안형 기호와 색체를 부여하며 그 분포를 한눈에 볼 수 있도록 하였다.

[지도] 광주·전남의 시, 군 단위 명칭

사실 이 책은 박사과정을 시작할 때 '선배들 하는 것을 잘 보면서 차분하게 공부하고 글쓰기를 시작하라'는 박준규 교수님의 조언이 큰 힘이 되었다고 할 것이다. 그리고 글을 집필하는 과정에서 필자의 성급한 논리와 어눌한 언어 시각을 끊임없이 지적해 주신 이기갑 선생님, 그리고 새로운 아이디어로 안내해 주신 동고송 황광우 선생님께는 늘 고마움 이전에 송구함이 앞선다. 또 좋은 자료를 제공하고 도움을 주었던 야성 친구와 강량, 평수 형님, 이범만 21세기 출판사 사장님께도, 그리고 유난히 아들을 기다리는 병상의 어머니와, 가까이서 보살펴 주시는 외삼촌, 이모께, 부족한 오빠를 자랑스러워하는 해은과 혜정 내외에게 다시 한번 고마움을 전한다. 저 멀리서도 소식을 듣고 계실 아버지와 동생 용량이도 좋아할 거라 생각된다.

오늘도 곁에서 무관심한 척하는 아내와 늘 아빠의 모든 것을 자랑하고 응원하는 진아, 은아, 찬웅에게 미안하고 고맙다는 말을 이제라도 꼭 해야겠다.

| 목차 |

제1장 농사와 농기구

제6장 사람과 호칭

제7장 동물과 식물

동물

제8장 자연과 시간

제9장 감정표현

제1장
농사와 농기구

01 족탁기(호롱기)

벼, 보리 따위의 이삭에서 큰 통을 돌리면서 낟알을 떨어내는 농기계, 탈곡기를 표준어로 '회전기', '탈곡기', '호롱기'라고 한다. 전라도에서는 이 농기구를 '기계홀태', '족탁기', '양홀태', '양강기' 등으로 부른다. '기계홀태', '족탁기'는 어떻게 생겨난 말일까?

탈곡을 하는 농기계를 전라도 말로는 '홀태'라고 하는데 사람의 힘으로 작동하는 홀태 중에서 '기계홀태', '족탁기(표준어: 회전기)'는 가장 최신형이라고 할 수 있다.

표준어 '회전기'는 돌아가는 둥그런 통에 구부러진 쇠고리를 촘촘히 박아 이 통을 돌리면서 곡식 낟알을 털어내는데, 탈곡의 역사에서 비교적 최근의 일이다. 인구의 증가와 함께 수확량이 늘고 많은 양의 탈곡을 필요로 하게 된 기계화 과정의 시대적 산물이었다.

이 '회전기'를 말하는 전라도의 '기계홀태'는 '기계로 작동하는 홀태'라는 의미이다. 그리고 '홀태'는 '훑는다'의 어근 '훑'에 '-애(접미사)'가 붙어서 '훑는 도구'를 의미한다. '-애'는 '막+애>마개', '밀+애>미래(고무래)'에서와 같다.

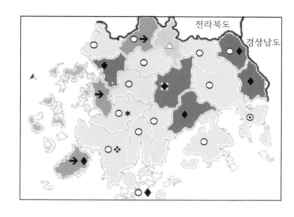

그리고 '양홀태'는 '서양(西洋)에서 온 홀태'라는 말이다.

'족탁기'는 '족(足)+탈곡기(脫穀機)'가 줄어들어 '족탈곡기>족탁기'로 볼 수 있으나, 국어사전에 실려 있는 '족답기(足踏機, 발로 디디는 힘을 동력으로 하여 돌리는 기계)'가 변한 말이라고 보는 것이 좋을 듯하다.

'족탁기'는 그 후 차츰 사람이 발로 밟지 않고 동력장치인 전기 모터를 달아 전기의 힘으로 돌리는 탈곡기로 변신하였다. 그러나 이 전기 탈곡기조차 오래 사용되지 못하고, 얼마 지나지 않아 '벼 베기, 탈곡하기, 알곡 고르기, 가마니에 담기, 집에 가져오기'를 한순간에 처리해 버리는 '콤바인'이라는 괴물이 등장하면서 자취를 감추고 이제 '족탁기'는 큰 골동품상에 찾아가서야 겨우 구경을 할 수 있다.

현장 구술 담화

"고것은 양홀태, 양홀태. 아주 발달헌 것이여 이것이. 우리가 말허는 **족탁기**. **족탁기**랑께 요것이. 발로 밟는 기계다. 그전에는 왜홀태라 갰네, 양홀태라 허고 **족탁기**라고 많이 허고."(그것은 양홀태, 양홀태, 아주 최신식이야 이것이. 우리가 말하기는 **족탁기**. **족탁기**라니까 이것이. 발로 밟는 기계다. 그전에는 왜홀태라고 했지, 양홀태라 하고 **족탁기**라고 많이 하고.)(무안군)

🄂 맷덕석(맷방석)

표준어 '맷방석'을 전라도에서는 '맷돌방석', '맷둑방석', '맷덕석'이라고 한다. 표준국어대사전에도 '맷돌을 갈 때 밑에 까는, 짚으로 만든 방석인데 멍석보다 작고 둥글며 전(테두리)이 있다.'고 풀이되어 있다.

'맷덕석'은 어떤 뜻을 담고 있으며 어떻게 변해 온 말일까?

먼저 표준어 '맷방석'은 '맷(맷돌)+방석(앉을 때 밑에 까는 작은 깔개)'으로 맷돌 밑에 까는 방석을 말한다. '방석(方 모 방, 席 자리 석)'은 원래 한자어로 '모가 난(네모진) 깔개'의 의미를 지닌 말임을 짐작할 수 있다.

그런데 전라도 말 '맷덕석'의 '덕석'은 표준어 '방석'이 아닌 '멍석'을 말한다. 즉 '멍석'은 '짚으로 새끼 날을 만들어 네모지게 엮어 흔히 곡식을 널어 말리는 데 사용하는 큰 깔개'이다. '멍석'은 원래 '망석(網席)'의 변화형으로 일종의 '망(網)처럼 엮은 자리(席)'를 뜻한 말이 '망석>멍석'으로 모음교체를 겪은 모습이다.

표준어 '멍석'에 해당하는 전라도 말 **'덕석'**은 물론 표준국어대사전에도 **'쇠덕석**(소의 등을 덮어 주는 멍석)'이란 말로 실려 있지만, '곡식을 널 때' 사용하는 '멍석'의 의미는 아예 없다.

그런데 이 '덕석'은 원래 '독석(犢 송아지 독, 蓆 자리 석)'이 '독석>덕석'으로 변한 말이라는 견해가 가장 설득력이 있어 보인다.

예전에 소를 기를 때 한겨울 추위에는 소의 등과 배를 덮개로 따뜻하게 덮어 주어야 하는데, 그냥 짚으로 덮어주면 그것을 배가 고플 때 소가 뜯어먹게 되므로 그러지 못하도록 단단하게 엮어 덮어주는데 이것이 바로 '독석(犢蓆)'이었다. 그런데 겨울이 지난 후 이 '독석'은 곡식을 말릴 때도 유용하므로 나중에는 아예 이와 같은 방식으로 넓게 짜서 곡식을 말리는 용도로 사용하게 된 것이다. 그러면서 차츰 '독석>덕석'의 모습으로 변화를 겪어 온 모습이다.

참고로 소의 등을 따뜻하게 덮어 주는 '독석(쇠덕석)'을 전라도 일부 지역서는 '두대'라고도 하고, 또 아주 넓게 펼쳐진 모양을 말할 때 '덕석떼'로 몰려온다는 말을 사용하기도 하였다.

"저그 소가 등이 따세야(따뜻해야) 껍질이 안 잉기그등요.(털이 안 엉겨붙거든요.) 짚으로 덕석맹이로 만들아. 짚으로 요만썩 잡아각고. 아이소 **두대(쇠덕석)** 덮어 조라."(순천시)

"전에는 참새가 **덕석떼**로 댕겼는디. **덕석떼**는 한 무리가 몰아댕인다 그 말이여. **덕석떼**도 몰라?"(화순군)

현장 구술 담화

"**맷덕석**, **맷덕석**, 매를 거그다 놓고 보리 같은 거 갈고 그랬어. 여그 없어. 인자는 없어. 있더라도 들어가 불고 없어. **맷덕석**이 없다고."(맷방석, 맷방석, 맷돌을 거기에 놓고 보리 같은 것 갈고 그랬어. 여기 없어. 이제는 없어졌어. 있더라도 사라져 버리고 없어. 맷방석이 없다고.)(무안군)

03 갈키똥〔갈큇발 묶음〕

표준어의 '갈퀴'는 '검불이나 곡식 따위를 긁어모으는 데 쓰는 기구로 한쪽 끝이 우그러진 대쪽이나 철사를 부챗살 모양으로 엮어 만든다'고 설명되어 있다. 그런데 '갈퀴'를 만들기 위하여 이러한 부챗살 보양의 '갈퀴의 발'을 몇 개씩 묶어 놓은 다발을 고흥 등 일부 지역에서는 '갈키똥'이라고 한다.

'갈키똥'은 어떤 뜻을 지닌 말일까?

먼저 표준어 '갈퀴'의 옛말을 보면 '갈키(18세기)'와 '갈퀴(19세기)'를 볼 수 있는데 이들 '칼키', '칼퀴'는 '손가락'에서처럼 '갈래'를 뜻하는 '갈'에 '고리'가 합하여진 '갈고리'의 변화형으로 보인다.

이렇듯 전라도에서도 '갈쿠리', '갈쿠', '갈키' 등 다양한 형태가 있다. 지도에서 보는 바와 같이 전남의 서부 쪽에서 동부 쪽, 경상도 쪽으로 갈수록 '갈쿠-갈키-갈쿠리'의 모습으로 분포하고 있는 것을 알 수 있다. 특히 '갈쿠리'의 모습은 '갈쿠리'가 가장 고형의 모습으로 볼 수도 있고, 전남 서부의 '갈쿠'가 경상도 말 '까꾸리'의 영향을 받아 생겨난 변이형의 모습으로 볼 수도 있다.(갈쿠+까꾸리>갈쿠리)

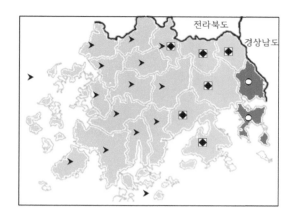

[갈퀴 지도]
> 갈쿠
◈ 갈키
○ 갈쿠리

부연하자면 '갈쿠리'는 머리부분 전라도 어형 '갈ㅋ-'는 유지한 채 경상도 말 '까꾸리'의 뒷부분 '-ㅜ리'의 영향을 받았다고 볼 수 있는 것이다.

'갈키똥'은 '갈키'에 '-똥'이 합하여진 말인데, '-똥'은 전라도에서는 대체로 '콩똥(표준어: 콩동)', '나락똥' 등에서 볼 수 있는 말로, '콩똥'이 콩을 털고 난 후의 대를 '묶어 놓은 콩 다발'을 일컫는 말이고, '나락똥' 역시 벼를 탈곡하고 난 후의 '짚 묶음 다발'을 말한다. 그래서 이런 경우 쓰이는 '-똥(표준어: -동)'은 '작은 묶음'을 의미하는 말임을 알 수 있다.

이로 본다면 '갈키똥'은 갈퀴를 만드는 '갈큇발의 묶음'인 셈이다. '갈큇발'은 표준어로 등재되어 있다.

현장 구술 담화

"갈키 맨들라고 **갈키똥**, **갈키똥**이라 그래, 저걸 보고. 저걸 갖고 갈키를 맨들아 **갈키똥**, 우리가 고물 쌔부렀네."(갈퀴를 만들려고 **갈키똥**, **갈키똥**이라고 해, 저것을 일러. 저걸 가지고 갈퀴를 만들어 **갈키똥**, 우리 집에 고물이 아주 많네.)(고흥군)

⑭ 꼼뺑이[고삐]

표준어의 '고삐'는 말이나 소를 몰거나 부리려고 재갈이나 코뚜레, 굴레에 잡아매는 줄을 말한다. 전라도에서는 이 '줄'을 '꼬뺑이', '꼼뺑이', '께뺑이', '꾀삐'라고 한다. '꼼뺑이'는 어떻게 생겨난 말일까?

표준어 '고삐'는 대체로 동물의 '코(鼻)'의 옛말 '고'에 '밧줄'을 의미하는 '비(轡, 고삐 비)'가 합하여진 '곳비'의 변화형이라고 보는 견해가 우세하다. '코에 매달린 노끈'이라는 뜻이다. 주로 어미가 된 소나 말을 몰고 다닐 때는 코를 뚫어야 부릴 수 있기 때문에 이와 같은 방식의 노끈을 사용했을 것이다.

그래서 전라도의 '꼼뺑이'는 '고삐'에 접미사 '-앵이'가 합하여진 '고삐앵이>꼬뺑이>꼼뺑이'로 변한 것으로 짐작된다.

지도에서 보는 바와 같이 전남의 서부쪽에서는 주로 '꾀-'. '깨-'형이 분포하고, 전남의 동부쪽에서는 '꼬-', '꼼-'형이 분포하고 있는 것을 볼 수 있다.

그런데 이러한 '꼼뺑이'는 일반화되어서 나중에 소를 모는 '고삐'의 의미뿐만 아니라 일상생활에서 사용하는 '긴 노끈'이나 '밧줄' 등을 말할 때에도 활용되었다. 그래서 '삼의 타래(삼을 꼬아서 길게 밧줄처럼 만든 타래)'를 말하는 '삼꼼뺑이'라는 말도 있었다.

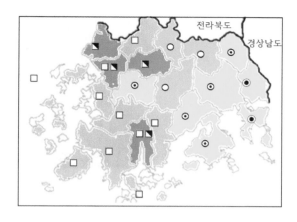

⊙	**꼼뻉이**
⊙	꼬뻉이
○	꼬삐
□	꾀삐 (께삐)
◤	꾀뻉이, 께뻉이

아직 어미소가 되기 전의 어린 송아지는 상당히 자랄 때까지도 코를 뚫지 않고 목에다 끈을 매고 다니는데, 어느 정도 힘이 자라면 소를 모는 아이들이 제어하기 힘들 때가 많다. 어쩌다 소가 놀라거나 해서 달리면 소를 놓치지 않으려고 소가 뛰는 속도로 함께 달려야 하고, 심지어 상당히 높은 낭떠러지를 엉겁결에 소와 같이 뛰어내려 크게 다칠 뻔한 경우도 종종 있다. 초등학교 시절 송아지와 함께 산등성이 너덜겅(자갈밭)을 뛰다가 돌부리에 걸려 넘어져 뾰쪽한 돌에 배꼽 부위의 여러 군데가 찔렸던 기억이 생생하다.

"소가 이쪽으로 올 때는 '이랴' 글고. 바로 저짝으로 갈 때는 **꼼뻉이**를 때림시로 '저리젓젓젓젓' 돌아가고. 넘어 갈 때도 '지라' 글제, 그리 가라먼 '지라' 글제. 아이, 소**꼼뻉이**가 다 댔다, 새로 맹글아야겄다."(소가 이쪽으로 올 때는 '이랴' 그러고. 바로 저쪽으로 갈 때는 **고삐**로 때리면서 '저리젓젓젓젓' 하며 돌아가고. 넘어 갈 때도 '지라' 그러지, 그리 가라고 하면 '지라' 그러지. 아이, 소**고삐**가 다 닳았다. 새로 만들어야겠다.)(여수시)

⑤ 멍드리(소 입마개)

소가 일을 하면서 곡식이나 채소를 뜯어먹지 못하도록 '입에 채워 놓는 망(網)'을 전라도에서는 '멍드리', '소망(소멍)', '망'이라고 한다. '멍드리'는 어떻게 생겨난 말일까?

'멍드리'는 '망(網)+들이'가 '멍드리'로 변화한 말로 '망을 소의 입에 들여 놓는다'는 의미일 것으로 보인다. 이때의 '망'은 주로 짚으로 꼰 새끼줄로 망태기처럼 적당하게 소의 입 주변을 감쌀 정도의 크기로 엮어 놓은 것인데, 바쁜 농사철에 소가 쟁기질에만 집중하고 다른 먹을 것을 생각하지 못하도록 취하는 잔혹한? 조치였던 셈이다.

이 '멍드리'를 그냥 '망'이라고 하고 '소망'이라고 하기도 한다.

현장 구술 담화

"**멍드리**라고 그러제, 입에 둘러 씨있뿐 것이. **멍드리**라고 헌 것이여. 입에 헌 것은 **멍드리**. 좀에 안 찌여. 발 간 디서 뜯어 묵어붕께. **멍드리**, 못 뜯어 묵게 그것 씨이불제."(**멍드리**라고 하지, 입을 둘러 씌워버리는 것이. **멍드리**라고 하는 것이여. 입에 씌우는 것은 **소 입마개**. 좀체로 안 씌우지. 밭을 가는 데서 작물을 뜯어 먹어 버리니. **입마개**, 못 뜯어 먹게 그것을 씌워 버리지.)(곡성군)

06 삽꼬깽이[삽괭이]

　'괭이'처럼 생겼으나 약간 넓고 '끝이 뾰쪽한 괭이(표준어: 삽괭이)'를 전라도에서는 '삽꼬깽이'라고 하는데, 원래는 무슨 뜻일까?

　'삽꼬깽이'는 '삽'과 '곡괭이'가 합하여진 말이다. 먼저 '삽'이라는 말은 한자어 '鍤(삽)'에 직·간접의 영향을 받았을 것으로 보인다.

　'곡괭이'는 원래 '곳+괭이'로 '송곳'에서 볼 수 있는 '뾰쪽하다'는 의미의 '곳'에 '괭이(땅 파는 도구)'가 합해져서 '곳괭이>고깽이>꼬깽이'로 변해온 말이다. '괭이'는 '광이(17~18세기)>괭이(19세기~현재)'인데, '과다(파다)+-앙이(접미사)'로 보인다.

　그래서 '삽꼬깽이'는 그 용도에 따라서 괭이나 곡괭이처럼 땅을 찍어서 파지만 곡괭이로 파야 할 정도의 단단한 땅이 아닌 논밭을 일구어 일을 하기에 편리한 도구이다. 곡괭이와 마찬가지로 농기구의 역사에서 비교적 최근에 나온 농기구라고 한다.

▊ 현장 구술 담화

　"이것은 삽마니로 생갰어. 그것은 **삽꼭갱인**디 이러트먼 호미마니로 생기고 삽마니로 생겠다고 해서 **삽꼭갱이**. 삽깽이라고 글제 머. 삽갈이 생개서."
(이것은 삽같이 생겼어. 그것은 **삽괭이**인데 말하자면 호미같이 생기고 삽같이 생겼다고 해서 **삽꼭갱이**. 삽괭이라고도 그러지 뭐, 삽같이 생겨서.)(나주시)

07 사챙이[새끼]

두 손으로 짚을 꼬아 줄처럼 만든, 표준어 '새끼'를 전라도에서는 아주 다양하게 부른다. 크게 '사나쿠', '사나끼(키)', '새내끼', '샌내끼(키)', '사챙이' 등인데, 이 중 '사챙이'는 어떻게 만들어진 말일까?

'새끼'는 중세국어에 '숯(15세기)'으로 등장하여 대체로 '숯(15세기)>숫ㅊ(18세기)>샷기(19세기)>새끼(20세기~현재)'로 변해 온 말이다.

'숯', '샷ㅊ'은 근원적으로 '노끈', 또는 '샷자리(갈대 등을 엮어서 만든 자리)'를 말하는 것으로 보기도 한다. 만약 '샷'을 '샷자리'로 볼 수 있다면 '*샷기(샷기)'는 '샷+기'로서 '-기'는 '샷(샷자리)을 만드는 재료' 정도로 볼 수 있지 않을까 생각된다.

그래서 전라도의 '사챙이'는 가장 오랜 형태인 15세기 '숯'에서 나온 것으로 볼 수 있을 듯하다. '숯'에 접미사 '-앵이'가 붙은 모양으로 볼 수 있기 때문이다. '수챙이(숯+앵이)>사챙이'는 '숯'의 말음 'ㅊ'을 그대로 간직하고 있는 고어 형태의 말로 보면 될 것 같다.

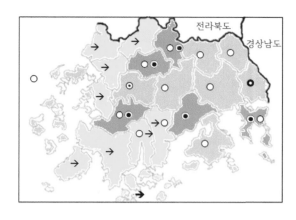

그리고 표준어 '새끼'나 전라도의 '산내끼', '새내끼(샌내끼)' 등은 '슻 삿기>샛끼>새끼'(15세기)'보다는 후대의 변화형인 '삿기(19세기)'가 '삿기>샛끼>새끼', 또는 '삿+나기>산나끼>산내끼>샌내끼'로 변하여 오늘에 이른 것이 아닌가 생각한다.

경남 지역에서는 '새끼'가 주로 쓰이고, 전남과 인접한 하동·사천·남해에 서는 전라도 말인 '사내끼', '산내끼' 등이 분포하고 있는 것을 볼 수 있다.

현장 구술 담화

"사름방은 모도 머심들 디꼬 있음서 사름방이라 했제. 사름방에서 멋해라 우, 골망태도 맨들고, **사챙이**도 꼬고. **사챙이**는 여자도 꼬지."(사랑방은 대 체로 머슴들 데리고 있으면서 사름방이라고 했지. 사랑방에서 무엇을 하냐 면요, 망태기도 만들고, **새끼**도 꼬고. **새끼**는 여자들도 꼬지.)(화순군)

⑧ 낫궁뎅이[낫공치]

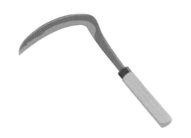

낫의 휘어진 윗부분인 덜미(등 쪽)의 두꺼운 부분을 표준어로 '낫공치', '낫공생이'라고 하는데, 이를 전남의 무안 등지에서는 '낫궁뎅이'라고 하고 순천에서는 '낫뒤통'이라고 한다.

'낫궁뎅이', '낫뒤통'은 어떻게 만들어진 말일까?

우리 선조들은 너무나 오랫동안 낫과 함께 살아야 했다. 그래서 낫 한 자루에도 부분마다 명칭이 있다. 자루 속에 들어박히는 쇠의 뾰족하고 긴 부분을 표준어로 '슴베'라 하는데, 이 슴베가 빠지지 않도록 하기 위해서 쇠로 감아놓은 부분을 표준어로 '낫갱기(낫감기)'라고 한다. 그리고 날카로운 '낫날'과 그 반대편 등쪽의 두터운 '낫공치'가 있다.

표준어 '낫갱기'는 '낫감기>낫갱기'로 'ㅣ 모음역행동화'를 보인 말이다. 낫의 쇠가 빠지지 않도록 '감는다'는 뜻이다. 전라도에서는 표준어에 없는, 낫의 끝 부분을 이르는 '낫끗(순천)', '낫꼼뱅이(광양)'란 말도 있다.

"낫끄터리(낫끝)를 보고 **낫꼼뱅이**라 그래 **낫꼼뱅이**. **낫꼼뱅이**로 쪼사 불라. 싸울 때 콱 ××놈이를 **낫꼼뱅이**로 쪼사뿔라. 글고 얄구진 벌거지(벌레) 겉은 것이 있으면 **낫꼼뱅이**로 건들아 바." (광양시)

그리고 표준어 '낫공치(두터운 부분)'를 전라도에서는 '낫궁뎅이(무안)'와 '낫뒤통(순천)'이라 한다. '낫궁뎅이'는 낫의 궁뎅이라는 의미인데, '궁뎅이'가 사람의 '엉덩이'를 이르는 말이었으니, 아마 낫의 가장 넓고 두툼한 모양을 본떠서 이렇게 불렀을 것이다. 곡성에서는 사람의 엉덩이를 이처럼 넓다는 뜻을 가진 '넙덕갱이'란 말도 있다

'낫뒤통'은 머리의 뒷부분을 말하는 '뒤통수'에서 본딴 말일 것이다. 그래서 '낫'과 '뒤통'을 합한 말 '낫뒤통'이 생겨났다고 보인다.

현장 구술 담화

"요 낫은 조선낫이라 그랬고 위에는 등, 여기는 **낫궁뎅이**, 뒤쪽에 꼬부라진 디를 **낫궁뎅이**라 그랬어요. 그렇지요 뿌라질 리가 없지요 여기가 쐬가 뭉쳐 있죠. 아이 **낫궁뎅이**로 조사부러라고. 괭이를 말라서 **낫궁뎅이**로 때래부러라."(이 낫은 조선낫이라고 했고 위에는 등, 여기는 **낫공치**, 뒤쪽에 구부러진 곳을 **낫궁뎅이**라고 했어요. 그렇지요 부러질 리가 없지요. 여기가 쇠가 뭉쳐 있죠. 아이 **낫공치**로 짓이겨 버려라고 나무 그루터기를 말려서 **낫공치**로 때려 버려라.)(무안군)

⑨ 도리깨어시(도리깨채)

표준어 '도리깨'는 '곡식의 낟알을 떠는 데 쓰는 농구'를 말한다. 긴 막대기 한 끝에 곧고 가느다란 나뭇가지를 너댓 개 묶은 '도리깻열'을 매어 만드는데, 이 '도리깻열'로 곡식을 두드려 낟알을 떤다.

도리깨의 자루로 쓰는 긴 막대기를 표준어로 '도리깨채', '도리깻장부'라고 하는데, 이를 전남의 무안 등지에서는 '도리깨어시'라고 한다. '도리깨어시'는 어떠한 의미를 담고 있는 말일까?

먼저 '도리깨'는 도리깻열을 '돌려가면서 두드린다'는 의미로 생겨난 말이다. 그래서 '도리깨'는 '돌(回)+이(사동접사)+개(물건, 농구)'을 나타내는 '돌이개>도리깨'의 모습으로 볼 수 있을 것이다. '-개'가 붙어서 물건을 의미하는 말은 '당글개(고무래)', '이쑤시개' 등 많다.

그런데 도리깨는 크게 세 부분으로 나누어 각 부분 명칭이 있으며 표준어로 '도리깨채(도리깻장부)', '도리깻열(도리깨아들)', '도리깨꼭지' 등이다. 먼저 '도리깨채'는 도리깨의 긴 막대기를 말하고, '도리깻열'은 가느다란 묶음, '도리깨꼭지'는 도리깨 자루 끝의 구멍에 끼워 도리깻열을 빠지지 않도록 매는 데 쓰는 나무로 된 '비녀못'으로 도리깻열을 위아래로 돌릴 때 축의 구실을 한다.

그리고 '도리깻열'은 '도리깨+열'인데 '열'은 도리깨나 채찍 따위의 끝에 달려 있는 '회초리나 끈'을 통틀어 이르는 말이다. 전라도에서는 대체로 '도리깻발'이라고 한다.

'도리깨어시'는 '도리깨'와 '어시'라는 단어가 합하여진 말인데, '어시'는 중세국어에 주로 '부모'을 뜻하는 '어싀(父母)(월인석보, 15세기)'에서 볼 수 있는 말이다. '어싀'는 후에 표준어에서 '어싀>어이'로 △이 탈락하여 '어이'로 남게 된다. 그래서 '도리깨어시'는 '도리깨의 어버이(부모)'라는 말이다. 도리깨의 가장 중심되는 부분을 말한다. 그런데 표준어에서도 이 '도리깨어시'를 '도리깨장부'라고 하고, '도리깻열'을 '도리깨아들'이라고도 부르는 것은 흥미롭다.

그래서 '도리깨어시'에는 중세국어의 '어시(어버이, 부모)'가 고어 형태 그대로 살아 있는 소중한 전라도 말이다. 이처럼 '어시'가 그대로 살아 있는 전라도의 다른 말로는 '어시댕이'라는 말이 있는데, 이는 모심기를 하면서 힘드는 일을 하지 않고 못줄을 잡는 사람, 즉 '어른'을 일컫는 말이다.

현장 구술 담화

"요건 도리깨, 요 대보다 **도리깨어시**. **도리깨어시**고, 어시가 이러트면, 어시란 말은 몸체를 말허는 것이라, 어시. **도리깨어시**, 도리깨 꼭지고 도리깻발." (이건 도리깨, 이 대를 일러 **도리깨장부**. **도리깨어시**고, 어시가 말하자면, 어시란 말은 몸체를 말하는 것이라, 어시. **도리깨장부**, 이건 도리깨꼭지고, 도리깻열이고.)(무안군)

⑩ 골당그래(고무래)

　'곡식을 그러모으고 펴거나, 밭의 흙을 고르거나 아궁이의 재를 긁어모으는 데에 쓰는 'T' 자 모양의 기구를 표준어로 '고무래'라고 한다. 그런데 이 '고무래'를 전라도에서는 '당그래', '미래', '미랫당그래' 등으로 부르고 '잿당그래', '골당그래'라는 도구도 있었다.
　'골당그래'는 어떻게 생겨난 말일까?

　먼저 표준어의 '고무래'를 보면 이와 비슷한 '곰방메'라는 게 있었는데, '곰방메'는 길이가 한 자쯤 되는 둥근 나무토막에 긴 자루를 맞추어 박아 'T' 자 모양으로 만들어 흙덩이를 깨뜨리거나 씨 뿌린 뒤 흙을 덮는 데 쓰는 농기구다.
　그런데 '고무래', '곰방메'는 둘 다 '곱은미래>곱미래>고미래>고무래', '곱은방매(곱은+방매)>곰방메' 등으로 원래 '곱은(曲)'이라는 공통요소를 가지고 있었다.

　그래서 '고무래'의 옛말 '고미레(18세기)'는 곡식을 널 때 사용하는 '곱은(구부러진) 밀개' 정도로 볼 수 있는데, 전남의 서남부에서는 주로 '미래'라고 하고 동북부에서는 '당그래'라는 말을 사용한다.
　다음 지도에서 보이는 전라도 말 '미래'는 옛말 '고미레'의 앞부분의 '고'가 생략된 모습이다.

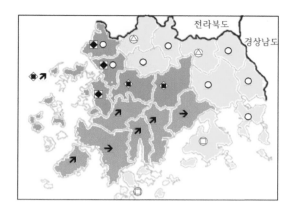

[고무래 지도]
◈ 미래당그래, 밀당그레
◉ 미랫당글개
△ 나락당그레
▣ 당글개
○ 당그레
→ 미랫대
↗ 미래

그리고 '당그래'는 '미래'의 '밀다(推)'와 상대되는 '당기다(引)'는 말에 접미사 '-애'가 합하여진 모양이다. 그래서 곡식을 햇볕에 널 때나 논밭의 흙을 덮을 때 밀기도 하지만 '끌어당기면서 일을 하는 도구'인 것이다.

'골당그래'는 '당그래'의 앞에 바닥이 밋밋하지 않고 울퉁불퉁하게 '골'이 쳐져 있다는 뜻이다. 곡식을 널 때 일부가 빠져 나가게 하기 위함이다.

'미래'와 '당그래'의 중간 지점에서 이 둘이 합하여진 '미랫당그래', '미랫당글개'라는 말은 참으로 흥미롭다. 이것은 마치 전라도 일부 지역에서 '빨래'와 '서답'이 합하여진 말 '서답빨래'가 사용되는 모습과 흡사하다.

▮ 현장 구술 담화

"요거이 당그래, 당그래. 요건 평평히 매지고, 요건 골체져갖고 요건 요렇게 나와, **골당그래**라, 골 안 쳐졌는가요. 골이 쳐져 나락이 요그는 못 타지고, 짚은 디는 글거지고, **골당그레**라고 엊그지께까지 있었제."(이것이 고무래, 고무래.(이것이 고무래, 고무래. 이것은 평평하고, 이건 골이 파여서 이건 이렇게 나와, **골당그래**라, 골이 파여 있지 않는가요. 골이 파여서 벼가 여기는 못 당겨지고, 깊은 데는 긁어지고, **골당그레**라고 엊그제까지 있었지.)(장성군)

⑪ 똥기댕이[똥바가지]

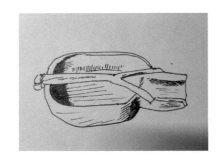

오줌이나 똥을 밭에 거름으로 주기 위해 담아 들고 다니는 작은 바가지 모양의 옹기를 전라도에서는 '기댕이', '구댕이', '똥기댕이', '오짐기댕이' 라고 한다.

이들은 어떻게 만들어진 말일까?

먼저 '똥기댕이'는 '똥+기댕이'로 이루어진 말인 것으로 보이는데, '기댕이'가 궁금하다. 사실 저자는 이 '기댕이'라는 말의 유래를 찾는 데 오랜 시간이 걸렸고, 발견한 후의 기쁨을 말로 표현할 수 없었다. '기댕이'는 '똥'이나 '오줌'과 관련되는 말일 텐데 도무지 그 연관성을 찾을 만한 근거를 발견하기가 힘들었기 때문이었다.

궁금증을 가진 후로 족히 10년 가까이 되어서야 '기댕이'는 '귀동이(귀+동이)'에서 온 말이라는 것을 알 수 있었다. '귀동이'의 '귀'는 물을 긷는 '대야'나 '동이(물을 긷는 도구)', '바가지' 등에 물을 따르기 쉽도록 (1) 주전자의 부리같이 그릇의 한쪽에 바깥쪽으로 내밀어 액체를 따르는 데 편리하도록 약간 길고 뾰쪽하게 만들어진 구멍, (2)항아리나 그릇 따위의 전이나 손잡이를 말한다. 이렇게 뾰족한 '귀가 달린 동이'를 '귀동이'라고 불러 왔던 것이다.

그래서 '기댕이'는 이 '귀동이'가 '귀동이>귀뎅이>기뎅이'로 변한 말이다. 이 기뎅이는 그 쓰임에 따라서 논밭에 똥을 퍼 거름을 주는 '똥기뎅이', 소매(오줌)을 뜨는 데 사용하는 것을 '오짐기뎅이' 등의 말로 사용되었던 것을 알 수 있다. '귀>기'와 같은 변화를 보인 말은 '귀퉁이>기텡이', '귀뚝>기뚝' 등으로 흔히 볼 수 있다.

이러한 '기댕이'는 대체로 나무를 파서 만들거나, 큰 바가지의 가운데를 가로지르는 막대 손잡이를 달아서 들기에 편하도록 붙여 사용한다. 그야말로 논밭에 거름을 할 때 천연 비료인 똥, 오줌을 손수 사람이 작물에 따라 주는 가장 원초적인 도구인 셈이다.

함평, 담양, 보성에서는 '귀동이'의 '귀'가 '귀>구'로 바뀐 모습인 '구뎅이', '소:멧구뎅이'라는 말을 사용한다.

현장 구술 담화

"요건 기댕이. **똥기댕이**. 전에는 기댕이를 두 개썩 놓고 써. 요건 기댕이. 오짐기댕이, **똥기댕이**. 요거이 **똥기댕이**라. 오짐기댕이랑 비슷해."(이것 귀동이, **똥바가지**. 예전에는 귀동이를 두 개씩 놓고 사용해. 이건 귀동이. 오줌귀동이. **똥바가지**. 이것이 **똥바가지**라. 오줌귀동이와 비슷해.)(광양시)

⑫ 소맷장군(오줌장군)

표준어 '똥장군'은 '똥을 담아 나르는 오지(질그릇)나 나무로 된 그릇'을 말하고, '오줌장군'은 역시 오줌을 담아 나르는 오지나 나무로 된 그릇을 말하는데, 이 '오줌장군'을 전라도에서는 '소맷장군'이라고 한다. '소맷장군'은 어떻게 생겨난 말일까?

먼저 표준어 '장군'은 '액체를 담아 나르는 오지나 나무로 된 그릇'을 말하며 원래는 조선시대 '장본(長本, 獐本)', '장분(長盆)'으로 표기되었다. 18세기의 증보산림경제(유중림)에도 '장분(長 길 장, 盆 그릇 분)'으로 풀이되어 있는데 '장분'은 '몸체가 길게 생긴 그릇'이라는 의미로 이름이 지어진 듯하다.

실제 예전부터 전해오는 그림을 보더라도 도자기로 만든 긴 그릇을 '장분'이라고 하였는데, 이는 대체로 길쭉하게 생긴 특징을 가지고 있다. 사진에서처럼 긴 나무조각을 짜 맞춘 후 대나무로 양쪽 끝부분을 단단히 죄어 물이 새지 않도록 만든 모습이다.

그래서 이 '장분'은 후에 ㅂ-ㄱ의 음운변화를 겪어서 '장분>장군'으로 변한 모양일 것이다.

표준어의 '오줌장군'에 해당되는 전라도의 '소맷장군'은 '소매'와 '장군'의 합성어인 것을 금방 알 수 있는데, '소매'는 전라도에서는 그냥 '오줌'을 말하기도 하지만 주로 '거름으로 사용하려고 받아 놓은 '오줌'을 일컫는 말이다. 원래 전라도말 '소매'는 '오줌'을 의미하던 옛말 '소마(17세기)'가 변한 말로 '소(小 작다)+믈(똥)'을 뜻하였는데 '작은 똥'을 말하며 '소믈>소마>소매'로 변해왔다.

결국 '소맷장군'은 '오줌장군'으로, 오줌을 담아 나르는 용기(장군)를 뜻하는 말이다. 참고로 이러한 장군의 마개를 대체로 풀이나 짚을 묶어서 막는데 이것을 전남 동부에서는 '푹수마리'라고 했다.

"똥장군이고, 장군인디. 장군 마개라고 갤차 줬는디 푹수마리라고 해. 보통 **푹수마리**라 많이 써. **푹수마리** 매 막아, 넘을라 잉."(광양군)

아이들은 이 장군을 지기 힘들다. 왜냐하면 장군 안에 소변을 절반 정도 담아서 지게 되면 지고 갈 때 안의 물이 출렁거려(이를 전라도에서는 '꿀렁거린다'고 말한다) 균형 잡기가 어렵기 때문이다. 그렇다고 내용물을 가득 채우면 이젠 무거워서 일어서기도 힘들어진다.

현장 구술 담화

"**소맷장군**이라고, 똥장군 있고, 우리들은 그렇게 불렀어요. 대싱말로 다섯 개 들어가요, **소맷장군**에. 작은 말이 열 되 들어가, 대싱말로는 다섯 개."
(**소맷장군**이라고, 똥장군도 있고, 우리들은 그렇게 불렀어요. 큰 말(大枡)로 다섯 개 들어가요, **오줌장군**에. 작은 말이 열 되가 들어가, 큰 말로 5개고.)
(순천시)

⑬ 육철솟[무쇠솥]

아주 크고 우묵한 솥을 표준어로 '가마솥', '가마'라고 하는데, 이를 전라도에서는 '육철솟'이라고 한다. 참고로 '솥+이', '솥+을'을 전라도에서는 [소치], [소틀]이라고 하지 않고 [소시], [소슬]이라고 한다.

이 '육철솟'은 어떻게 만들어진 말일까?

먼저 표준국어대사전에는 '육철낫'이란 말이 있는데, 묘하게도 '육철 낫'은 실려 있으나 '육철솥'은 없다. 그리고 '육철낫'은 '조선낫과 같은 말이고, 낫 중에서 날이 두껍고 손잡이 속에 박히는 뾰족한 부분(슴베)이 비교적 긴 재래식의 낫으로 나무를 베는 데 편리하다'고 풀이되어 있다. '조선낫(육철낫)'은 '왜낫(일본 낫)'이나 '양낫(서양 낫)'에 비하여 무겁고 두툼한데 '육철(肉鐵)'로 만들어진 낫이다.

철은 대체로 선철·연철·강철의 3종류로 나뉘는데, '연철'은 무르기 때문에 철판이나 못 등을 만드는 데 쓰인다. '육철낫', '육철솟'의 '육철'은 철의 종류에 실려 있지 않다. 아마 '육철'은 '선철(무쇠)'처럼 용광로에서 막 빼낸 철로서 '무쇠'와 비슷한 쇠, 대장간에서 두드려 만든 쇠를 '육철 (肉鐵)'이라고 하는 듯하다.

'육철(肉鐵)'이란 그대로 아직 정체하지 않은 순수한 쇠의 모습을 그대로 간직하고 있는, 그야말로 본래 제 '육신(肉身)'의 모습을 그대로 간직하고 있다고 해서 육철이라고 하지 않았을까? 경박하지 않고 묵중한 농부의 모습을 그대로 간직하고 있는 쇠를 그렇게 부른 것이 아닌가 싶다.

그래서 위의 '육철낫'은 무쇠로 만든 낫을 뜻하고, '왜낫'은 얇은 강철로 만든 낫을 말한다. 왜낫은 주로 벼나 보리를 베는 데 주로 활용하는 낫이라면, 육철낫(조선낫)은 무겁고 두툼하여 곡식을 벨 때도 사용하고, 작은 나뭇가지나 왠만한 크기의 나무를 깎아낼 때도 사용할 수 있는 낫이다. 그래서 강원도에서는 이를 '목낫'이라고도 한다.

이와 같은 점들로 보아 결국 '육철솥(肉鐵솥)'이란 그대로 아직 정체하지 않은, 순수한 '무쇠로 만든 솥'을 말하는 것으로 볼 수 있다. 전라도에서는 대부분 이 육철솥을 '가매솥' 또는 '가매'라고 말한다.

농사를 짓던 농촌에서는 모든 집에 이 '육철솥'이 있었다. 하나가 아니고 부엌에 두세 개가 걸려 있는 것이 보통이고, 소죽을 쑤는 외양간에도 육철솥(가마솥)이 있었다. 세상은 변하고 변해서 그 옛날 닳아서 절반 정도 남은 반달 모양의 숟가락으로 육철솥의 누룽지를 긁어먹는 재미는 이제 어디 소설에서나 재현해 볼 수 있을지 모르겠다.

현장 구술 담화

"육철솥인디 증조할아버지 때부터 있던 것이요. 육철, 육철이란 것은 반들반들허지 안허요. 육철쇠요, 육철솥이라고."(**무쇠솥**인데 증조할아버지 때부터 있었던 것이요. 육철, 육철이란 것은 반들반들하지 않나요. 무쇠요, **육철솥**이라고.)(장성군)

⑭ 잿송쿠리〔재 소쿠리〕

  표준어에는 없는 말 '재를 치울 때 쓰는 앞이 평평하게 생긴 소쿠리'를
'재소쿠리(네이버오픈사전)'라고 하는데 전라도에서는 이를 '잿송쿠리
(함평, 영광, 나주)'라고 한다.
  '잿송쿠리'는 어떻게 만들어진 말일까?

  '재소쿠리'는 '재를 담기 위해 짚으로 엮은 소쿠리'를 일컫는다. 보통 앞
쪽은 낮고 뒤쪽으로 가면서 높은 대각선의 형태로 되어 있는 도구를 말한
다. 또 이 '재소쿠리에 재를 긁어 담는 고무래'를 표준어로 '잿고무래'라고
하는데, 전라도에서는 이를 '잿당그래'라고 한다.

  '찌꺼기', '앙금', '때' 등을 말하는 한자어 '재(찌꺼기, 앙금)'는 중세국
어에서 '짗(15세기)'로 나타난다. 그래서 '잿당그래'는 바로 '찌꺼기를 긁
어내는 고무래'라는 뜻이고, '잿물'도 '재(滓 찌꺼기)+물'로 '짚이나 밀대
를 태우고 난 다음의 찌꺼기에서 나오는 물'이었다. 물론 '양잿물'은 나중
에 '서**양**에서 온 **잿물**'이란 뜻이다. 비누가 나오기 전에는 이 잿물로 빨래
를 하였던 내용은 잘 아는 사실이다.

  그래서 '재소쿠리'는 '재+소쿠리'의 합성어임을 쉽게 알 수 있다. 그리
고 '소쿠리'는 옛말 '소코리'와 '속고리' 2가지 형태가 보이는데, 첫 번째

'소코리'를 본다면 아마 '소(小 작은)+고리(상자)'로 보아 '작은 상자'라는 뜻으로 만들어졌다고 볼 수 있을 것이며, '속고리'로 생각해 본다면 '속(안쪽의)+고리'로 '안쪽에 넣는 상자'라는 뜻으로 만들어진 말이 아닐까 생각된다.

'고리'는 '고리짝' 등에서 볼 수 있는 원래 '버드나무(키버들 나무)의 가지로 엮어 만든 상자'인데 주로 옷을 넣는 데 사용된다. 그래서 '소(小)고리>소코리>소쿠리', 혹은 '속(內)고리>소쿠리'로 변해왔을 것이다.

시시로 진셔로며 언셔로 뻐 광ᄌ리이며 **속고리**예 너허 ᄃ니며. (때때로 진서(眞書)와 언서(諺書)를 광주리와 **소쿠리**에 넣어 다니며) (계축일기. 17C)

'재소쿠리>잿송쿠리'처럼 받침 ㅇ첨가의 모습은 전라도에서 '도마뱀-동애배암', '또아리-똥아리(똬리)', '으깨다-잉깨다' 등에서 쉽게 볼 수 있다.

이와 같은 내용을 고려해 본다면 '잿송쿠리'는 원래 '재를 담는 작은 고리' 정도로 풀이되는 말인데, '소쿠리'가 그 쓰임의 변화에 따라 '재를 담아내는 도구'로 쓰이게 된 것이라 보인다.

현장 구술 담화

"**잿송쿠리**로 재 담고, 불 땔 때마다 **잿송쿠리**로 재를 담아 내야 대. 옛날에 **잿송쿠리**도 다 할아버지가 엮었지요. 당글개로 딱 끌어 내고. **잿송쿠리**에 담아 내죠. 담아 냉 거 당글개." (**재 소쿠리**로 재를 담고, 불을 땔 때마다 **재 소쿠리**로 재를 담아내어야 해. 옛날에 **재 소쿠리**도 다 할아버지가 엮었지요. 고무래로 딱 끌어내고. **재 소쿠리**에 담아 내죠. 담아 내는 것은 고무래.) (영암군)

⑮ 부챗가리[가래]

예전에 농촌의 화장실 보는 방식은 재 위에다 볼일을 보고 난 후에 재를 대변 위에 덮고 삽으로 대변을 떠서 거름(두엄) 더미로 던지는 방식으로 처리를 했다. 이때 대변을 거름 더미로 쳐 내는, 나무로 넓적하게 만든 삽을 전라도에서는 '부칫가리', '부챗가리'라고 했다.

'부챗가리'는 어떻게 생겨난 말일까?

'부칫가리', '부챗가리'는 원래 '부채+가래'인데 '부챗가래>부칫가리'로 바뀐 말이라는 것을 쉽게 알 수 있다. 먼저 '가래'는 삽처럼 '흙을 파헤치거나 떠서 던지는 기구'로서, 15세기부터 'ᄀᆞ래(15세기)'가 보이고 후에 '가래(18세기)'로 변해온 말이다. '가래'라는 명칭은 원래 '개오동나무'라고도 하는 '가래나무(楸 가래나무 추)'와 연관성이 있어 보인다. 즉 주로 이 가벼운 가래나무로 삽(가래)을 만들어서 사용했는데, '가래'를 만드는 나무라고 해서 '가래나무'라고 이름을 붙인 것은 아닐까?

그런데 '가래'의 어원은 대체로 '갈다(耕作)'의 어간 '갈-'에 접미사 '-애'가 합하여진 말(갈애>가래)로 보는 견해가 많다. 도구나 물건을 나타내는 '-애'는 '홅+애>홀태(탈곡기)', '막+애>마개'에서도 흔히 볼 수 있다. 그리고 나중에 '가래'라는 말은 나무로 만든 삽뿐만 아니라 쇠로 만든 삽도 '가래'로 일반화된다. 그래서 전남 거의 전역에서 '삽'을 '삽가래', '부삽'을 '불가래'라고 부른다.

표준어 '넉가래'는 '넙가래(19세기)>넉가래(20세기~현재)'로 변한 말인데, '넓다'의 의미인 '넙(넉)'에 '가래'가 합해진 말이다. '부챗가래' 역시 '부채+가래'인 것을 쉽게 알 수 있다. 그리고 '부채'는 대변을 떠내는 삽의 모양이 여름철 접었다 폈다 하는 '부채'의 모양을 하였다 하여 '부채'라고 이름을 붙인 것으로 보인다. 그래서 부채 모양으로 만든 삽을 '부챗가래'라고 하였는데 '부챗가리>부칫가리'로 변한 것이다. 혹은 '부치다(농사를 짓다)'의 어간 '부치-'의 활용형인 '부채, 부치'에 '가래'가 합해진 말로도 볼 수 있을 것 같다.

예전의 '부챗가리', '부칫가리'로 두엄에 던져서 만든 거름이야말로 친환경적인 농사를 위한 최선의 퇴비였음은 두말할 것이 없다.

현장 구술 담화

"이러트먼, 치간 있고 치간 앞에다가 **부챗가리**가 있어라. 뒤 보면 재 갖다 덮어부러. 그 재로, 거시기 있어 삽 같은 것이 개푸막 헌 놈. **부챗가리**. 개급다고 개푼막 허니. 개복단 소리 개푼막허다. 덮어부러, 거그가 치간, **부챗가리**로 덮어불제. 재가 항상 있어, 치깐이 고렇게 생겼어. **부챗가리**로 덮어부러. 그래야 안 보이제."(말하자면, 변소가 있고 변소 앞에다 **가래**가 있어요. 뒤를 보면 재를 갖다 덮어 버려. 그 재로 그것이 있어 삽같은 것이 가벼운 것. **가래**, 가볍다고 가벼운 듯하게. 가볍다는 소리, 개푼막허다. 덮어 버려. 거기가 변소, **가래**로 덮어버리지. 재가 항상 있어. 변소가 그렇게 되어 있어. **가래**로 덮어버려. 그래야 안 보이지.)(나주시)

⑯ 짝대기[지겟작대기]

'짐을 지는 지게를 버티어 세우는 작대기'를 표준어로 '지겟작대기'라고 하는데. 지게를 세울 때 지겟작대기의 갈라진 윗부분을 세장(지게 윗부분 가로지른 나무)에 걸어 세운다.

이 '지겟작대기'를 전라도 대부분의 지역에서 '짝대기', '작대기'라고 하고 동부 몇 군에서는 '바지겟작대기', '바짓작대기', 등으로 부른다. '짝대기', '바짓작대기'는 어떻게 변해 온 말일까?

먼저 전라도의 '바지게작대기'를 보자. '바지게'는 표준어 '발채'인데, 이는 원래 '지게에 짐을 싣기 위해서 싸리나 대오리로 엮어서 접었다 폈다 할 수 있게 조개 모양으로 결어서 만든 물건'이다.

이 '발채'를 전라도에서는 '바지게', '발대'(전남 동부), '바ː작', '바ː직'(전남 서부)이라고 한다. 사실은 자세히 보면 '바지게'는 '발채를 얹은 지게(발채지게)'를 뜻하는 말로 보이지만, 전라도(동부)에서는 '바지게'가 표준어 '발채'의 의미로 대신 사용되고 있는 것이다.

그러고 본다면 전남 동부의 '바짓작대기'는 바로 '바지게작대기'가 줄어서 된 것으로 '바지게(발채 지게)를 받치는 작대기'를 말하고, 전남 서부의 '짝대기'는 이보다 더 축약된 모습임을 짐작할 수 있다.

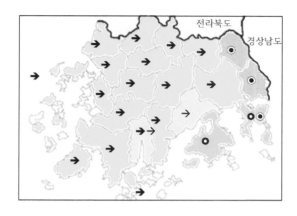

전라북도
경상남도

- ⊙ 바지게짝대기
- ◉ 바짓작대기
- → 작대기
- ➡ 짝대기

즉 '발채지게작대기>바지게작대기>바지작대기>짝대기'로 축약과 탈락의 과정을 겪은 말임을 쉽게 알 수 있는 것이다.

그래서 전라도의 '짝대기'는 그 자체로 '지겟작대기'를 뜻하는 말이어서 흥미롭다. 바로 이전 세대의 농부들이 단 하루도 멀리할 수 없었던 생활의 필수품이었기 때문에 그냥 '짝대기'면 쉽게 말이 통했을 것임을 짐작할 수 있다.

현장 구술 담화

"**짝대기**로 지게를 받쳐. 바지게에 흙, 거름 같은 것 담아서 받쳐. 하체가 긴 사람들은 지게질 잘 못해. 딴단해갖고 그런 사람이 잘 해, 옷 입으면 뽀따구 간 안나제잉. **짝대기**로 칼쌈도 허고 **짝대기**로 많이 맞었네. 옛날 어른들은 **짝대기**로 때렸어. 마치 마당에 있잖아." (**지겟작대기**로 지게를 받쳐. 발채에 흙, 거름 같은 것을 담아서 받쳐. 하체가 긴 사람들은 지게질을 잘 못해. 몸이 딴딴하고 그런 사람이 잘 해, 옷 입으면 품새가 안 나지응. **지겟작대기**로 칼싸움도 하고 **지겟작대기**로 많이 맞았네. 옛날 어른들은 **지겟작대기**로 때렸어. 마침 마당에 있잖아.)(해남군)

⑰ 수구렁논(물 고인 논)

평소에 '수렁처럼 무른 개흙으로 된 논'을 표준어로 '수렁논'이라고 한다. 이것을 전라도에서는 '수랑논', '수랑', '수랑갱식', '수구렁', '수구', '구랑실' 등으로 부른다. '수구렁논'은 어떻게 생겨난 말일까?

먼저 '수랑논(장성)'은 표준어 '수렁논'의 모음교체형이라고 보면 될 것이다. '수랑논', '수구렁논'을 알기 위하여 먼저 '수렁', '수랑'에 대해서 알아 볼 필요가 있다. '수렁'은 국어사전에 '곤죽이 된 진흙과 개흙이 물과 섞여 많이 괸 웅덩이'라고 올라 있다.

그리고 전라도의 '수구렁', '구랑실'의 '구렁', '구랑'은 옛말 '굴헝(15세기)>굴항(16세기)>굴엉(18세기~19세기)>구렁(18세기~19세기)'의 변화과정을 거친 말이다. 사전에는 '구렁'이 '움쑥하게 파인 땅', '빠지면 헤어나기 어려운 환경을 비유적으로 이르는 말'로 풀이되어 있다.

그래서 '수구렁', '수랑'은 '수(水)'에 이 '구렁', '구랑'이 붙어서 이루어진 말이다. 19세기 『물명고』란 책에는 '술항(塗泥 즌흙)'이 보이는데 이 '술항'은 '수(水)+굴항'이 줄어들어 '수굴항>술항>수랑'의 모습이 된 것으로 '술항'은 '수굴항'이 '수랑'으로 바뀌기 바로 직전의 모습으로 볼 수 있다.

이로 보아 '수구렁'은 '수(水)'와 '구렁'이 합한 말임을 알 수 있다.

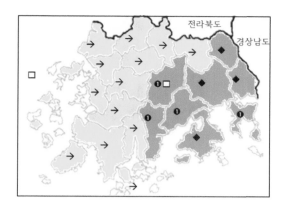

[수령 지도]

→ 수랑
□ 수(시)렁
❶ 수(시)구랑
◆ 수구렁, 수구

전라북도
경상남도

　그래서 표준어 '수렁'은 '수굴헝>수굴엉>수구렁>수렁'으로 변하여 온 말인데, 그렇게 본다면 전라도의 '수구렁'은 '수렁'보다 앞선 시대에 쓰이던 고어 형태라고 보는 것이 좋을 것 같다.

　참고로 그동안 '수렁'에 대한 어원은 잘 알려져 있지 않았다. 결국 '수구렁', '수렁'은 '물웅덩이', '물구덩이' 인 셈이고 '수구렁논'은 '물이 고인 논'으로 볼 수 있는 것이다.

　'수랑논', '수구렁논'과 상대되는 말인 메마른 논을 '건펭(보성)', '박터(무안)' 등으로 불렀다.

현장 구술 담화

　"수구렁이 많은 논을 **수구렁논**이라 그래. **수구렁논**이라 그러제, 다른 말이 없어요. **수구렁논**은 젤 나쁘제, 빠져붕께."(수렁이 많은 논을 **수구렁논**이라 그래. **수구렁논**이라 그러지, 다른 말이 없어요. **수렁논**은 제일 나쁘지, 빠져 버리니까.)(장흥군)

⑱ 빗가리〔천수답〕

비가 와야 지을 수 있는 '천수답(天水畓)'을 광주 전남에서는 '하늘바래기(함평)', '저드리(완도)', '빗가리(영암)', '비전논(장성)' 등으로 부른다. '빗가리', '비전논'은 어떻게 생겨난 말일까?

먼저 '하늘바래기'는 '하늘만 바라보는 논'이라는 뜻으로 '하늘바라기>하늘바래기'로 변해 온 말임을 짐작할 수 있다. 그리고 '비전논'은 '비(雨)+전(前)+논(畓)'으로, '비의 앞에 놓여 있는 논'이라는 의미로 '비가 와야 지을 수 있는 논'이라는 뜻이다.

이처럼 '하늘바래기', '비전논'을 보면 '빗가리'도 그 의미를 짐작할 수 있다. 즉 '빗가리'는 '비+가리'로 '비를 가려서 짓는 논', 즉 '비가 와야 지을 수 있는 논'으로 생각할 수 있다.

이와 같은 '빗가리', '비전논'은 모를 심을 당시에는 논에 겨우 물을 잡아 대어 놓을 수 있지만, 하늘만 바라보다 가뭄이 들어 비가 오지 않으면 모가 자라지 않게 되고, 수확기가 다 되어 날씨가 추워 오는데도 그런 상태로 있으면 심어 놓은 모를 뽑아버리거나 갈아엎어 버려야 하는 안타까운 상황이 발생한다.

이와는 반대로 언제나 물 대기에 좋은 논을 표준어로 '고래실', '구렁논'이라고 하여 이와 같이 좋은 논은 같은 넓이라도 땅의 가격은 비교할 수 없을 정도로 차이가 컸다.

그런데 이렇듯 예전에는 물이 많으면 좋은 논으로 치던 물기 많은 '수렁논', '구렁논'이 최근에는 관정을 파거나 멀리서 물을 끌어올 수 있어서 물 사정이 좋아졌을 뿐만 아니라, 사람 대신에 대부분 트랙터가 논에 들어가서 벼 수확을 해야 하기 때문에 상황이 달라졌다. 그래서 추수기에도 물이 마르지 않은, 물이 많은 질척한 논은 무거운 기계를 운행하기 어려워 농사 짓기도 불편하여 오히려 꺼려하는 경향이 두드러지고 있다.

이처럼 땅도 시대에 따라서 호불호(好不好)가 달라지는 듯하다.

▋ 현장 구술 담화

"**빗가리**라 갰어. **빗가리**는 물이 없는 데, 고래실논은 비쌌고, 비만 오고 하늘만 바라보는 것은 **빗가리**. 고래로 갤 수 있는 것은 고래실". (**빗가리**라고 했어. **천수답**은 물이 없는 곳. 고래실논은 비쌌고, 비만 오고 하늘만 바라보는 것은 **천수답**. 물을 잘 댈 수 있는 것은 고래실.)(영암군)

⑲ 모애비(모 나르는 사람)

　모를 심을 때 '쪄 놓은 모춤을 지게에 져서 나르는 사람'을 광양 등 전남의 동부에서는 '모애비', '선일꾼'라고 한다.

　'모애비', '선일꾼'은 어떤 뜻을 담고 있을까?

　모를 심을 때는 전라도에서는 새벽 일찍부터 주로 아낙네들이 먼저 모를 쪄서 모춤을 묶어 놓는다. 이렇게 모를 찌는 아낙을 '모잽이'라고 부른다. 먼저 모를 쪄 놓으면, 또는 찌는 도중에 대체로 젊은이들이 이 모춤을 지게로 져서 모를 심을 논으로 옮겨 놓아야 하고, 그런 후에 본격적인 모내기가 시작된다.

　먼저 '선일꾼'은 실제 모를 심기 전에 '먼저 준비'를 한다는 의미로 '모애비'와 함께 사용하는데, '선-'은 먼저 '선(先)'이라는 의미로 '선+일꾼'이다. 그리고 '모애비'는 그대로 '모+아비'가 '모아비>모애비'로 변한 말이라고 볼 수 있다.

　'모애비'의 '애비'는 흔히 '아버지'의 비칭으로 쓰이는 말인데, 모를 나르는 사람이 꼭 나이 많은 어른이 아니고 누구든지 할 수 있는 일이니 존칭은 아니다. 혹은 '애비'는 '아버지'의 뜻보다 '허수아비', '중신애비' 등에서 볼 수 있는 접미사의 성격으로 볼 수도 있다.

　그런데 모를 찌는 아낙도 '모잽이'라 하지만 모를 찌고 난 후에 옮겨 놓은 모를 다시 본격적으로 심는 일을 하는 사람도 역시 '모잽이'라고 하였다. 모를 심는 일은 논이 넓은 지역에서는 대체로 남자들의 몫이었다. 여자들은 식사를 준비하고, 또 중간에 먹는 곁두리(전라도 말: 새참, 술참, 새거리, 새껏, 술참거리)를 준비해야 하는 등 모심기 아니라도 분주하게 하루를 보내야 했다.

그런데 지역에 따라서는 모를 찌는 일, 음식을 마련하는 일, 모를 심는 일조차 모두 여자들이 도맡아서 하는 지역이 있다. 저자의 마을도 손으로 심는 모심기가 아예 없어질 때까지 모든 들판의 모를 심는 일은 모두 다 여인들의 몫이었다. 남자들은 모판을 다듬고, 모를 쪄다 논으로 옮기기, 그리고 기껏 못줄을 잡는 일이 전부였다.

신기한 일인데 나는 당연한 것으로 알고 살았다.

부잣집 여자들 몇몇은 이 모내기에 예외도 있었지만 대부분 한 마을에서 모내기 품앗이는 피해갈 수 없었다. 나는 고교 2학년 때 강원도로 수학여행을 가서야 처음으로 남자들이 모내기하는 것을 보았고, 군인 시절에는 주민들과 함께 처음 모내기 체험을 해 보았다.

현장 구술 담화

"모꾼들이 모 쪄각고, **모애비**는 그놈 다 건제각고 쪄다가 여코. 줄꾼, 모줄 잡는 사람이 줄꾼. **모애비**, 모를 대주는 사람. 인자 부지런헌 사람은 일찍 해 놓고 놀아. 그 사람은 일찍이 가서. 밀린 모도 끄내 주고, 모 쪄다 나른 사람은 **모애비**. **모애비**가 와서 좀 거들제, 모 다 쪄다 놓고 어디 갔다냐?"(모꾼들이 모 쪄가지고, **모 나르는 사람**은 그것을 다 건저가지고 쪄다가 넣고. 줄꾼, 모 줄 잡는 사람이 줄꾼이고. **모애비**는 모를 대주는 사람, 이제 부지런한 사람은 일찍 해 놓고 놀아. 그 사람은 일찍이 가서. 밀린 모도 꺼내 주고, 모를 쪄다 나르는 사람은 **모애비**. **모애비**가 와서 좀 거들지, 모 다 쪄다 놓고 어디 갔다냐?)(광양시)

⑳ 지랄모〔흐트러진 모〕

전라도에서 그냥 못줄 없이 심는 모를 '지랄모'라고 한다. '지랄모'는 어떻게 생겨난 말일까?

전라도에서 '지랄'은 원래 '간질(癎疾)'을 속되게 이르는 말이다. 또 '학질(瘧疾)'을 '지랄빙'이라고 부르기도 한다.

그리고 '마구 법석을 떨며 분별없이 하는 행동'을 속되게 이르는 말로 '지랄을 떨다'. '지랄을 부리다'는 말이 있다. 또 뭔가 마음대로 잘 되지 않거나, 마음에 들지 않은 일을 하는 모습을 보면 '지랄겉다', '지랄허고 있네'라는 약간 상스러운 말을 사용하는 것을 볼 수 있다.

그래서 '지랄모'도 못줄을 사용하지 않고 심기 때문에 '바르지 못하거나, 제대로 되어 보이지 않다'는 의미를 가진 말이다. '함부로 심는 모' 정도 되는 말인데, 못줄을 사용하지 않았을 뿐이지 그렇다고 무작정 심는 것은 아니다.

▋ 현장 구술 담화

"**지랄모**여. 그냥 대충 심는 것. 여그 한나 숭고 여그 한나 숭고, **지랄모**도 대충 치수를 맞춰요. 줄을 못 잡으면 여기 있고, 여기 심었으니까 그걸 보고 **지랄모**라 그랬어. 못줄 없이 **지랄모**라 그랬어요." (**지랄모**여. 그냥 대충 심는 것. 여기 하나 심고 여기 하나 심고, 그래도 **지랄모**도 대충 치수를 맞춰요. 줄을 못 잡으면 여기 심고, 여기 심었으니까 그걸 보고 **지랄모**라고 했어. 못줄 없이 심으니 **지랄모**라 그랬어요.)(무안군)

㉑ 물매기(무넘기)

논에 물이 알맞게 고이고 남은 물이 흘러넘쳐 빠질 수 있도록 만든 둑을 표준어로 '무넘기'라고 하는데, 이를 전남의 장성에서는 '물매기'라고 한다. '물매기'는 어디서 온 말일까?

논에 물을 댈 때 물의 높이가 이 '물매기'보다 높으면 넘쳐 흐르게 만든다. 그리고 장마철에는 논에 물이 많이 고이지 않도록 하기 위하여 아예 이 '물매기'를 아주 낮게 하거나 일시적으로 아예 없애 버리는 경우도 있었다.

이 '물매기'는 바로 '물+막이'에서 온 말이다. '물막이>물매기(물맥이)'로 변한 말임을 짐작할 수 있을 것이다.

그리고 '논에 물이 넘어 들어오거나 나가게 하기 위하여 만든 좁은 통로'를 전라도에서는 이를 대체로 '물꼬'라 하고, '곡성'에서는 '물귀'라고도 하였다. 이러한 '물매기', '물꼬'를 다듬는 삽을 '가래', '물가래(광양)', '물살개(여수)'라고 하였다.

현장 구술 담화

"**물매기**, 맥이를 논 그거 **물매기**라고 그러제. **물매기**를 낮게 치라, 높이 쳐라. **물매기**라 그래, **물매기**를 나찹게 내리라 그러제. **물매기** 고것이. 물고를 터부러야제. 물목."(**무넘기**, 넘기를 논 그것을 **물매기**라고 그러지. **물매기**를 낮게 해라, 높게 해라. **물매기**라 그래, **무넘기**를 낮게 내려라고 하지. **무넘기** 그것이. 물고를 터 버려야지. 물목.)(장성군)

㉒ 씬나락〔볍씨〕

　못자리에 뿌리는 벼의 씨를 표준어로 '볍씨', '씨벼', '종도(種稻)'라고 하는데 전라도에서는 전역에서 이를 '씬나락', '나락종자'라고 한다.
　'씬나락'은 어떻게 생겨난 말일까?

　전라도에서는 '아직 패지 않은 벼'나 '익어서 수확기의 벼', '수확을 한 후의 벼' 등을 통칭하여 '나락'이라고 한다. '볍씨'를 일컬을 때도 '나락종자', '씬나락'이라고 하고, 자라고 있는 벼를 보면서도 '나락이 잘 되었다', '나락 알이 굵다'라고 하며, 수확을 한 가마니에 담긴 벼를 보고도 '나락가마니' 등으로 부른다. 또 '볏가리'를 '나락가리', '벼 수확'을 '나락가실', '벼의 그루터기'를 '나락끌텅' 등의 말을 사용한다.
　'나락'의 어원에 대해선 학자마다 여러 견해가 있으나, '날+악' 즉 '낱개의 알'이라 보는 시각이 설득력이 있어 보인다.

　'씬나락'은 종자를 의미하는 '씨'에 '나락'이 합하여진 말임을 짐작할 수 있을 것이다. '씨'는 15세기 '삐(월인석보)'로 등장한다. '벼+씨(삐)'가 '볍씨'가 된 것은 '삐'의 ㅂ이 살아난 모습이다.
　볍씨에 대한 남한 전역 분포를 보면 대체로 중부 지역을 중심으로 '볍씨'라고 하고 남부에서는 '씬나락'이라 한다. '씬나락'은 '씨+ㅅ+나락'으로 '씻나락>씬나락'의 변화이다.

농사짓기에서 소중한 '씬나락'은 소독을 하여 방안에 잘 보관하였다가 움이 틀 무렵, 모판을 만들고 여기에 씨를 뿌리고 일정 기간 비닐로 덮어서 따뜻하게 해 준다.

이렇게 모판에서 기른 모를 쪄서 본판으로 모내기를 하는 방식을 이앙법이라고 하는데 세종 때에도 이 방식을 고안해 내었으나, 대체로 17세기 효종 때 문신이자 농학자 신속이 《농가집성(農家集成)》을 펴낸 뒤부터라고 한다.

현장 구술 담화

"**씬나락**, 농약에 살균을 해서 모판을 빤듯하게 해서 대나무 엇갈리게 해서 둥구렇게 꼽고 비누리를 덮어. **씬나락**을 뿌리고 비누리를 덮제. 좀 있다 나락이 어느 정도 크면 구멍을 뚫어죠. **씬나락**, **씬나락**, 우리는 농사가 4되고, 해태, 김발이 6되고 그랬어요."(**볍씨**, 농약에 살균을 해서 모판을 반듯하게 해서 대나무를 엇갈리게 해서 둥그렇게 꽂고 비닐을 덮어. **볍씨**를 뿌리고 비닐을 덮지. 좀 있다 벼가 어느 정도 자라면 구멍을 뚫어줘. **볍씨**, **볍씨**, 우리는 농사가 40% 되고 김, 김발이 60% 되고 그랬어요.)(진도군)

㉓ 메물껍닥(메밀 껍질)

흔히 '메밀묵'으로 만들어 먹게 되는 곡물인 표준어 '메밀'을 전라도 전역에서 '메물'이라고 부른다.

그래서 '메물껍닥'이란 말이 있다. 원래는 어떤 뜻의 말일까?

먼저 표준어 '메밀'에 관하여 살펴보자. '메밀'은 중세국어에(16세기 훈몽자회) '모밀'로 나타나고, 근대국어에서 한자어로 '목맥(木麥)'이라고 하였다. '메밀'의 유래에 대해서는 이설(異說)이 있다.

즉 '메밀'을 '산의 밀' 즉 '뫼(山)+밀(小麥)'로 보고 '뫼밀>메밀'로 변했다는 견해와 근대국어 '木麥(목맥)'을 근거로 '木+밀'로 보는 시각이다.

그런데 '메밀'의 일반적인 인식은 '산의 밀'이나 '木麥'보다는 '모(角)가 난 밀', '각이 진 밀'로 보았지 않았을까? 그래서 '모밀>뫼밀>메밀'로 변하지 않았을까 생각된다. '메밀도 굴러가다가 서는 모가 있다'는 속담에서 보듯이 메밀을 대하는 언중들은 대체로 '모(角)가 진 곡물'이라는 의미로 보기 때문이다. 그리고 방언에서도 '메밀'을 '모밀'이라고 부르는 지역이 많다.

전남의 '메물'은 '메밀>메물'로 ㅣ>ㅜ의 변화를 보인 것인데, 이러한 변화는 전라도에서 쉽게 발견할 수 있다.(예: 종이>종우, 침>춤)

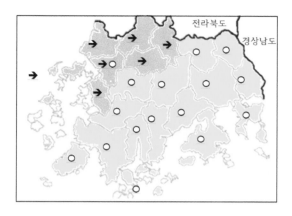

[껍질 지도]
○ 껍덕
→ 껍닥

그리고 '껍질'은 지도에서 보듯 전라도 대부분의 지역에서 '껍덕'이고, 서북부에서 이를 '껍닥'이라고 부르는 것은 이채롭다. '껍닥'은 바로 위쪽의 전라북도 순창, 고창, 임실 등지에서도 사용되는 말인데, 전국에서도 꼭 이 지역 10여 개 군에서만 나타나는 '껍덕-껍닥' ㅓ-ㅏ 교체의 모습은 흥미롭기만 하다.

표준어 '껍질'의 '껍-'은 '겉(表)-'과 통하는 말로 본다. '줏다>줍다', '헌 것>헝겁'으로 변하듯이 '겄질(겉+질)>겁질>껍질'로 변했을 것으로 보인다. '겄질'은 받침에 ㅌ을 사용하지 않는 시기의 표기로 볼 수 있다.

현장 구술 담화

"그냥 **메물껍닥**조차 허먼 피묵, 그냥 껍닥차 허먼 피묵이여. 그냥 찌어각고 걸러야제. 피묵, 중주묵 그래. 녹두묵, 피묵, 중주묵, 메물 한나각고 두 가지 것 맨들아."(그냥 **메밀껍질**까지 하면 피묵, 그냥 껍질까지 하면 피묵이여. 그냥 찧어서 걸러야지. 피묵, 중주묵 그래. 녹두묵, 피묵, 중주묵, 메밀 하나를 가지고 두 가지를 만들어.)(함평군)

㉔ 헨밋저〔속겨〕

벼나 곡식의 껍질 중에서 거친 '겉껍질'은 표준어로 '등겨', '왕겨'라고 하고, 곡식의 겉겨가 벗겨진 다음에 나온 고운 겨를 '속겨', '몽근겨'라고 한다. 이 '속겨'를 전라도에서 다양하게 말하는데, 일부 지역에서 이를 '헨밋저', '헤밋저'라고 한다.

'헨밋저', '헤밋저'는 무슨 뜻을 담고 있는 것일까?

먼저 벼의 '왕겨(겉껍질)'를 전라도에서는 '왕제', '멥제(멧저)', '겉제(겉불제)', '꺼청제', '등제'라 하고, '속겨'를 '죽제(저)', '몽근제(저)', '몽근죽제', '이무께', '누무께', '니미께', '헤밋저' 등으로 다양하게 부른다.

먼저 표준어 '몽근겨(속겨)'는 '몽근+겨'인데, '몽근'은 '몽글다'의 활용으로 '가루 따위가 미세하고 곱다'는 뜻이다. 전라도의 '몽근제'는 '몽근겨>몽근제'로 구개음화를 겪은 말임을 쉽게 알 수 있다.

그리고 '죽저', '죽제'는 고운 가루를 쳐서 쑤어 만든 음식을 '범벅'이나 '죽'이라고 하는데, '죽제'는 '소죽을 쑤는 데 사용하는 겨(죽+겨>죽제)'를 말한다.

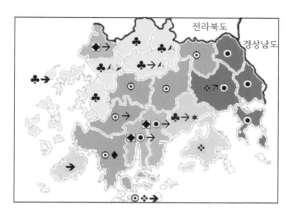

<table>
<tr><td>◆</td><td>헨밋저(헤밋저)</td></tr>
<tr><td>→</td><td>이무께</td></tr>
<tr><td>→</td><td>느(누)무께</td></tr>
<tr><td>↗</td><td>니미께</td></tr>
<tr><td>∧ 누까</td><td>➢ 유까</td></tr>
<tr><td>⊙ 죽저</td><td>◉ 죽제</td></tr>
<tr><td>❖</td><td>등게, 딩게</td></tr>
<tr><td>★</td><td>속제</td></tr>
<tr><td>♣</td><td>몽근저(제)</td></tr>
<tr><td>◆</td><td>두불제</td></tr>
</table>

영광의 '헤밋저', 강진의 '헨밋저'는 '현미제(< 현미겨)'의 변화형이다. 즉 '현미겨>현미제>헨미제>헤밋저'로 변해 온 말이다. 물론 현미(玄米)는 '벼의 겉껍질만 벗겨 낸 쌀'이고, 여기서 다시 벗겨낸 현미의 껍질은 아주 몽글고 곱기 때문이다.

이 '죽제', '몽근제', '헤밋저'는 그대로 돼지나 닭의 먹이가 되고, 겨울철에는 가마솥에 소의 여물을 끓일 때 먼저 짚을 넣고 그 위에 감잣대(고구마 줄기) 등과 함께 넣어 끓이기도 하는 등 가축의 소중한 먹이로 사용하였다.

현장 구술 담화

"껍적 빗기먼 왕제, 소 준 거 몽근죽제, **헨밋저**라 가고 **헨밋저**. 그것은 현미제고, 첨에 깐 것이 꺼청제, 몽근 것은 **현미제**고. 몽근죽제라고 하제 옛날에는. 거그서 나와." (껍질을 벗기면 왕겨, 소에게 주는 것은 속겨, 또 **헨밋저**라고 하고 **속겨**. 그것은 현미제고, 처음에 깐 것이 왕겨. 부드러운 것은 **속겨**고, 몽근죽제라고 하지 예전에는. 거기서 나와.)(강진군)

제 2 장
음식과 조리기구

01 개미(깊은 맛)

맛 중에서 '깊고 은근한 맛'이 있다는 의미로 전라도에서는 흔히 '개미'가 있다고 한다.

'개미'가 있다는 말은 어떻게 생겨난 말일까?

"첨에는 벨로 맛이 없등만 묵을수록 개미가 있네."(처음에는 맛이 없더니 먹을수록 깊고 은근한 맛이 있네.)

'개미'는 위의 문장에서처럼 주로 '~가 있다'와 통사구조로 사용되는 특징을 가지고 있다.

국어사전에 보면 '입에 좋은 맛'을 뜻하는 '가미(佳味, 嘉味)'라는 말이 실려 있다. 그런데 표준어 화자가 이런 말, 즉 '가미가 있다'를 사용하는 사람이나 '가미'가 사용된 문장을 나는 아직 한 번도 보지 못했다.

그만큼 '개미가 있다'는 말은 전라도의 고유 언어라고 해도 될 것이다. 이로 보아 '개미'는 표준어 '가미(佳 아름다울 가, 味 맛 미)'가 '가미>개미'로 변해 온 말임을 짐작할 수 있다. 다만 이 '가미'와 '개미' 둘 사이의 말맛에는 많은 차이가 있다. 즉 '입에 좋은 맛'이라는 뜻에서 '깊고 은근한 맛'이라는 전라도의 맛으로 의미 변화를 겪은 것이다.

"**개미**는 벨로인 거 겉더니 맛이 갠찬허네. 속맛이 있다 그말이여. 요새 말로 닉닉허지, 니끼허지 않고 담백허다. 아따, **개미** 있다, 맛이 짭쪼름허먼서 맛이 좀 나는 것 맛깔나먼 먹을 만허다. 아따 **개미**가 있다. 숟갈로 떠 묵음시로 아따 **개미** 있다."(**깊은 맛**은 별로인 줄 알았더니 맛이 괜찮네. 속맛이 있다 그말이여. 요새 말로 느끼하지, 느끼허지 않고 담백하다. 아따, **깊은 맛**이 있다. 맛이 짭쪼름하면서 맛이 좀 나는 것, 맛깔나면 먹을 만하다. 아따 **깊은 맛**이 있다. 숟가락으로 떠 먹으면서 아따 **깊은 맛**이 있다.)(강진군)

02 끄니[끼니]

　아침, 점심, 저녁과 같이 날마다 '일정한 시간에 먹는 밥. 또는 그렇게 먹는 일'을 표준어로 '끼니'라고 하는데 전라도에서는 주로 '끄니', '끈', '끌', '꺼이'라고 한다.

　'끈', '끄니'는 어떻게 생겨난 말일까?

　표준어 '끼니'를 알기 위해서는 옛말 15세기의 '삐', '삑'(석보상절), '삑니'(두시언해), '삐니(월인석보)'를 잘 알아야 할 필요가 있다.

　당시의 '삐'와 '삑', '삑니', '삐니'는 중세국어(15~16세기)까지도 대체로 '때(時)', '시간(時間)'을 뜻하는 말이었다.

　이 삐 ㄱ슬와 겨슬왓 스싀로소니(이 **때**가 가을과 겨울의 사이니)(두시언해, 15세기)

　삐니 시(時)(훈몽자회, 16세기)

　이처럼 후에 어두자음군 ㅽ이 ㅅ으로 변하고 후에 ㄲ으로 변하여 '삑니>끼니'로 변해 온 말이다. 위에서 보듯 '삑', '삑니'는 '시간', '때'의 의미였으므로 '끼니' 역시 '시간(時間)', '때'라는 의미가 차츰 '식사'라는 의미로 변해 온 말임을 알 수 있는 것이다. 즉 표준어 '끼니'는 '아침, 점심, 저녁과 같이 날마다 일정한 시간에 먹는 밥. 또는 그렇게 먹는 일'이라고 풀이되어 있다.

표준어 '함께'도 원래는 '훈쁴(한 시간, 같은 시간)'을 뜻하던 말이 차츰 '훈쁴>훈끠>함께'로 형태가 변화고 '같은 시간'이라는 뜻이 '동반(同伴)하여'로 의미 변화를 겪어 온 말이다.

이처럼 '때(時間)'가 '음식'으로 바뀐 예로는 '곁두리(중간에 먹는 음식)'를 의미하는 전라도의 '새참(곁두리)', 경상남도의 '중참' 등에서 찾아볼 수 있다. 이 '새참, 중참'의 '참'은 지금은 '음식'을 의미하지만 원래는 '시간'을 의미하고 있는 말이었다. '한참(걸리는 시간)'이라는 의미에서 보듯, 이 '시간(한참)'이 '음식(새참)'으로 변화한 것이다.

그래서 전라도의 '끄니', '끈'은 '쁴(때, 時)'가 표준어처럼 '쁴>끼니'로 변하지 않고 '쁴>끄니>끈'으로 변해 온 모습이다. '쁴>끄'의 모습은 전라도에서 '오전'을 말하는 '아직끌'에 보이는 '끌'도 '때'를 나타내는 '쁴>끄'와 관련된 말이다.

현장 구술 담화

"한 **끄니**만 굶어도 젊어서는 배가 출출허제. 여러 끈을 굶어 농께 인자 죽겄그든. 그래각고 아따, 한 **끄니** 때웠다. 한 **끄니**라 개, 하루 내 한 **끄니**도 못 묵었다. 텔텔 굶었다. 텔:텔 굶었다. 한 **끄니** 묵어농께 살겄다." (한 **끼니**만 굶어도 젊어서는 배가 고프지. 여러 끼니를 굶어 놓으니까 이제 죽겠거든. 그래서 아따, 한 **끼니** 때웠다. 한 **끼니**라고 해, 하루 내 한 **끼니**도 못 묵었다. 텔:텔 굶었다. 탈탈 굶었다. 한 **끼니** 먹어 놓으니 살겠다.)(해남군)

03 무수끌텅지(무 뿌리 김치)

무, 배추를 베어내고 남은 밑동을 뽑아서 담근 김치를 전라도에서는 '끌텅지'라고 한다.

그러면 '무수끌텅지'는 어떻게 만들어진 말일까?

먼저 전라도의 '끌텅'은 '나무를 베고 남은 밑동'을 일컫는 말이기도 하고, 불을 때기 위해서 파 온 '썩은 나무의 뿌리'를 말하기도 하고, 배추 등의 식물의 잘라내고 남은 '밑동'이나 '뿌리'를 그대로 '끌텅(무수끌텅, 무시끌텅)'이라고도 했다.

"나무 **끌텅**으로 파는 도구통이제, 나무도구통이제."
"무시 **끌텅** 캐서 묵다 넘다 많이 묵어갖고 설사도 했지라."

이 '끌텅'은 표준어 '그루터기'에서 나온 말이다. '그루터기'는 '풀이나 나무 따위의 아랫동아리'. 또는 그것들을 '베어내고 남은 아랫동아리'를 말한다. 그래서 '그루터기>글터기>끌턱>끌텅'으로 변한 말이다.

'그루터기'는 '그루ㅎ+더기'인데, '그루'는 15세기에 '그릏'가 '그릏(15세기~18세기)>그루(19세기~현재)'로 변해 왔다. 여기에 붙은 접미사 '-더기'는 '건더기', '누더기', '북더기' 등에서 볼 수 있다. '그루터기'의 '-터기'는 '그릏'에서 보이는 ㅎ의 잔재로 보인다. (ㅎ+더기>터기)

이처럼 전라도 말에는 맛과 관련된 섬세한 말이 다른 지역보다 더 발달되어 있다고 할 것이다. 몇 예만 들어 보더라도 표준어에서 대응되는 표현을 얼른 찾기 힘든 말, '검덜큼하다(달짝지근하다)', '진덤진덤하다(양념을 많이 하여 맛이 진하다), '간질간질하다(약간 짠 맛이 있다)', '게심심하다(별다른 맛이 없이 심심하다)', '꼬수룸하다, 꼬시룸하다(고소하다)', '시구룸하다(시다)', '쌉수룸하다(조금 쓴 맛이 있다)' 등은 전라도 사람이라면 어디서고 쉽게 들을 수 있는 말들이다.

그래서 '무수끌텅지'는 '무수(무)+끌텅(그루터기)+지(김치)'인데, '지'는 김치를 말하는 전라도의 고유어형이다. 표준어 '김치'는 원래 한자어 '딤치(沈菜, 16세기)'가 '딤치>짐츼>짐치>김치'로 변한 말이지만, '지'는의 옛말 '디히'가 '디히>디이>지'로 변한 순우리말이다. 원래 '짐치'가 맞는 변화였는데, '짐치>김치'로 바뀐 이유는 과도교정한 모습이다. 마치 '길(道)>질'처럼 된 모습으로 착각하고 '짐치>김치'로 돌아간 것이다.

그래서 '무수끌텅지'는 '무 뿌리'로 담근 김치를 말하는 것이다. 무를 칼로 자르거나 쪼개지 않고 그대로 무 뿌리와 줄기를 함께 통으로 담그는 방식의 김치를 말한다.

현장 구술 담화

"<u>무수끌텅지</u> 무수만 담은 거, 그먼 끌텅지라고 허지요. 해마다 담지요, 무수 잎삭을 섞어서, 통으로 담아 <u>무수끌텅지</u>, <u>무수끌텅지</u>라고." (**무수끌텅지** 무만 담그는 것, 그러면 끌텅지라고 하지요. 해마다 담그지요, 무 잎을 섞어 통째로 담그는데 이를 무수끌텅지, **무수끌텅지**라고 해요.)(무안군)

04 둠벙주[동동주]

맑은 술을 떠내거나 걸러 내지 아니하여 밥알이 동동 뜨는 막걸리를 담양 등지에서는 '둠벙주'라고 한다.

이 '둠벙주'에는 어떤 생각이 담겨 있는 말일까?

쌀을 쪄서 말린 고두밥과 누룩을 섞어서 독에 물을 담아서 아랫목에 따뜻하게 이불로 감싸 2주 정도 지나면 발효되어 밥알이 삭혀서 뜨게 된다. 이때가 동동주라 하는데, 바로 이 동동주를 둠벙주라고 말한다. 그리고 이 동동주가 좀 더 발효되면 밥알과 침전물이 가라앉는데, 이 독에 용수(대를 엮어 만든 둥글고 긴 통)를 넣어 먼저 걸러 낸 맑은 술이 청주이다. 그리고 청주를 걸러 낸 다음에 휘저어 섞어서 짜낸 술이 막걸리다.

우선 전라도의 '둠벙'이라는 말은 '작은 웅덩이'를 말한다. '둠벙'의 어원은 확실치 않으나 '두메산골'에서의 '둠-'과 통하는 말로 본다. '둠-'은 '둘러싸여 깊은 곳'이라는 의미를 지닌 말로 '둠벙' 역시 작고 '깊게 둘러싸인 물'이라는 뜻일 것이다.

그래서 '둠벙주'는 '작은 웅덩이'에 물을 가두어 놓은 것처럼 담가 먹는다는 의미로 지어진 '동동주'의 다른 이름임을 짐작할 수 있다. 그리고 대체로 시골의 둠벙(연못)은 색깔이 막걸리처럼 노르끼리한 흙탕물인 경우가 많기 때문에 둠벙주라는 이름이 더욱 어울리는 말이 되었을 것 같다.

저자가 어린시절에는 쌀이 귀하던 시절이고 또 술을 빚어 파는 주조장에서 거두어 들이는 세금이 많았기 때문에 이 세금을 확보하기 위하여 일반 가정에서는 술을 함부로 빚지 못하게 법으로 규제되어 있었다. 그래서 때로 '상감(공무원)'이라는 사람들이 '술을 치로(조사하러)' 다니곤 했고, 그런 사람이 왔다는 소리가 돌면 순식간에 마을 전체가 뒤숭숭해진다. 술을 빚어 놓은 집에서는 빨리 뒤안(뒤뜰)의 짚더미 속에 깊이 숨기거나 심지어는 두엄 속, 돼지우리 같은 곳에라도 얼른 숨겨야 했다. 이렇게 남 몰래 담그는 술을 당시에는 '밀주'라고 불렀다.

현장 구술 담화

"똑같애 만드는 것은 그렇게, 좁쌀술도 해 보고, 보쌀술도 해 보고, 찹쌀술도 해 보고, **둠벙주**도 해 보고, 다 해 봤제. **둠벙주**. 둠벙주는 누룩을 걸러각고 해. 쌀이 동동 뜨고 누룩은 싸각고 넝께 없어. 하루를 재 넣었다가 그그다가 술밥을 쪄서 넣어요, 그러면 식혜맹이로, 그것은 동동주, **둠벙주**, **둠벙주**다고."(똑같아 만드는 것은 그렇게, 좁쌀술도 해 보고, 보리쌀술도 해 보고, 찹쌀술도 해 보고, **동동주**도 해 보고, 다 해 봤지. **동동주**, 동동주는 누룩을 걸러갖고 해. 쌀이 동동 뜨고 누룩은 싸가지고 넣으니까 없어. 하루를 재어 넣었다가 거기다 술밥을 쪄서 넣어요. 그러면 식혜같이, 그것은 동동주, **동동주**, **동동주**라고.)(담양군)

ⓞ⑤ 숭님밥(눌은밥)

　솥 바닥에 눌어붙은 밥에 물을 부어 불려서 긁은 밥을 표준어로 '눌은밥'이라고 하는데, 전라도에서는 이를 '누룬밥', '숭님밥'이라고 한다.
　'숭님밥'은 어떻게 만들어진 말일까?

　먼저 표준어로 '누룽지'는 '솥 바닥에 눌어붙은 밥(대체로 숟가락으로 긁어 먹는다)'을 말하고 '눌은밥'은 이 '누룽지에 물을 부어 불려서 긁은 밥'을 말한다. 그런데 전라도에서는 대체로 이 '누룽지'를 대체로 '깜밥', '깡밥'이라고 말하고, '눌은밥'을 '누룬밥'이라고 말하지만, 지역에 따라서는 그냥 둘 다 '누룬밥'이라고도 한다.

　그런데 이와 관련된 '숭님밥'은 표준어 '눌은밥'에만 해당하는 말이다. '숭님'은 표준어 '숭늉'의 변화형이다. '숭늉'은 '밥을 지은 솥에서 밥을 푼 뒤에 물을 붓고 데운 물인데, 원래 한자어 '숙랭(熟 익힐 숙, 冷 차갑다 냉)'에서 온 말로, 일단 '익혔다가 다시 식힌다'는 의미이다. 전라도에서는 '숭냥', '숭냉', '숭님' 등이 쓰이지만 대부분 '숭님'이다.

　'숭님밥'은 바로 '숭늉+밥'의 모습인데 '숭늉밥>숭님밥'으로 변한 말임을 쉽게 짐작할 수 있다. 전라도 많은 지역에서 이 숭님밥을 대체로 '누룬밥'이라고 하기도 한다.

대신 물이 없이 솥바닥에 딱딱하게 눌어 있는 표준어 '누룽지'를 전라도에서는 역시 '누룬밥'이라고 하기도 하고, 거의 전역에서 '깜:밥'. '깡:밥'이라고 하며, '누룽갱이(광양)', '누룽게(장성)', '눈:밥(완도,해남)', '모른누른밥(해남,여수)', '강눈밥(진도)', '강밥(완도)'이라고도 한다.

'깜:밥'은 까맣게 탔다고 해서 붙인 이름이고, '깡:밥'은 단단하다는 의미의 '강밥'이 된소리로 변한 모습이라는 견해가 그럴듯해 보인다.

지금도 한국인의 정서에는 눌어 있는 솥의 바닥에서 긁어먹는 '숭님밥'의 맛을 즐기는 사람이 많은 것으로 안다. 그래서 밥을 다 뜨고 난 다음에 따뜻한 물을 부어 한참 기다렸다가 누룽지를 긁어 가면서 후식으로 쏠쏠한 맛까지 즐길 수 있는 돌솥비빔밥 메뉴가 인기가 있은 것인지도 모른다.

현장 구술 담화

"**숭님밥**이라고도 허고 누룬밥이라고도 허고 그요. 아가 나 누룬밥, **숭님밥**. **숭님밥**이나 좀 문질러 다오. 배가 고픈디 나 그냥 숭님, **숭님밥**이나 좀 문대 주라."(**숭님밥**이라고도 하고 누룬밥이라고도 하고 그래요. 아가 나 **눌은밥**, **눌은밥**이나 좀 문질러 다오. 배가 고픈데 나에게 그냥 숭늉, **눌은밥**이나 좀 문질러 다오.)(무안군)

06 무시선[무 생선 조림]

채소 '무'를 전남의 서부에서는 주로 '무수'라고 하고 전남의 동부로 갈수록 '무시'라고 한다. 그런데 이 무시를 이용한 '무시선'이라는 반찬이 있다. 이 '무시선'은 '무'가 들어간 반찬일 텐데 어떻게 변하여 온 말일까?

표준어 '무'의 변천 과정을 보면 15세기 때부터 '무수', '뭉'의 모습으로 나타난다.

곧 이어 16세기에 자음 ㅿ이 소멸함에 따라 '무수'는 '무우'로 변화하였다. '무우(16세기~20세기)'를 거쳐서 현재의 표준어인 '무'는 1988년 한글맞춤법 개정을 하면서 쓰이게 되었다.

생각해 보자. 수백 년 동안, 어쩌면 수천 년일지도 모르게 변함없이 사용되어 왔을 전통적인 '무수(15세기)' 형태를 전라도에서는 지금껏 고스란히 지키고 있는데(무수, 무시), 표준어에서는 '무우'로, '무'로 숨가쁘게 바뀌어 간 이유를 어떻게 설명할 수 있을까?

아마도 '무수', '무시'의 모습은 이 채소가 우리나라에 들어올 때부터 사용되었던 가장 원형이 아닐까 생각된다. 이처럼 고어가 많이 남아 있는 전라도 말을 더듬어 본다는 것은 역사적으로도 의의가 있다고 본다.

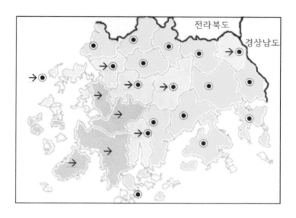

[무우 지도]
→ 무수
⊙ 무시

'무시선'은 '무시(무)'에 '생선'을 뜻하는 '선(鮮)'이 합하여진 말이다. '무'에 주로 멸치나 생선(서대, 조기 등)을 넣어서 조리거나 삶아 놓은 반찬이었던 것이다.

이 '무시선'은 주로 겨울에 거의 얼기 직전까지 두고 먹을 수 있는 음식으로, 지역에 따라서 우선은 그냥 무에 생선이나 과일 등을 얇게 썰어 얹어서 먹는 등 다소 방식의 차이는 있었다.

현장 구술 담화

"**무시선**이란 것은 무시를 4각으로 쪼각쪼각 얇게 썰어갖고 찌개 헝거잖아. 멜치랑 조기 잘잘한 거, 서대는 고급 고기제, 더끔더끔 쫄여, 국물 쪼금 있게 허고. 정월 대보름 그럴 때 **무시선**을 많이 해갖고 나도. 김치만치로 조끔씩 떠다 묵고 겨울에 많이 묵제." (**무시선**이란 것은 무를 4각형으로 조각조각 얇게 썰어서 찌개 만드는 거잖아. 멸치랑 조기 잔 거, 서대 고기는 고급 고기지. 더끔더끔 졸여, 국물 조금 있게 하고. 정월 대보름 그럴 때 **무시선**을 많이 해서 놔두어. 김치처럼 조금씩 떠다 먹고 겨울에 많이 먹지.)(순천시)

07 칼젭이[칼국수]

　'밀가루 반죽을 방망이로 얇게 밀어서 칼로 가늘게 썰어 만든 국수. 또는 그것을 익힌 음식'을 말하는 표준어 '칼국수'는 그대로 전라도에서도 대체로 단순한 음운 변이형인 '칼국시'라 하는데, 지역에 따라 이를 '밀국시', '밀떡국', '밀죽', '수제비', '칼제비' 등으로 다양하게 부른다.

　'칼제비', '밀떡국'에는 어떤 뜻이 담겨 있는 것일까?

　우선 표준어 '칼국수'는 칼로 밀반죽을 방망이로 밀어 얇게 만든 후 잘게 국수 형태로 썰어 만든 죽, 주로 팥이나 조개 등을 넣고 끓인 국을 말한다.

　그런데 전라도말 '밀국시'는 주로 '밀을 이용해서' 국수 형태로 썰어서 만든 음식을 말하는 것 같지만, 지역에 따라서는 '밀가루' 음식보다는 방망이로 누르고 '밀어서 만든 국수'라는 의미로 인식하고 이를 '밀국시'라고 말한다. 지역에 따라 '밀죽'이라고 부르기도 한다.

　또 '칼제비'라는 말은 '칼+제비'인데, '제비'는 '접다'는 뜻으로 '수제비'의 '제비'와 같은 말이다.

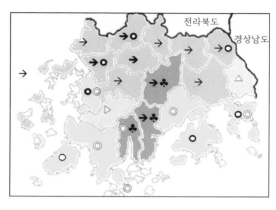

♣ 칼제비(칼수젭이,수제비)
◎ 밀죽
○ 밀떡꾹
◑ 밀국시
● 밀국수
△ 국시 ▷ 국수
→ 칼국시
➔ 칼국수

'수제비'는 '손(手 손 수)으로 접다(떼어 넣는다)'는 의미인 '수접이'가 '수접이>수젭이>수제비'가 된 말이다. 즉 '칼국수'가 '수제비'란 말에 유추되어 '칼수젭이'가 되고, 차츰 '칼수제비>칼젭이'로 축약된 모습이다.

실제 장홍 등에서는 '칼국수'를 '칼수제비'라고 한다. 손으로 떼어서 빚은 죽인 '수제비'가 워낙 일반화되어 사용되다 보니까, 칼로 밀어서 썰어 만든 '칼국수'조차도 '칼수제비'라고 이름을 붙인 것이다.

현장 구술 담화

"**칼제비**, **칼제비**라. 칼로 썽께 칼제비. 폿도 넣고 콩도 넣고 띤죽 조께 써 주씨요. **칼제비** 국시지라. **칼제비**를 많이 쓰지라. 국시란 말은 덜 써요. 볼쌀 죽도 갈아 써 묵었제." (**칼국수**, **칼국수**라. 칼로 써니까 **칼국수**, 팥도 넣고, 콩도 넣고 수제비 조금 써 주세요. **칼국수**가 국수지요. **칼제비**란 말을 많이 쓰지요, 국수란 말은 덜 써요, 보리쌀 죽도 갈아 써 먹었지.)(장흥군)

08 밀끄시럼(밀 서리)

표준국어대사전에는 '떼를 지어 남의 과일, 곡식, 가축 따위를 훔쳐 먹는 장난'을 말하는 '서리'라는 말이 실려 있다. 흔히 '수박 서리', '참외 서리', '감자 서리'라고 하는데, 전라도에는 이처럼 다 '익기 전에 보리나 밀을 구워 먹는 행위'를 일러 '보리꼬시름', '보리타작', '밀통금', '밀꼬시름', '밀끄시럼'이라는 말이 있다.

'밀꼬시름', '밀끄시럼'은 어디서 온 말일까?

보리나 밀을 불에 살짝 그을려 먹는 '보리꼬시름', '밀꼬시름', '밀끄시럼'은 말 그대로 '보리', '밀'에 '끄시럼(꼬시름)'이라는 말이 합해진 말이다. '꼬시름', '끄시럼'은 표준어 '그슬다(약간 태우다)'의 전라도 말 '꼬실르다', '끄실르다'의 명사형이다.

표준어 '그슬음'은 '그슬다(겉만 약간 타게 하다)'의 명사형이다. 15세기에 '그스리-'에 비추어 전라도말 '끄시럼'은 '그슬음>그실음>끄시름>끄시럼'으로 변해 왔을 것이다.

그리고 '꼬시름'은 '태우는 일'을 말하기도 하지만, 맛이 '고소하다'는 말을 전라도에서는 '꼬시름하다'고 하기 때문에 '꼬시름'은 아예 이 구워 먹는 '맛이 고소하다'는 의미로 만들어진 말로 보인다.

그래서 '밀꼬시름'은 '밀을 그스르기', 또는 '밀의 고소함을 맛보기' 정도로 해석하면 되겠다.

또 보리를 구워 먹는 행위도 '보리꼬시름'이라고 한다.

약간 덜 익은 밀이나 보리를 불에 살짝 그슬은 후에 고사리손으로 비벼서 뜨거운 껍집을 입으로 불어 조심스레 털어 내면 말랑말랑해진 속 알갱이만 남는데 이것을 입에 넣으면 배고픈 아이들에게는 그렇게 고소할 수가 없는 간식거리가 된다.

예전에는 특히 어린 아이들이 배가 고플 때 자주 해 먹고 하던 '밀꼬시름(밀서리)', '밀끄시럼'을 하는 이런 모습은 이제 사라지고 없다. 예전과 같은 밀 품종을 재배하는 농토가 거의 없고, 또 그런 행위는 이제 남의 농작물을 훔치는 절도에 해당하기 때문이다.

'보리꼬시름'을 일부 지역에서는 '보리탕(진도)', '보리통금(진도)', '보리타작(곡성군)'이라고 한다.

현장 구술 담화

"*밀끄시럼*, 보리끄시럼 해서 먹자. 고놈을 질갓 보릿대 같은 데다 태워서 손으로 비벼서 묵어. 불면 껍질이 다 날라가요. 보리가 아조 익기 전에 파래각고 풀에다 태워요. 보리끄시락이 씨엽이 보리 끄시락이 날라가요. *밀끄시럼*보다 보리끄시럼이 맛있죠, 달큼허죠. 밀은 쫀닥쫀닥허고." (**밀끄시럼**, 보리끄시럼 해서 먹자. 그놈을 길가 보릿대 같은 데다 태워서 손으로 비벼서 먹어. 불면 껍질이 다 날라가요. 보리가 다 익기 전에 파래가지고 풀에다 태워요. 보리까시락이 수염이 보리까시락이 날라가요. **밀끄시럼**보다 보리끄시럼이 맛있죠, 달큼하죠. 밀은 쫀득쫀득하고.)(함평군)

⑨ 밀줄[밀기울]

'밀을 빻아 체로 쳐서 남은 찌꺼기'를 표준어로 '밀기울'이라고 하는데, 전라도에서는 이것을 '밀지울', '밀줄'이라고 한다.

'밀줄'은 원래 무슨 의미를 가지고 있는 말일까?

표준어 '밀기울'은 '밀의 속껍질'을 말하며 이는 옛말 '밇기울(15세기)'로 나타나고 '밀기울'은 17세기부터 보인다. '밇'의 'ㅅ'은 관형격조사(의)에 해당한다.

'밀기울'은 '밀+기울'임을 쉽게 알 수 있는데, 사전에 '기울'은 밀이나 귀리 등의 곡식을 빻아 가루를 내어 체로 쳐내고 남은 '속껍질'이라고 풀이되어 있다.

'기울'의 의미를 좀더 쉽게 알 수 있으려면 '밀기울'의 각 지역별 방언을 보면 될 것 같다. '밀기울'을 강원도에서는 '밀찌게이', 경기도에서 '밀찌우리', '밀찌게미', 경북에서는 '밀찌부리기', '밀찌부링이', '밀찌불이'라고 하고, 경남에서 '밀껍지', '밀지불', '밀찌부리', 제주에서 '밀헙데', '허께미'라고 하는데, 이들을 보면 '기울'에 대응하는 의미는 대체로 '찌꺼기(지불, 찌게이, 찌게미)', '껍질' 등의 의미를 가진 것으로 해석할 수 있다.

결국 전라도말 '밀지울', '밀줄'은 '밀기울>밀지울>밀줄'의 구개음화와 축약의 모습으로, 국어사전의 '밀을 빻아 체로 쳐서 남은 찌꺼기'와 같은 말이다. '밀줄'은 전라도 신안, 진도 등의 해안지역에서 주로 나타나는 모습이다.

이와 같은 방식으로 벗겨낸 곡식의 '속껍질(속겨)'은 물론 고운 겨를 말하는데 '밀'의 경우는 '밀줄', '밀지울'이라고 하지만, '쌀'의 경우는 '헨밋저(헨밋저, 60p)'에서 보았듯이 '죽제', '몽근제', '현미제', '미미께' 등으로 다양하게 부른다.

(헨밋저, 60p)

현장 구술 담화

"밀 껍질 보고 **밀줄**, 가리 말고 밀 껍닥이 **밀줄**. 거기다 보리쌀 갈아 각고 섞어서 누룩 디덨어. 누룩을 디덨다가 **밀줄** 섞은 누룩이 젤 좋다고 했어요. 막걸리 술 하제. 누룩을 치바쿠 그런 것이 있으면 보재기로 싸서 거그다 **밀줄** 하고 보리쌀하고 도구통에다 찌각고 찰지게 해각고 섞어서 반죽을 해요. **밀줄**하고 섞은 인자 디더져각고 똥그람허니 나오면 메주 하듯이 걸어 노면 떠요, 그것이 누룩이 대면 누룩을 도굿대로 찌어각고 냄새 안 나게 해각고 술밥을 쪄서 섞어." (밀 껍질을 일러 **밀줄**, 가루 말고 밀 껍질이 **밀줄**이지. 거기다 보리쌀 갈아 가지고 섞어서 누룩 만들었어. 누룩을 떴다가 **밀기울** 섞은 누룩이 제일 좋다고 했어요. 막걸리를 만들지. 누룩을 체 그런 것이 있으면 여기에 보자기로 싸서 거기다 **밀기울**하고 보리쌀하고 절구에다 찧어서 찰지게 해서 섞어서 반죽을 해요. **밀기울**과 섞어 이제 떠가지고 동그랗게 나오면 메주를 만들듯이 걸어 놓으면 떠요. 그것이 누룩이 되면 누룩을 절구공이로 찧어서 냄새가 안 나게 해서 술밥을 쪄서 섞어.)(신안군)

⑩ 조갈치〔국자〕

국이나 액체 따위를 뜨는 데 쓰는 기구. 옴폭 들어간 바닥에 긴 자루가 달린 표준어 '국자'를 전남의 여수, 순천, 구례, 광양, 고흥 등 동부 지역에서는 '조갈치'라는 특이한 말을 사용한다.

'조갈치'는 어떤 의미로 생겨난 말일까?

먼저 표준어 '국자'를 보면 '국자'는 19세기 문헌에서부터 '국자'로 나타나 현재까지 그대로 이어진다. 또 '국'은 중세국어(16세기)에 나타나는 '고깃국'을 통해 이미 당시에도 존재했다는 것을 알 수 있지만 아직까지 '국'의 명확한 어원은 알려지지 않았다. 다만 한자어 닭고기 같은 것을 찌는 중국 요리로 소개되는 '국(焗 찔 국)'에서 온 말로 보기도 한다.

그리고 '국자'는 한불자전(1880년)에 '갱저(羹 국 갱, 箸 그릇 저)'로 실려 있는데, '국저'는 '갱저'와 같은 뜻으로 바로 위의 '국(焗)'에 '저(箸)'가 합해진 말로 '국저>국자'의 변화로 볼 수 있을 듯하다.

그런데 전라도 서부 쪽에 사는 사람들은 이 '조갈치'란 말을 들으면 생소하기만 하다. '조갈치'는 전남 동부에서만 사용하는 말이기 때문이다. '조갈치' 역시 쉽게 그 말뿌리를 찾아내기 힘들다.

이 말은 '족+알+치'로 나누어 생각해 볼 수 있다면, '족-'은 '족집게(작은 집게)', '쪽마루(작은 마루)', '쪽박(전라도 말, 작은 바가지)' 등에서도 쉽게 볼 수 있는데, 이때의 '족(쪽)-'은 대체로 '작다'는 의미를 지니고 있다.

그리고 광양에서는 '국자'를 '쪽다리'라고도 하는데 이때의 '쪽-' 역시 '작다'는 의미로 보인다. 그래서 '조갈치'는 바가지 중에서도 '좀 작은 국자', '좀 작은 바가지'를 의미한다고 볼 수 있을 것 같다.

보성, 광양 등에서 보이는 '갱재(광양)', '깽짜(보성)'는 19세기 한불자전에서 보이는 '갱저(羹箸)'를 그대로 물려받은 말로 보이며, '갱저>갱자>갱재', 혹은 '갱저>갱자>깽짜'로 변했을 것이다.

현장 구술 담화

"아이, **조갈치** 좀 가져와서 떡국 좀 더 떠 와라. 옛날 어른들이 할머니가 많이 그랬어. 아이, 정제 가서 **조갈치** 좀 찾아와라. 실겅 우에 있는 **조갈치** 좀 갖고 와라."(아이, **국자** 좀 가져와서 떡국을 좀 더 떠 와라. 옛날 어른들이 할머니가 많이 그랬어. 아이, 부엌에 가서 **국자** 좀 찾아와라. 시렁 위에 있는 **국자** 좀 가져 와라.)(구례군)

⑪ 폿독(줌돌)

　표준어 '줌돌'은 돌확에 고추나 보리쌀 따위를 넣고 으깰 때 주먹에 쥐고 쓰는, 둥글고 길쭉한 돌인데 이를 광주 전남에서는 '풀독', '물독', '폿독', '폿돌'이라고 한다.

　'폿독', '폿돌'은 어떻게 생겨난 말일까?

　'폿독'은 '폿'과 '독(돌)'으로 이루어진 말임을 쉽게 알 수 있는데, 이의 어원을 알기 위해서는 먼저 '폿'이 어떤 의미로 사용되었는지 사례를 알아볼 필요가 있다.

　장흥에서는 '폿자갈'이라는 말이 있는데, '표면이 매끄럽고 반질반질한 자갈, 돌'이다.

　"**폿자갈** 좀 가져올래, 마당에 좀 깔자. 요런 걸 보고 **폿자갈**이라 그러지요."(장흥군)

　이처럼 '폿돌', '폿독'도 쓰임새보다 표면이 생김새가 아주 매끈하고 단단한 돌을 뜻하는 말로 보인다.

　'폿(퐃)'은 콩(豆)과 비슷한 붉은 색의 '팥'을 말하는 전라도 말인데, 이 '팥'과 같이 표면이 아주 매끄럽게 생긴 단단한 돌을 그렇게 불렀을 것으로 짐작된다.

전라도에서는 '폿독', '폿돌'을 지역에 따라 다른 말로 '물독', '풀독'이라고도 말한다.

"옛날 도구통에 쌀 방애(방아) 찌각고 **폿돌** 각고 요리 보쌀 갈고 그랬어. 찌는 도굿대, 도굿대 중에서 자디 잔 거 미댕이고."(여수시)

"갈아 묵는 학독도 있어. 안에 가는 거 **물독**이라고도 하고 **풀독**이라고도 하고. **풀독**은 작아."(영암군)

"이렇게 고운 차돌을 여런 데는 주서다가 **학돌**로 쓰고 그래."(신안군)

예전에 할머니들이 입는 고운 명주옷의 저고리에는 빳빳하게 풀을 먹여야 했는데, 이때 필요한 풀을 만들기 위해 쌀을 돌확(작고 낮은 절구)에 넣고 이 줌돌로 갈아야 한다. 바로 이 돌을 '풀독'이라고도 했다. 그래서 '풀독'의 '풀'은 바르는 풀과 관련된 말이다.

'물독'은 주로 쓰임이 물을 부어서, 음식과 물을 섞어서, 또는 물 속에서 음식을 갈기 때문에 붙여진 이름으로 보인다.

현장 구술 담화

"폿독, 폿독. 보리쌀 갈아먹는 **폿독**, 옛날에 **폿독**이제. **폿독**은 폿돌은 요렇게 반들반들해요."(**줌돌, 줌돌**. 보리쌀을 갈아서 먹는 **줌돌**, 옛날에 **줌돌**이지. 줌돌은 이렇게 반들반들해요.)(담양군)

⑫ 얼멩이체[어레미]

 '가루를 곱게 치거나 액체를 받거나 거르는 데 쓰는 기구'를 표준어로 '체'라고 하는데, '체' 중에서 바닥의 구멍이 굵은 체를 '어레미'라고 한다. 그런데 이를 전라도에서 서부에서는 주로 '얼멩이', '얼멩이체', '얼멍체(치)', '얼검치' 라고 하고 동부에서는 주로 '얼게미'로 부른다.

 '얼게미', '얼멩이', '얼멩이체'는 원래 어떤 뜻을 가지고 어떤 과정을 거치며 만들어진 말일까?

 표준어의 '어레미'의 옛말은 '어러미(17세기)'였는데, 실이나 줄을 듬성듬성 '얽어매다'는 말의 파생어 '얼거미'에서 ㄱ이 탈락한 형태로 보인다. 그래서 '얼거미(얽어+ㅁ+이)>어러미>어레미'로 변하여 왔을 것이다. 전남 동부에서는 '얼게미'라고 하는데, 이는 ㄱ을 잘 유지하며 원형을 잘 보존하고 있다고 볼 수 있다. '얼거미>얼게미'로 변한 모습이다. '얼게미'와 '어레미'의 '얽-얼'의 'ㄺ-ㄹ' 대응은 전라도 말에서 '실경-시렁', '울거먹다-우려먹다' 등에서 찾아볼 수 있다.

 그리고 '얼멩이' 역시 '얽어매다'는 뜻으로 '얽어+매+ㅇ+이(접미사)'로 볼 수도 있지만, '얼멍얼멍하다(듬성듬성하다)'의 의미로 보아 '얼멍+이'가 '얼멍이>얼멩이'로 변해 온 것으로 볼 수 있을 듯하다.

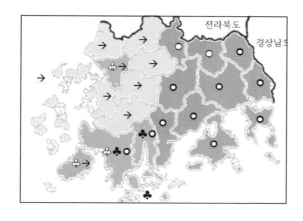

♧ 얼멩이체, 얼멍치
→ 얼맹이
♣ 얼검체치, 얼검치
◐ 얼게미
○ 얼기미

'얼게미', '얼멩이체'는 이와 비슷한 내용의 말에도 인용되어 전라도에서는 '참빗'과 대응되는 빗, 사이가 듬성듬성한 '얼게빗', '얼게미빗(동부)', '어리빗(서부)'이라는 말이 있고, 논 중에서도 물이 잘 빠지는 논을 '얼게미논(표준어, 어레미논)'이라는 말이 사용되는 것을 볼 수 있다.

참고로 '얼멩이체'와 대응되는 사이가 촘촘하고 고운 '참체(신안)'라는 말도 있다.

그리고 예전에 천연두로 곰보처럼 얼굴에 흉터가 난 사람에게도 이러한 내용을 덧붙여 '얼금뱅이', '얼뱅이'라는 말도 있었다.

현장 구술 담화

"요거 얼멍얼멍헌 거 **얼멩이체**, **얼멩이체**로 찌깽이 취래내. 이건 밴거 치, 치, 체바꾸고. 요건 **얼멩이체**, 요건 밴체, 밴체."(이것 듬성듬성한 거 **어레미**, **어레미**로 찌꺼기 가려내. 이건 촘촘한 체, 체, 쳇바퀴고. 요건 **어레미**, 요건 촘촘한 체, 체.)(함평군)

⑬ 꽁알죽(동지죽)

'동지죽'을 전남 지역에서는 '꽁알죽', '새알죽'이라고 한다. 그리고 이 동지죽에 들어가는 알, '새알심'은 '공:알', '폿죽건지', '팟죽건지', '세왈', '세:알', '세:심', '세알심' 등 다양하다.

'꽁알죽'은 어떻게 만들어진 말일까?

국어사전에 '동지죽'은 팥죽 따위에 넣어 먹는 새알만한 덩이. 보통 찹쌀가루나 수수 가루로 동글동글하게 만든다고 설명되어 있다. 전라도에서는 동지죽을 그대로 흔히 표준어와 같은 '새알죽'이라고도 하고 지역에 따라 '꽁알죽'이라고 한다.

짐작할 수 있듯이 '꽁알죽'은 '새알'과 같이 '꿩이 낳은 알' 즉 '꿩알'만한 덩어리로 쑨 '죽'이라는 의미이다. 전라도 전역에서 '꿩'을 '꽁'이라고 한다. ㅝㅡㅗ 단모음화는 '궐련>골연', '수월하다>솔하다'에서 쉽게 볼 수 있다.

현장 구술 담화

"요러코 쌀가리 뽀식아다 비베서 똥글똥글허게 한 것은 **꽁알죽**이다 그래요. **꽁알죽**, 꿩알죽, 동지에 새알죽, **꽁알죽**이다 글고 동지에 낄이제"(이렇게 쌀가루 빻아다 비벼서 동글하게 만든 것은 **꽁알죽**이라고 해요. **동지죽**, 동지죽, 동지에 동지죽, **꽁알죽**이라고 하고 동지에 끓이지.)(고흥군)

제 3 장
가옥과 구조물

01 골무샅(골목길)

　'시골 마을의 좁은 골목길'. 또는 '골목 사이'를 표준어로 '고샅', 또는 '고샅길'이라고 한다.

　이 '고샅'을 전라도에서는 주로 '고:샃', '고:샅', '골무샅', '고무샅'이라고 한다. '골무샅'은 어떻게 만들어졌을까?

　먼저 표준어 '골목'은 '큰길에서 들어가 동네 안을 이리저리 통하는 좁은 길'을 말하는데 '골(谷)'과 '목(項)'이 결합된 말이다. '목'은 '길목', '병목' 등에서 볼 수 있듯이 '중요한 통로가 되는 어귀'를 말한다.

　표준어 '고샅'은 마을 안의 좁은 '골목길', '골목 사이'를 말하는데, 원래 '골(谷, 洞)'과 '사이(間)'를 의미하는 '샅'의 합성어로 보는 견해가 우세하다. 그래서 '고샅'의 원 의미는 '마을의 사잇길' 정도로 볼 수 있을 것이다.

　전라도에서는 '사이'와 같은 뜻을 가진 '샅'과 관련된 말이 있는데, '사타구니'를 말하는 '사타리(사타구니)', '사탱이(사타구니)'와, 사타구니에 채우는 천, '기저귀'를 말하는 '샅걸레(삿걸레)', '샅두데기(광양)'에서도 쉽게 볼 수 있다.

그래서 '골무샅'은 '골목+샅'이 변화된 것으로 볼 수 있다(골목샅>골
모샅>골무샅). 그리고 표준어의 '고샅'도 이 '골목샅'이 줄어들어 생겨난
말일 것이다.

여수에서는 '앙꼬무샅(안쪽 골목)'이라는 말도 있다. 골목 중에서도 더
깊은 '안쪽의 고샅'이라는 뜻이고, 나주의 '항고샅에'라는 말도 마을의 크
고 중심이 되는 '한(큰, 大) 고샅에'라는 뜻이다.

그리고 진도에서는 '고샅'을 '괴샅'이라고 하고, 신안에서는 '괴샅', '괴
샃'이라고 하며 그 밖의 '고샃(담양,광산,나주,진도,보성)', '골미샃길(광
산)' 등을 볼 수 있다.

현장 구술 담화

"나가 찬식이 집에 **골무샅**으로 가다 보면 접시감낭구 밑에서 놀다가 왔다.
그 집에 **골무샅** 있는 디 가보면 **골무샅**에 요상헌 기때기영감이란 하내가 깨
구락지랑 뻘건 쥐새끼를 잡아 와각고 아:덜을 놀리고 그랬어. 그 집 **골무샅**으
로 들어가면 그그 자꼬 와 있다."(내가 찬식이 집에 **고샅**으로 가다 보면 납작
감나무 밑에서 놀다가 왔다. 그 집에 **고샅** 있는 데 가보면 **고샅**에 이상한 귀
때기영감이란 할아버지가 개구리랑 빨간 새끼쥐를 잡아 와서 애들을 놀리고
그랬어. 그 집 **고샅**으로 들어가면 거기에 자꾸 와 있었다.)(여수시)

⑫ 구릿간(감옥)

표준어 '감옥'을 광주 전남에서는 '구릿간'이라고 말한다.
'구릿간'은 어떻게 변해 온 말일까?

예전에 '구릿간(감옥)'을 다녀 온 사람이 과연 얼마나 있었는지 모르지만 어쨌든 '구릿간'이란 말을 나이 드신 전라도 지역민들은 대부분이 알고 있는 말이었다.

법률에서 죄인을 1일 이상 30일 미만의 기간 '교도소나 경찰서 유치장에 가두어 자유를 속박하는 일', 또는 그런 형벌을 '구류'라고 하는데, 후술하는 '감옥'과는 상당한 차이가 있다. 그래서 이렇게 구류에 처한 범인을 가두어 두는 곳으로 '구류장', 또는 '구류간'이라고 한다.

전라도의 '구릿간'은 바로 이 표준어 '구류간(拘留間)'이 '구류간>구릿간'으로 변해 온 모습이다.

참고로 이렇게 '구류'는 형이 확정되지 않은 사람에 대하여 피의자를 구치소나 교도소 따위에 가두어 신체의 자유를 구속하는 강제 처분으로, '구금'과 같은 말이다. 그래서 '구류간'은 '구류'에 처한 사람을 임시로 가두어 두는 곳으로 일종의 '유치장'(留置場)인 셈이다. 그리고 재판을 받은 후 확정된 죄인을 가두어 두는 곳은 '감옥'이라고 말한다. '징역', '금고' 형을 받은 사람이 가게 되는 곳이다.

'징역'의 경우 '감옥(교도소)'에 수감되어 있는 동안에 교도소 내에서 부과한 특정한 일을 하여야 하지만, '구류(30일 이하)'나 '금고(禁錮-1달 이상 15년 이하)'의 경우 노역(노동)의 의무가 없다는 차이가 있다.

전라도에서 말하는 '구릿간'은 위에서 말한 '감옥'이나 '유치장(구류 간)'을 구분하지 않고 '옥살이를 하게 되는 곳'을 모두 '구릿간'이라고 통칭한 말이다.

현장 구술 담화

"교도소 간다는 말을 **구릿간**에 갔다 왔다. **구릿간**이라 그래요. **구릿간**에 갔다 왔다, 목포에 그 **구릿간**이 있어요."(교도소에 갔다는 말을 **구릿간**에 갔다 왔다고 해. **구릿간**이라고 해요. **교도소**에 갔다 왔다, 목포에 그 **교도소**가 있어요.)(무안군)

03 부습방[아랫목]

온돌방에서 '아궁이 가까운 쪽의 방바닥'을 '아랫목', 또는 '구들목'이라 하는데, 전라도에서는 이를 '아랜목(여수)', '아름묵(진도)', '아르목(보성)', '아루먹(영광)', '아름목(장성, 화순)', '부순박(해남)', '부습방(고흥)', '바람밑(신안)', '구들막(광양)' 등으로 다양하게 부른다.

이 중에서 '부습방'은 무슨 의미로 생겨난 말일까?

표준어 '아랫목'은 방의 아래쪽을 말하고, '구들목'은 부엌의 아궁이에 불을 넣는 곳에 가장 가까운 곳에서부터 방의 온돌 장치인 '구들'이 시작되는 곳이니 이를 '구들목'이라고 불렀다. '아름묵', '아름목', '아르목'은 '아랫목'의 음운변이형이다.

'부습방'은 '불'과 관련되는 말이다. 예를 들어 불을 때는 '아궁이'를 전라도에서는 '부삭', '부석'이라고 하고, '부뚜막'을 '부숭'이라 하였으니, '불'과 '붓'이 같은 뜻으로 사용된 것을 알 수 있다. 또 이 모습을 '부석(불+ㅅ+억)', '부숭(불+ㅅ+웅)'으로도 볼 수 있다. 즉 '부석'의 경우 '불'의 ㄹ이 탈락하고 관형격조사 ㅅ이 남아 '붉억>붓억>부석'으로 변한 모습이다.

이처럼 '부습방'도 '불+ㅅ+은+방'으로 보아 '*붉은방>부슨방>부습방>부순방'으로 볼 수 있을 것 같다. '불이 닿는곳의 방이'라는 뜻일 것이다.

그런데 이와는 반대로 아궁이와 멀어서 불기운이 적게 닿는 방의 위쪽 차가운 부분을 '옷목(담양,화순)', '웃묵(해남)', '울목(담양,목포)', '울묵(함평,진도)', '울먹(함평)', '움먹(여수)'이라고 부른다.

나무가 부족한 시절에는 장작이나 나무둥치 같은 땔감이 충분하지 못하여 방이 따뜻할 정도로 넉넉히 불을 땔 수가 없었다. 고작해야 망태기에 담으면 부피만 큰 가랑잎이나 억새풀 등으로 밥을 할 수 있을 정도로만 아궁이에 넣을 때가 많다. 그 정도의 불기운이라면 초저녁에만 방이 좀 미지근할 정도이고 한밤중이 지나면 방이 식어가고 새벽 즈음이면 방은 싸늘해져 버리기 일쑤다. 방이 빨리 식는 이유는 대체로 구들장이 얇아서 그러는데 이런 방을 '냄비방'이라고 불렀다. 반대로 구들장이 두꺼운 방이 있는 절에서 살아본 적이 있었는데, 한번 장작으로 오랫동안 불을 지피면 방은 거의 1주일이 따뜻하게 유지되기도 한다.

현장 구술 담화

"제일 따뜻헌 디가 **부슴방**, 아른목. 불 땐 옆에 거가 **부슴방**이제, 아른목. **부슴방**도 대고 아랫목도 대고. 거그만 따세요."(제일 따뜻한 데가 **아랫목**, 아랫목. 불을 때는 옆에 거기가 **아랫목**이지, 아랫목. **부슴방**도 되고 아랫목도 되고. 거기만 따뜻해요.)(고흥군)

04 두룸박시암(두레박 샘)

깊은 우물에서 '바가지나 판자 또는 양철 따위에 줄을 길게 달아 우물물을 퍼 올리는 샘을 전라도에서는 '두룸박시암', '트레박시암'이라고 한다. 이 '두룸박시암'은 어떻게 만들어진 말일까?

표준어 '두레박'은 줄을 길게 달아 우물물을 퍼 올리는 데 쓰는 도구인 '들것'을 말하는데, 전라도에서는 '두룸박', '타레박', '트르박'이라고 한다.

'두레박'의 옛말은 18세기 '드르박'을 볼 수 있는데 이것은 '들(擧)+으(접사)+박(瓠)', 즉 '들어 올리는 박'으로 볼 수 있다. 그래서 '두룸박'은 표준어 '두레박'이 '두룸박'으로 변했다기보다는 옛말 '드르박'과 같은 말 뿌리가 '드르박>드름박>두룸박'으로 변해온 것으로 보인다.

'두룸박시암'은 이 '두룸박'에 길게 끈을 달아서 물을 긷는 샘'을 말한다. '시암'은 '샘'을 말하는데 이것은 마치 대체로 전라도에서 '뱀(蛇)'을 '비암'이라고 말하는 것과 같다.

예전에는 땅을 깊이 뚫어 지하수를 끌어 올리는 기술이 없었기 때문에, 마른 논에 물을 댈 때 옆의 도랑이나 보에서 물을 퍼 올리기 위해 긴 줄이 아니라 긴 장대가 달린 두레박을 이용하기도 하였다.

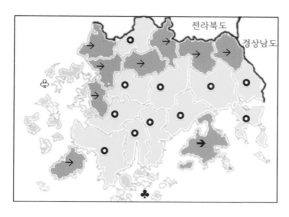

→ 두룸박시암, 두루박샘
→ 두리샘
◎ 타리박시암(샘)
♣ 샘

　최근에 TV에서 물이 부족한 아프리카의 원주민들이 몇십 리를 걸어가 웅덩이에 조금 고인 흙탕물을 바가지로 떠담는 모습을 보면서 어린 시절 하루 한나절 쉼없이 가뭄으로 말라 갈라져가는 논에다 도랑에 고인 물을 퍼 올리시던 아버지가 생각났다. 예전에 전라도 섬 지역에서는 식수조차 부족하여 먼 데까지 가서 고인 물을 바가지로 훑어 동이에 담아 이고 와야 했다. 이러한 일을 '물을 데리다', '떼리다', '떼루다(떼롸)'고 하였다.

현장 구술 담화

　"두룸박으로 뜨는 시암, **두룸박시암**, **두룸박시암**, 두룸박, 요렇고 줄 달아 갖고 쓴 거, 짚으면 줄 달아갖고 쓰고, 안 짚으면 바가치로 뜨고 짚으면 **두룸박시암**, 글고 찍두, 짝두시암, 짝두로 품은 거 있어. 그렇제, 요렇고 짝두시암 그거이 작두시암, 바가치로 뜬 쪼빡시암이 먼저 있고, 다 미고 없어졌어, 글고 짝두시암 묻어 놓고 했어."(두레박으로 뜨는 샘, **두레박 샘**, **두레박 샘**, 두레박, 이렇게 줄 달아서 뜨는 것, 깊으면 줄을 달아서 쓰고, 물이 안 깊으면 바가지로 뜨고 깊으면 **두레박 샘**, 그리고 펌프샘, 펌프로 품는 샘이 있어. 그렇지, 이렇게 펌프샘, 그것이 펌프샘, 바가지로 뜨는 바가지샘이 먼저 있고, 다 (샘을)메우고 없어졌어, 그리고 펌프샘이라고 (펌프를)묻어 놓고 만들었어.) (광주광역시 광산구)

05 새다리[사다리]

  높은 곳이나 낮은 곳을 오르내릴 때 디딜 수 있도록 만든 기구인 표준어 '사다리'를 전라도에서는 '새다리', '새더리', '새드레', '사들', '사드레', '사드리'라고 한다.

  이 '새다리'는 어떻게 만들어진 말일까?

  표준어 '사다리'의 옛말은 '사ᄃ리(17세기 梯子)', '서ᄃ리(18세기)' 등인데, '사다리(19세기)'는 비교적 후대에 나타난다. 지금까지 이 '사다리'에 대한 어원을 말할 때 '사이의 다리'로 보는 견해가 많았다. 이곳과 저곳을 건널 때 사용하는 사이에 놓인 다리라는 의미다.

  그러나 실제 사다리의 용도가 대부분 세워져서 높은 곳에 오를 때 사용한다는 점과, 옛말 '서ᄃ리(層階)', '사ᄃ리(梯子)' 등에 제시된 한자어 풀이인 '층계(層階)', '제자(梯子, 계단)'를 볼 때, '올라가는 계단', '층계'라는 의미를 눈여겨보아야 할 필요가 있다.

  그리고 옛말 18세기 '서ᄃ리(동문유해)', '돌서ᄃ리(한청문감)'의 '서-' 형태를 보면 '사다리'는 '서 있는 다리', '오르는 계단'의 의미로 만들어진 말이 아닌가 싶다. 우리말 모음의 ㅓ-ㅏ는 '넘다-남다', '설-살'과 같이 서로 넘나들었기 때문에 '서ᄃ리-사ᄃ리' 두 형태가 쓰였을 것이다.

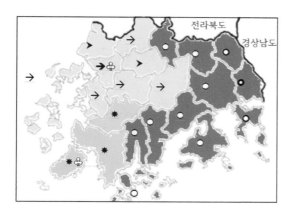

전라북도

경상남도

O 새다리
O 세더리
◉ 세데리
♣ 사들
→ 사다리
➔ 사다레
➢ 사데리
✳ 사드레(리)

그래서 '사다리'는 '사이의 다리'보다는 '서 있는 다리(계단)'의 의미로
보는 것이 어떤가 생각한다. 그리고 전라도의 '새다리'는 '사다리>새다
리'의 변화임을 쉽게 알 수 있다.

지도 분포에서 보듯 전라도의 서부 쪽에서는 주로 '사~'형이 분포하고,
동부쪽에서는 '새~'형이 분포하고 있는 것을 볼 수 있다.

참고로 예전에는 'ᄃᆞ리(橋)'와 '다리(足)'가 달랐는데, 'ᄃᆞ리'는 '건너
다니는' 뜻이고, '다리'는 '동물의 다리'였다. 그래서 이 'ᄃᆞ리'의 ᆞ(아래
아) 때문에 'ᄃᆞ리>다리, 더리, 드리' 등 다양하게 변한 모습이다.

"사다리, **새다리**. 사다리, **새다리**. **새다리** 볶고 올라가서 지붕 마람장 이
고 그랬제."(사다리, **사다리** , 사다리, **사다리**. **사다리**를 밟고 올라가서 지붕
의 이엉을 씌우고 그랬지.)(영암군)

06 담짓(담 위의 이엉)

토담을 쌓은 후에 비가 오면 담에 물이 많이 스며들지 않도록 하기 위해서 담의 윗부분을 짚으로 엮어서 덮어 두는 것을 전남의 동부에서는 '담짓'이라고 한다.

'담짓'은 어떻게 생겨난 말일까?

표준어나 다른 지역의 유사한 방언에서 아무리 찾아보려 해도 찾을 수 없는 정겨운 토박이말이 바로 이 '담짓'이지 않는가 싶다.

예전 시골 어르신들은 오랜 경험으로 담이나 축대 등을 쌓는 기술이 탁월하였다. 현대식 공법이 아닌데도 어찌 그리 정교하고 튼튼하게 쌓아 가는지 놀랍기만 하다. 그래서 한번 쌓은 건축물은 대체로 견고하지만, 그래도 장마나 큰비에 물이 많이 스며들어 무너지는 것을 방지하기 위하여 담마루 위에 짚으로 처마 역할을 하는 마람을 엮어서 담을 보호하는 지혜를 본다. 이것을 '담짓'이라고 한다. 이렇게 '담짓'은 담의 맨 윗부분을 마람으로 덮는 것도 있지만, 곱게 자른 짚을 담을 따라 길게 깔고 담의 맨 위에 흙을 덮는 방식으로 만들기도 하였다.

'담짓'은 '담+짓'인데, 먼저 '짓'은 표준어의 '깃'에서 온 말이다.
이것은 표준어 '기스락물'이 전라도 말 '지시락물'로 변한 것처럼 구개음화한 모습 '깃>짓'을 볼 수 있는데, '기스락(깃+으+락)'의 '깃'은 외양간, 닭둥우리 따위에 깔아 주는 '짚이나 마른풀' 등과 통하는 말이다. 또 새들이 깃드는 '집'이나 '보금자리'를 나타내는 '깃(巢 둥지)'과 같은 의미라 보고 있다.

그래서 '담짓'은 '담을 덮는 짓(깃)'으로 '담을 덮는 풀이나 짚'을 말하는 것이다.

이제 이 '담짓'을 짚으로 엮어서 이엉(마름)을 만들어 담장 위에 덮는 모습은 민속마을이 아니면 어디에서고 찾아볼 수 없다. 이런 수고를 하지 않도록 문명은 우리를 시간에서 해방시켜 주었다. 과연 해방된 우리의 육체와 정신은 이제 평화와 자유를 찾았는가?

현장 구술 담화

"담에 물이 들면 무너져 불잖아. 물 안 들어가라고 해 놓은 거이라. 짚이 하썩어불제. **담짓**을 한 삼 년 만에 영근다. 기울은 사람은 늦게 허고 글제, **담짓**은 전부다 영제 하. 비가 안 들치게 우게 **담짓**을 해각고 똥그러니 해각고 요 우그로만 비를 맞고. 그거이 조깐 배씩허니 해 놓면 비가 들체각고 바로 무나져 불제머. 피득허니 몰르면 또 쌓고." (담에 물이 들면 무너져 버리잖아. 물이 안 들어가라고 해 놓은 것이라. 짚이 그럼 썩어 버리지. **담 이엉**을 거의 삼 년 만에 엮는다. 게으른 사람은 늦게 이고 그러지. **담 이엉**은 모두 엮지 그럼. 비가 안 맞게 (담) 위에 **담 이엉**을 해가지고 동그랗게 해서 이 위로만 비를 맞고. 그것이 조금 비스듬하니 (잘못)해 놓으면 비가 들쳐서 바로 무너져 버리지 뭐. (나중에)파싹 마르면 또 쌓고.)(여수시)

⑦ 씨악돌〔쐐기돌〕

　담을 쌓을 때 큰 돌과 돌 사이, 틈에 박아 돌리는 돌을 표준어로 '쐐기돌', '사춤돌'이라고 하는데, 광주 전남에서는 '쇠악돌', '쐬악돌', '씨악돌' 등으로 부른다.

　'쇠악돌', '쐬악돌', '씨악돌'은 어떻게 생겨난 말일까?

　먼저 '두 물건의 사이에 끼운다'는 의미를 나타내는 표준어의 '쐐기'가 변해 온 과정을 보면 그대로 '쐬악돌', '씨악돌'의 정체를 쉽게 알 수 있다. 표준어 '쐐기'는 '쇠야미(15세기)>쇠야기(16세기~18세기)>쐬아기(19세기)>쐐기(20세기~현재)'의 변화과정을 겪어왔다.

　먼저 전라도의 '쇠악돌'은 '쇠악+돌'인데 '쇠악'은 옛말 '쇠야기'가 축약된 모습으로 여기에 '돌'이 합하여 '쇠야기+돌>쇠악돌'로 합성된 모습이다. 당연히 '쐬악돌', '씨악돌'은 '쇠악돌'의 변화형일 뿐이다. 이렇게 본다면 '쇠악돌', '쐬악돌'은 '쇠야기(16세기)', '쐬아기(19세기)'가 '쐐기(20세기)'로 변하기 이전 고어 형태(쇠약-, 쐬악-)를 그대로 간직하고 있는 말이라고 볼 수 있을 것이다.

　그리고 전라도에서는 논 중에서도 '쐬악논', '쐬악논'이라는 말도 있다. 두 논의 사이에 끼어 있는 작은 논을 말한다.

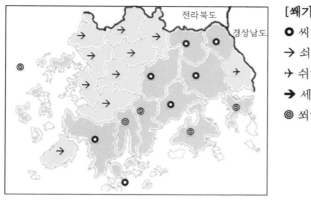

[쐐기 지도]
○ 씨악, 쒸악
→ 쇠악
↗ 쉬악
➡ 세악
◎ 쐬악

그리고 '쐬악'과 비슷한 말 표준어 '사춤'은 뭔가 갈라진 틈, 즉 장롱 사이, 담이나 벽 따위의 갈라진 틈을 말한다. '사춤'은 '사이의 춤'을 말하는 듯한데, '춤'이란 국어사전에 '바지나 치마처럼 허리가 있는 옷의 허리 안쪽, 곧 그 옷과 속옷 또는 그 옷과 살의 사이'를 말한다. '허리춤'에서도 '춤'을 볼 수 있다.

현장 구술 담화

"흙담 한 제끼 놓고 돌 놓고 그래서 쌓은 거이제. 토담, 토담, **씨악돌** 여제. **씨악돌** 여각고 요리 맞추제, 그 새에 들어간 것이 **씨악돌**이제 머. 흑이라 글제 모라 그래. 흑 이개각고 연다 글제. 벨 이름 있다냐. **씨악돌** 새새이 여각고 싸제 머."(흙담을 한 켜 놓고 돌 놓고 그래서 쌓은 것이지. 토담, 토담, **쐐기돌** 넣지. **쐐기돌** 넣어서 이렇게 맞추지. 그 사이에 들어간 것이 **쐐기돌**이지 뭐. 흙이라 그러지 뭐라고 해. 흙을 이겨서 넣는다 그러지. 별 이름 있다냐. **쐐기돌** 사이사이 넣어서 쌓지 뭐)(여수시)

제 4 장
의복과 생활용품

01 이불쏘(이불속)

이불을 덮거나 싸는 큰 보자기를 표준어로 '이불보'라고 하고 이불에 넣는 솜이나 털 같은 것을 '이불속'이라고 한다. 그런데 전라도에서는 '이불보'를 대체로 '이불호창'이라고 하고, '이불속'을 곡성 등지에서는 '이불쏘'라고 한다.

'이불쏘'는 어떤 뜻을 가진 말일까?

먼저 표준어 '이불보'는 '이불'에 '보자기'를 말하는 한자어 '보(褓 포대기 보)'가 합하여서 만들어진 말이다.

이불의 안쪽에 넣는 솜을 말하는 '이불쏘'는 '이불+쏘'인데, '쏘'는 전라도에서 '안에 넣는 물건'을 말한다. 이 말은 '오이쏘박이'에서 볼 수 있으며, 여기에서도 '쏘'는 오이에 '쏘(안에 넣는 재료)'를 박는다는 뜻이다.

원래 표준어 '소'는 송편이나 만두, 김치 따위를 만들 때, 맛을 내기 위하여 속에 넣는 여러 가지 재료를 말한다. 표준국어대사전에는 '만두소'라는 말만 나와 있고 '송편소', '김치소' 등은 실려 있지 않다. 전라도 말 '이불쏘', '오이쏘백이'의 '쏘'는 '소>쏘'로 경음화한 모습이다.

그리고 나무 망태기에다 갈퀴나무 등을 가득 넣고 맨 위쪽에 망태기 위로 올라오도록 더 쑤셔 박는 행위를 말하는 '쏘를 박는다'는 말이 있다.

또 불을 때거나 피울 적에 불이 쉽게 옮겨 붙게 하기 위하여 먼저 태우는 물건인 '불쏘시개'도 사실은 불 피우기 위해 나무 사이에 끼우는 것을 의미한 것으로 보인다. 물론 '불쏘시개'를 불을 살리기 위하여 사용한다는 뜻으로 '불살개(강원, 경상, 충북, 황해)'라고 말하기도 한다.

현장 구술 담화

"속에 든 것 **이불쏘**제 **이불쏘**. **이불쏘**다 고제. 꾸메 논 이것을 **이불쏘**, 호창을 씌워야. 호창을 허기 전에 속에 솜 안 있소, 쏘. 이불 안을 쏘라 그래." (속에 든 것이 **이불쏘**지 **이불쏘**. **이불쏘**라고 하지. 꿰메 놓은 속을 **이불쏘**, 이불보를 씌워야지. 이불보를 씌우기 전에 속에 솜이 있잖아요. 이불 안을 쏘라고 해.)(곡성군)

02 비개호창〔베갯잇〕

표준어 '베갯잇'은 '베개의 겉을 덧씌워 시치는 헝겊'을 말하는데, 전라
도에서는 '비게홑이불', '베갯요', '비갯니', '비게호지', '비게호창', '비개
이불' 등의 다양한 형태가 사용되고 있다.

전라도에서 두루 쓰이는 '비개호창'은 어떻게 생겨난 말일까?

먼저 장성, 강진, 해남 등지에서 사용하는 '비개홑이불'을 보면 '베갯잇'
에 대한 지역민들의 인식을 쉽게 이해할 수 있을 것 같다. '베갯잇'을 '홑이
불'로 생각하였음을 알 수 있고, 다른 '베갯요', '비개이불' 등에도 이러한
인식이 담겨 있다고 볼 수 있기 때문이다.

또 표준어에 없는 '베갯요(구례)'를 보면 '베개를 덮는 요'로 생각한 것
인데, 참고로 '요'는 '숗(15세기)>요(16세기~현재)'로서 '숗'는 중국어
'욕(褥 침구 욕)'의 차용어라고 한다. 나중에 '褥[욕]'은 한자어에서 'ㄱ'
입성자(入聲字)이었는데 'ㄱ'이 'ㅎ'으로 약화되어 나타난 것이 '숗(〈욕)'
이다.

그리고 '비개호창'은 '비개+호창'인데, '호창'은 표준어 '홑청'이 '홑
청>호창'으로 바뀐 말이다. 즉 '베개홑청>베개홑창>비개호창'으로 변
해 온 것으로 볼 수 있다.

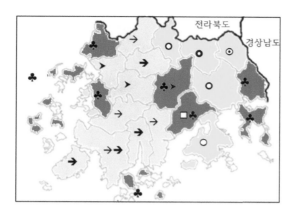

이러한 의미의 '호창'은 전라도에서 '비게(베개)호창', '이불호창', '요호창' 등에서도 두루 사용되고 있는 것을 볼 수 있다. '홑청'이 '겉을 한 벌로 덮는다'는 의미이니, '비개호창'은 결국 '베개를 한번 감싸는 보자기'라고 생각하면 될 것이다.

전라도말 '비개이불', '비개홑이불', '비개홋니' 등은 '베개를 덮는 이불'이라는 뜻이다.

현장 구술 담화

"**비개호창**이제. 하다 더러서 **비개호창**. **비개호창** 빨아 났다. 이따 해름참에 잘 걷어나라 했는디, 그 이불싸개, 이불껍질은 호창이라고 허는 거만 걷어나서 다 비를 맞차 부렀지라. 이불껍질은 그냥 호창이라 글고. 비개 껍질은 **비개호창**이라고 하지라." (**베갯닛**이지. 하도 더러워서 **베갯닛**, **베갯닛** 빨아 놓았다. 아따 해거름에 잘 걷어 놓아라 했는데, 그 이불보, 이불보는 홑청이라고 하는 것만 걷어 놓아서 모두 비를 맞히어 버렸어요. 이불보는 그냥 홑청이라 그러고. 베갯닛은 **비개호창**이라고 해요.)(장흥군)

⑬ 벳불[겻불]

　예전에 손수 옷을 만들려면 무명실이나 삼베 옷감 실을 날아야 하는데 실에 풀을 매기고 길게 늘여 아래쪽에 약한 불을 피워 말리는 과정이 있다. 이때 피우는 불을 전라도에서는 '벳불'이라고 한다.

　먼저 표준국어대사전에는 이와 비슷한 말로 '겻불'이 나와 있다. 참고로 '겻불'과 '곁불'의 차이점에 대해 알아보면, '겻불'은 말 그대로 '겨를 태우는 뭉근한 불'이라고 풀이되어 있고, '곁불'은 '얻어 쬐는 불', '가까이하여 보는 덕'이라고 나와 있다.

　　'오뉴월 **겻불**도 쬐다 나면 서운하다'
　　'시퍼렇던 군중들의 서슬이 **겻불** 사그라지듯 사그라졌다.'(송기숙, 녹두 장군)
　　'무사는 추워도 **곁불**을 쬐지 않는다'

　거의 비슷하게 보이는 '겻불'과 '곁불'은 위의 속담, 문학작품에서 보듯 상당한 차이가 있는데, '곁불'은 '얻어 쬐는 불, 가까이 하여 얻는 덕' 등의 '체면'에 관련될 때 쓰는 말이고, '겻불'은 겨를 태운 불로 '아주 미미한 불, 신통치 않은 불'을 말할 때 사용한다.
　그래서 '겻불'은 '짚불(짚을 태운 불)'과 비슷한 뜻이다.

참고로 '곁불'의 또 다른 뜻은 '목표 근처에(곁에) 있다가 맞는 총알', '어떤 일에 직접 관여하지 않고 가까이(곁에) 있다가 받는 재앙'이라고 되어 있다.

전라도 말 '벳불'은 '베매기'를 할 때 피우는 불이다. '베매기'는 앞의 사진에서처럼 '베(布)를 짜려고 날아 놓은 실을 매는 일'이고, 이 베매기를 할 때는 질긴 실을 만들기 위하여 솔로 풀칠을 하는데 젖은 실이 잘 마르도록 실 밑에서 약하게 '벳불'을 피운다.

'벳불'은 당연히 '베+ㅅ+불'의 모습이다. 이때의 불은 대체로 겨를 태우면서 피우는 약한 불이기 때문에 이를 표준어로 '겻불'이라고 하므로 전라도의 '벳불'도 결국은 겨를 태운 '겻불'과 같은 의미의 말이 되는 것이다.

그리고 전라도에서는 '겨'를 '왕겨>왕제', '속겨>속제'처럼 '제'라고 하였으니 '겻불'도 '*젯불'이라고 하였을 것이나 '젯불'보다는 '벳불'을 선호하였던 것 같다. 참고로 '벳불'은 경상북도 방언에서도 소개되어 있다.

현장 구술 담화

"베 매나서, 솔로 베 매제. 도토마리 있고, 요것이 낫틀이고, 끄실코, 베 맨 끄실코, 옆에 벳대, 벳대 넣서 감아. 밑에 불은 **벳불** 피워, **벳불** 피운다고."
(베를 매어 놓아서, 솔로(풀칠을 하며) 베를 매지. 도투마리가 있고, 이것이 낫틀이고, 끌신, 베 맨 끌신, 옆에 벳대, 벳대를 넣어서 감아. 밑에 (피우는)불은 **겻불** 피워. **겻불** 피운다고.)(담양군)

04 씨아시[씨아]

표준어로 '씨아'는 목화의 씨를 빼는 기구. 토막나무에 두 개의 기둥을 박고 그 사이에 둥근 나무 두 개를 끼워 손잡이를 돌리면 톱니처럼 마주 돌아가면서 목화의 씨가 빠진다고 풀이되어 있다.

전라도에서는 '씨아시'라고 하는데 이는 어떻게 생겨난 말일까?

'씨아시'에 대응하는 표준어 '씨아'를 보자.

'씨아'는 예부터 '삐양이(17세기~18세기)>씨아(20세기~현재)'로 변해 온 말이다. '삐양이'는 '삐아+앙이'로 '삐아(씨아)'에 접미사 '-앙이'가 결합된 것이다. '-앙이'는 원래 '작은 것'을 뜻하는 말인데 앞 음절 모음 '이'에 의해 'ㅣ'가 첨가되어 '-양이'로 나타났다.

'삐아'는 '씨를 빼는 일'인데 여기서 '삐'는 '곡식의 씨'를 말한다. 표준어 '씨아'는 대체로 '씨+앗이'가 변한 말로 보고 있는데, '앗이'는 '앗다'의 명사형이다.

이 '앗다'는 '빼앗거나 가로채다', 또는 '수수나 팥 따위의 껍질을 벗기거나 목화의 씨를 빼다'로 풀이되어 있다. 표준어로 '목화의 씨를 빼는 일'을 '씨아질'이라고 하는 것으로 보아서도 '씨아'는 '씨를 빼는 일'이라는 의미를 담고 있는 말임을 알 수 있다.

그리고 '앗이'가 들어간 '품앗이'는 힘든 일을 서로 거들어 주면서 품을 지고(빼앗고) 갚고 하는 일을 말하고, 잡아먹히는 동물에 상대하여 '잡아먹는 동물'을 일컫는 '목숨앗이' 등의 말이 있다.

그래서 전라도의 '씨아시'는 표준어 '씨아'에 비하여 '아시(앗이)'라는 고어의 원형을 잘 보존하고 있는 모습으로, '씨를 빼내는 기구'라는 의미를 잘 나타내고 있는 말이다.

참고로 이와 비슷한말 표준어 '시앗(첩, 남편의 여자)'은 '시(남편)+갓(여자)'이 '시갓>시앗'으로 변한 말로 '남편의 여자'라는 의미로 보고 있다. '시앗'의 '앗'은 '앗이'가 아니라 '갓(여자)'이었던 것이다.

현장 구술 담화

*"**씨아시**라고 첩에 아까 **씨아시**에서부터 앗아가지고, 가락에 잣어가지고, 그놈을 가지고 잣어요 자서. 그라면 밍 줄이 되면 그놈을 모타가지고 이것이 고무래여. 그것을 뽑아 가지고. 베 이렇게 날아가지고 이렇게 보디에다 끼서 짜면 베가 되제. 베를 날아가지고, 고무래, 고무레에다 날아가지고 뽑아 날아. 고무래 인자 없어."*(**씨아**라고 처음에 아까 **씨아**에서부터 씨를 빼어서, 가락에 자아가지고, 그것을 가지고 자아요 자아. 그러면 무명 실이 되면 그것을 모아가지고 이것이 고무래여. 그것을 뽑아 가지고. 베를 이렇게 날아가지고 이렇게 바디에다 끼워서 그것을 짜면 베가 되지. 베를 날아서, 고무래에다 날아서 뽑아서 베를 날아. 고무래 이제 없어.)(고흥군)

05 단중우[단속곳]

　표준어 '단속곳'은 '여자 속옷의 하나. 양 가랑이가 넓고 밑이 막혀 있으며 흔히 속바지 위에 덧입고 그 위에 치마를 입는다'고 풀이되어 있다. 그런데 이 '단속곳'을 전라도에서는 '단중우'라고 한다.

　'단중우'는 어떻게 생겨난 말일까?

　표준어에는 '중의'라는 말만 있고 '단중의'라는 말은 없다. '중의(中衣)'는 '남자의 여름 홑바지', 또는 '여자의 속옷'을 이르는 '고의(袴衣)'와 같은 말로 풀이되어 있다. 그래서 전라도 말 '단중우'는 '여자의 속옷(속곳)'을 뜻하는 표준어 '중의'와 관련된 말임을 짐작할 수 있다.

　'중의'는 옛말 '듕의(15세기)'로 나타나는데 역시 '중의(中衣)', '고의(袴衣, 여자의 속옷)'의 뜻이었다. 아래에 제시한 중세국어의 문장을 보아도 '중의'는 여자의 속옷에 해당하는 뜻으로 사용되었음을 알 수 있다.

　이 병 ᄒᆞ야든 겨집의 월경ᄒᆞ야실 젯 **듕의**를 ᄉᆞ라 ᄒᆞᆫ 술만 니근 므레 프러 머그라. (이 병 나거든 부인이 월경하고 있을 때의 **중의**를 살라[태워] 한 술만 끓인 물에 풀어 먹으라. 15세기 구급간이방)

　결국 '단중우'는 '단속곳'의 의미로서 '속곳'의 자리에 '중우'가 대체되었음을 알 수 있다.

참고로 여자 속옷인 표준어 '속곳'은 '단속곳'과 '속속곳'이 있었는데, '속속곳'은 여자들이 입던 아랫도리 속옷 가운데 '맨 안쪽 속에 입는 것', 다리통이 넓은 바지 모양이고, 전라도 말 '단중우'에 해당하는 표준어 '단속곳'은 '그 위에 입는 속곳'을 말한다. '단속곳'은 '단(單 홑 단)+속곳(속옷)'인데 '속속곳'은 '속'이 두 번 들어간 가장 안쪽의 옷이라는 뜻이다.

현장 구술 담화

"**단중우**는 치매 같이로 어무니랑 보먼, 이만치 여자들은 이만만 허먼 살이 나올라 그래. **단중우** 그런 것은 이만치 펑덩허당께. 펑덩헝께 살이 나오제. 앉거도 요렇게 쨈매, 남자들 바지 쨈매듯이. 그런 것도 시방은 이렇게 존 세상 간단허니 나온디."(**단속곳**은 치마같이 어머니랑 보면, 이만큼 여자들은 이만 움직이면 살이 나올라 그래. **단속곳** 그런 것은 이만큼 펑펑하다니까. 펑펑하니까 살이 나오지. 앉아도 이렇게 잡아 매, 남자들 바지 잡아매듯이. 그런 것도 지금은 이렇게 좋은 세상이라 간단하게 나오는데.)(영광군)

06 햇대뽀
(옷걸이 덮는 보자기)

옷을 걸 수 있게 만든 막대. 간짓대를 잘라 두 끝에 끈을 매어 벽에 달아 매어 두는데, 여기에 '옷을 덮는 큰 보자기'를 전라도에서는 '햇대뽀'라고 한다. 요즘 젊은 세대에겐 생소한 말일 수도 있을 것이다.

'햇대뽀'는 원래 어떤 의미로 만들어진 말일까?

원래 닭을 키우는 닭장에는 닭이 올라 잠을 잘 수 있도록 가로질러 놓은 긴 나무나 대막대기를 표준어로 '홰' 또는 '횃대'라고 한다. 그래서 닭이 '홰를 친다'는 말은 닭이 아침에 일어나 '홰(나무 막대기)'를 날개로 두드린다'는 뜻이다. 사실은 닭은 날개로 '홰'보다는 자기의 몸통을 칠 텐데 말이다.

그런데 예전에 일반 가정에서는 안방에 흔히 이렇게 '횃대'와 같은 기다란 대나무의 양쪽 끝을 묶어 옷을 걸 수 있도록 벽에 걸어 놓는데, 이를 '횃대'라고 불렀다. 이 '횃대에 옷을 걸고 이 옷을 덮는 보자기'를 전라도 발음으로 '햇대뽀'라고 하는 것이다. 표준어 '횃댓보'에 해당하는 말이다.

그래서 '햇대뽀'는 바로 '횃댓보>햇대뽀'의 음운변화형이다.

예전에 지금처럼 옷을 구겨지지 않고 바르게 걸 만한 장롱이나 옷걸이가 없었던 시절에는 '횟대'는 정말 유용하게 사용되었다. 그리고 손으로 뜨개질을 하여 아름다운 그림을 수놓은 '햇대뽀'가 이것을 덮고 있었다. 햇대뽀(횟댓보)에 새겨진 그림 대부분은 수복(壽福)을 바라는 십장생과 관련된 그림이었던 것으로 기억된다.

■ 현장 구술 담화

"예, 책상보 뜨고, 덧보신도 다 떴고, 장갑도, 목도리도 뜨고, 뜸질이라 가제. **햇대뽀**도 뜨고, 수도 놓제. 개로 뜨는 것이 뜸질이고. 논 것은 수. 옛날에는 상보도 다 뜨고. 상보, 상 덮은 거요. 상보를 개실로 떠어. 꼬막주기로 꽃무니를 다 났어."(예, 책상보를 뜨고, 덧버선도 다 떴고, 장갑도, 목도리도 뜨고, 뜸질이라고 하지. **횟댓보**도 뜨고, 수도 놓지. 털실로 뜨는 것이 뜸질이고, 놓은 것은 수. 옛날에는 상보도 다 뜨고, 상보, 상을 덮는 거요. 상보를 털실로 떠어. 꼬막주기로 꽃무니를 다 놓았어.)(영암군)

⑦ 구두쎗바닥

[구둣주걱]

표준어 '구둣주걱'은 국어사전에 '구두를 신을 때, 발이 잘 들어가도록 뒤축에 대는 도구. 작은 주걱 모양으로 생겼으며 나무나 쇠, 플라스틱 따위의 여러 재질과 크기로 만들어진다'고 풀이되어 있다.

이를 전남에서는 '구두숟꾸락', '구두쎗바닥', '구두염발', '염발', '구쏫발', '구쓰베라', '구쓰칼', '신뒤축배기' 등으로 다양하게 부른다.

'구두염발', '구둣쎗바닥'이 만들어진 과정을 보자.

표준어 '구둣주걱'은 주로 길게 생겨서 걸어 놓는 것보다는 손바닥 안에 들어오는 작은 것을 말한다. '구둣주걱'은 마치 밥을 푸는 '주걱'처럼 생겼다는 의미이다.

전라도 말 '구두숟꾸락'은 '구두주걱'과 비슷한 의미인 '숟가락'처럼 생겼다는 의미로 만들어진 말이다.

그리고 전라도 말 '구두염발'의 '염발'은 표준어인데 원래 '머리를 쪽지어 틀어 올린다'는 뜻의 '살쩍밀이(망건을 쓸 때 귀밑머리를 망건 속으로 밀어 넣는 물건)'를 말한다. 이로 보아 '구두염발'도 구두를 편하게 신기 위하여 사용하는 이 물건이 '염발(살쩍밀이)'처럼 쓰인다고 해서 '구두염발', '염발'로 불렀음을 알 수 있다.

그리고 짐작할 수 있듯이 '구두쎗바닥'은 '구두+쎗바닥'으로 만들어진 합성어이다. '구두+쎗바닥'으로 '쎗바닥'은 '혓바닥'의 전라도 말로 '구둣주걱'이 '혀의 모양처럼 생겼다'는 의미이다.

참고로 '구쓰베라'는 '구둣주걱'를 말하는 일본어이고, '구쓰칼'은 '구쓰+칼'이다. 일본어 '구쓰(くつ)'는 당연히 순화의 대상이다.

현장 구술 담화

"반상지 디제갖고 **구두쎗바닥** 좀 찾아오니라. 민에 좀 나갔라 올란다. 시방도 우리 돌아가신 성님 꺼 **구두쎗바닥** 갖고 있어라."(바느질고리 뒤져서 **구둣주걱** 좀 찾아오너라. 면사무소에 좀 나갔다 오련다. 지금도 우리 돌아가신 형님 것 **구둣주걱** 가지고 있어요.)(영광군)

ⓞ⑧ 꽃나마께
[꽃을 새긴 나막신]

　표준어 '나막신'은 나무를 파서 만든 것으로 앞뒤에 높은 굽이 있어 비가 오는 날이나 땅이 진 곳에서 신었다. 이 '나막신'을 전라도에서는 '나막신', '나마께', '굽나마께'라고 불렀다. 그리고 예쁘게 장식을 한 나막신을 뜻하는 '꽃나마께'라는 말도 있었다.

　'꽃나마께'는 어떻게 생겨난 말일까?

　표준어 '나막신'이 만들어진 모습을 보자. '나무(木)'의 옛말은 '남ㄱ', '나모'였는데, '나막신'은 '나모'에 '-악(접미사)'과 '신(履)'이 덧붙어 이루어진 말이다. '나모+악+신'이 '나모악신>나막신'으로 변한 말이다. 접미사 '-악'은 '싸락눈(쌀 米+악 小)'에서 보듯 주로 '작다'는 뜻을 가지고 있었는데 '나막신'은 바로 '나무로 만든 작고 귀여운 신발'이라는 의미가 담긴 듯하다.

　그런데 '나막신'의 가장 오랜 옛말로 '나모신(15세기)'을 볼 수 있으며, 후에 차츰 '나목신(19세기)', '나막신(19세기)' 등으로 변한다.

　'꽃나마께'의 '나마께'는 '나모+악+게'일 것이다. '-게'는 '지게', '집게' 등에서 볼 수 있는 접미사이다.

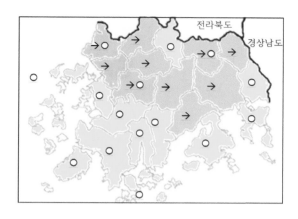

[나막신 지도]
○ 나막신
→ 나마께

지도에서 보듯 전남 중북부에서는 대체로 '나마께'라고 하고 남부 해안 위주로 '나막신'이라고 하였다. 화순에서는 '굽나마께'라는 말도 있었다.

북한에서는 주로 '껵두기(평안도)', '쉐자(함경도)' 등이 사용되는데, '껵두기'는 나막신을 신으면 키가 커진다는 의미로 '껵다리'의 뜻으로 보이고, '쉐자', '훼자'는 한자어 '수화자(水靴子, 장화)>수훼자>쉐자'로 변한 말일 것이다. 흔히 쓰였던 '게다'는 일본어 'けた(왜나막신)'의 영향이다.

현장 구술 담화

"짚신을 이 발로 몇 컬레를 떨왔소. 나막께도 있고, 나마께, **꽃나마께**. 나막개 파각고 양쪽에다가 꽃 나줘 우리 아부지가, 이쁘게. 그런 놈도 신고 다니고 그랬어. **꽃나마께**. 느그들 이리 와 바라, 우리 아부지가 **꽃나마께** 파 줬다. 그러고 자랑해."(짚신을 이 발로 몇 컬레를 닳게 했소. 나막신도 있고, 나막신, **꽃나막신**, 나막신을 파서 양쪽에 꽃무늬를 놓아줘 우리 아버지가. 예쁘게. 그런 것도 신고 다니고 그랬어. **꽃나막신**. 너희들 이리 와 봐라, 우리 아버지가 **꽃나막신** 파 줬다. 그렇게 자랑해.)(영광군)

⑨ 단초(단추)

표준어 '단추'는 전라도에서는 주로 '단초'라고 한다. '단초'는 어떤 뜻을 가진 말이었을까?

'단추'의 가장 오랜 형태는 훈몽자회(16세기)의 '수돌마기', '암돌마기'에서 보듯 '돌마기'로 나타난다. 이 '돌마기'는 물건을 '달다'는 의미로 보인다. 당시의 단추는 베를 동그랗게 만들어 고리에 끼우도록 만들어졌다.

그 후 지금의 '단추'와 비슷한 형태 '단쵸(17세기~18세기, 鈕子 뉴자)>단초(19세기)' 등이 보이고, '단추(20세기)'가 뒤이어 나온다.

전라도의 '단초'는 17세기 옛말 '단쵸'와 비슷한 모습이다.
그런데 '단추'는 어원이 미상으로 알려지거나, 고유어인 '달마구'와의 관련성 등으로 보려는 경향이 있었다.

그러나 '단추'는 '달마구'와는 뿌리가 다른, 한자어 '단초(端初)'에서 유래한 것으로 보고 싶다. '어떤 일의 시작'을 의미하는 '단초(端 바를 단, 初 처음 초)'는 그대로 전라도에서 '단초'의 모습으로 쓰이는데, 옷을 벗거나 입을 때 맨 먼저 하는 행위가 바로 '단초'를 만지는 일에서부터 시작하기 때문으로 보인다. 어떤 기계를 움직일 때 맨 처음에는 '단추'를 누르고, 무슨 일을 시작할 때도 우리는 '첫 단추를 잘 꿰어야 한다'고 말한다.

그래서 일이나 사건을 풀어 나갈 수 있는 첫머리. 실마리를 말하는 '단초'는 '단추'로 변하기 이전의 고어(古語)에 해당한다고 볼 수 있다.

'단추'는 남한의 전 지역에서 사용하는 어형이고, 그 밖에 '댄추'도 사용한다. 그리고 북한지역에서는 아직도 거의 옛 어형 '달마구'를 쓰기도 하고 (평안도), '달마구'와 '단추', '단췌', '단취', '단치' 등을 사용하기도 한다.

현장 구술 담화

"**단초**, 단초라 그래, **단초**, 예 **단초**라 그래. 저놈 눈은 하도 작은께 **단초** 구녁맹이로 째깐허다잉."(**단추**, 단초라고 해, **단추**, 예 **단초**라고 해. 저놈 눈은 하도 작으니까 **단추** 구멍같이 작다응.)(광주시 광산구)

⑩ 빨찌(물부리)

　표준어 '물부리(빨부리)'는 '담배를 끼워서 빠는 물건'을 말하는데 주로 전남의 서부에서는 이를 '빨찌'라고 한다.

　'빨찌'는 어떤 의미로 태어난 말일까?

　표준국어대사전에는 이 '물부리'와 '빨부리'는 모두 널리 쓰이므로 둘다 표준어로 삼으며, '연취'라고도 한다고 실려 있다. '연취(煙 연기 연, 嘴 부리, 주둥이 취)'는 '연기를 빠는 부리(주둥이)'라는 뜻이다.

　전남의 분포를 보면 다음 지도에서 보는 바와 같이 서북부 지역에서 '빨~' 형이 사용되고, 동남부 지역으로 '물~'형이 널리 분포하고 있는 것을 알 수 있다.

　먼저 표준어 '물부리', '물초리'를 보면 '물다'에 연원을 두고 있는 말임을 알 수 있다.

　'빨찌'는 짐작할 수 있듯이 '대뿌리'의 '끝부분을 빠는 물건'을 말한다. '빨+찌'인데 '-찌(지)'는 팔찌, 가락지 등에서 볼 수 있다.

　표준어 '빨부리' 역시 '빨다'에 '부리'가 합하여진 말임을 짐작할 수 있다. '부리'는 새의 주둥이처럼 길고 뾰쪽하게 나온 부분을 말한다.

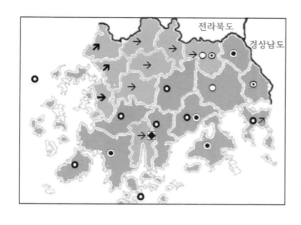

→	빨치(빨찌)
→	대빨치
↗	대뽈치
↗	뽈치
○	물초리
○	물추리
◉	무추리
●	물쭈리
⊙	물뿌리
◆	뺨뿌리

예전에는 지금처럼 종이에 잘 말아진 담배가 귀해서 집에서 농작물로 수확한 담뱃잎을 긴 담뱃대의 머리부분인 '대통'에 알맞게 넣고 불을 붙이고 반대편 끝부분 '빨찌'를 물어 빨면서 피우는 방식이었다.

때로는 담뱃대의 설대(길쭉한 몸통)를 긴 대(竹)로 만들지 않고 전체를 소의 뿔을 다듬어 짧은 담뱃대, '빨찌'를 만들기도 하였다. 일종의 서양 '파이프'인 셈이다.

'무추리'는 '물추리', '물초리'에서 ㄹ이 탈락한 말이다. 역시 '물다'의 어간 '물(무)'과 '-초리'가 합한 말이다. '-초리'는 '꼬리'와 거의 같은 말인데, 역시 '회초리', '제비초리' 등에서 보듯 가늘고 긴 물건을 말한다.

현장 구술 담화

"수소 뿔은 **빨찌**를 몬 맨드요. 암소 뿔로 담배**빨찌**를 맹글제. 담배**빨찌**. 내 손으로 맹글아서 폴았제. 입에 문 거 **빨찌**."(수소의 뿔로는 **물부리**를 만들지 못해요. 암소 뿔로 담배**물부리**를 만들지. 담배**물부리**. 내 손으로 만들어서 팔았지. 입에 무는 것 **물부리**.)(곡성군)

⑪ 샛대(자물쇠)

　여닫게 되어 있는 문을 잠그는 장치를 표준어에서 '자물통', '자물쇠', '쇠'라고 하는데, 전라도에서는 이것을 '쇠통', '쐬통', '통쇠', '쇠'라고 하고, 이 '쇠통'을 여는 열쇠를 전남 전역에서 '샛대', '쌧대', '쉿대'라고 한다. '샛대'가 생겨난 변화 과정을 보자.

　먼저 표준어 '자물쇠'는 중세국어에서 'ᄌᆞᄆᆞᆳ쇠', 'ᄌᆞ믈쇠(15세기)'라고 하였는데 'ᄌᆞ믈+쇠'의 합성어이다. 'ᄌᆞᄆᆞ다'는 '잠그다'는 뜻을 가진 말이다. 그래서 'ᄌᆞ믈쇠'는 어간 'ᄌᆞᄆᆞ'에 관형사형어미 **ㄹ**과 '쇠(鐵)'가 더해진 'ᄌᆞᄆᆞ+ㄹ+쇠'가 'ᄌᆞ믈쇠>자믈쇠>자물쇠'로 변한 모습이고 '잠그는 쇠뭉치'가 된 것이다.

　그런데 예전의 '자물쇠'는 커다란 '쇠뭉치'로 만들어져 있기 때문에 이 자물쇠를 열어야 하는 열쇠도 상당히 커야 했다. 표준어에서도 '자물쇠'를 다른 말로 그냥 '쇠'라고 하는 것을 보면, '자물쇠'나 '열쇠' 모두 당시에 나무가 아닌 '쇠'로 만들어졌다는 인식이 강해서 열쇠에도 특별히 '쇠'의 의미를 넣은 '쉿대'라는 이름이 만들어졌지 않았을까 생각된다.

　결국 열쇠를 의미하는 '샛대'는 '쇠로 만든 대'라고 생각한 데서 만들어진 말로 '쉿대>샛대[새때]'가 된 것이다.

그래서 예전에는 이 '쇳대', '샛대'를 허리에 차고 다니곤 했다. 잊어버리지 않게 하려고 그러기도 하였지만, 어떤 경우는 부잣집 창고에 이런 '쇠통(자물쇠)'이 채워져 있었기 때문에 일종의 과시욕이기도 하였다고 본다.

번호키로 아파트를 들락거리는 젊은 세대에겐 커다란 쇠로 된 '샛대'는 말로만 들어서도 생소하게 느껴질 것이다. 물론 방안이나 건물 내부에 놓인 농이나 반닫이의 자물쇠를 여는 샛대는 작게 만들어졌다.

현장 구술 담화

"**샛대** 그것이 시방은 열새 끌른 **샛대**, **샛대** 고것이, 시방은 열샌디, **샛대** 어디 가부렀냐. 옛날에 그랬어. **샛대**, 옛날에는 그랬어, **샛대**." (**열쇠** 그것이 지금은 자물쇠를 끄르는 **열쇠**, **열쇠** 그것이, 지금은 열쇠인데, **샛대** 어디로 가버렸냐. 옛날에 그랬어. **샛대**, 옛날에는 그랬어, **샛대**.)(광주광역시 광산구)

⑫ 때기(지우개)

공책이나 필기장에 연필로 쓴 글씨를 지우는 학용품인 '지우개'를 전라도에서는 '때기'라고 불렀다.

'때기'는 어떻게 만들어진 말일까?

지금처럼 볼펜이 흔하지 않던 시절, 대부분 학교에서 연필로 글씨를 써야 했다. 물론 그보다 더 이전 시기에는 붓으로 글씨를 썼기 때문에 연필도 처음엔 새로운 필기도구였을 것이다.

먼저 예전에는 '공책'을 '재끼장', '자끼장'이라고 불렀는데, 이것은 무엇이든 적을 수 있다는 '잡기(雜記)+장(帳)'을 말하며, '잡기장>자끼장>재끼장'으로 변하여 온 말임을 짐작할 수 있다. 참고로 노름이나 잔재주에 능한 사람을 '잡기에 능하다'고 했는데, 이때는 '잡기(雜 섞일 잡, 技 재주 기)'로서 '공책'의 '잡기장(雜記帳장)'과는 다르다.

그리고 공책에 잘못 쓴 연필 글씨를 지우는 지우개를 '때기'라고 했는데, '때기'는 '닦다'에서 온 말이다. 전라도에서는 '닦다'를 '딲는다'라고 했으니, '닦는 물건'을 말하는 '닦기'는 '딲기'가 되고, '딲기>때기'로 변한 것이다. 이처럼 접미사 '-기'가 붙어서 명사화된 어휘는 '쓰레받기', '포대기' 등에서 쉽게 볼 수 있다.

필기도구가 조잡하던 시절에 공책도 매끈한 게 부족하고, 연필도 잘 써지지 않는데다, 지우개는 더 형편이 없었고, 점빵(가게)에 가서 살 여유가 없어, 자동차 타이어의 부드러운 부분을 잘라서 '때기'를 만든 학생들이 많았다. 그러다 보니 연필 글씨가 닦여지는 게 아니라 공책 표면 껍질이 벗겨지고 찢어지기 일쑤였다.

지금은 형형색색의 성능이 좋은 필기도구가 무수히 많다. 그 옛날 필수품이었던 연필 지우개는 이제 써본 지 오래고 대신 볼펜 잉크를 덧씌워 지우는 하얀 수정액, 또는 잘못 쓴 글씨 위를 하얗게 발라서 감쪽같이 거짓말처럼 깨끗하게 지우는 '화이트'라는 편리한 용품을 사용하는 시대가 되었다.

현장 구술 담화

"선생님이 자끼장이랑 사주고 **때기** 사주고 해서 시험 봤어요. 재끼장, 자끼장이라 그랬어 공책보고, 그때는 자끼장, 지우기는 **때기**. 내가 젊을 때 서울 장시를 갈라 그랬어."(선생님이 공책이랑 사주고 **지우개** 사주고 해서 시험을 봤어요. 공책, 자끼장이라 그랬어 공책을 일러, 그때는 자끼장, 지우개는 **때기**. 내가 젊을 때 서울로 장사를 가려고 했어.)(담양군)

⑬ 당성냥〔성냥〕

불을 붙이는 '성냥'을 전라도에서는 '성냥', '당성냥'이라고 하였다.
'당성냥'은 어디에서 온 말일까?

'당성냥'은 바로 '당나라에서 온 성냥(〈성냥)'을 말한다. '당'은 '당나
귀', '당목(唐木-중국 옷감)' 등에서 볼 수 있다. '당성냥'이 나오기 전에
는 우리 선조들은 부싯돌을 이용하여 불을 지폈다는 사실은 모두 들어 알
고 있을 것이다.
그리고 '성냥'은 '석유황(石硫黃, 돌유황)'에서 나온 말이다. '석유황>
성뉴황>성냥'으로 변해 온 말이다.

예전엔 성냥의 끝부분에 조금만 마찰을 주어도 쉽게 불이 붙는 '딱성냥'
이라는 것이 있어서 어린이들에게 인기가 있었다. '딱성냥'은 살짝만 부딪
혀도 '딱'하고 소리가 나며 불이 붙는다는 의미다.

이와 같은 '성냥>성냥'과 같은 ㅑ>ㅏ 단모음화는 합성어에서도 그대
로 적용된다. '성:냥깍(성냥갑)', '성:냥깨비' 등에서 볼 수 있다.

"**당성낭**은 요렇고 팔각고 든 놈도 있고 사각고 든 놈도 있고. 그 **당성낭** 통이 큰 놈이 있어. 팔각고 든 놈이나 사각고 든 놈이나 안에 성낭은 비슷해."
(**성냥**은 이렇게 팔각형에 든 것도 있고, 사각형에 든 것도 있고. 그 **성냥** 통이 큰 것이 있어. 팔각형에 든 것이나 사각형에 든 것이나 안에 성냥은 비슷해.)
(나주시)

제 5 장
민속과 질병

01 두발자새(얼레)

연을 날릴 때 실을 감았다 풀면서 사용하는 기구를 표준어로 '얼레'라고 하는데, 전라도에서는 '자새', '연자새'라고 한다. 이 중에서도 둥그렇지 않고 설주(기둥) 두 개만으로 만들어진 납작한 '얼레'를 광주 전남에서는 '자새', '두발자새'라는 말이 있다.

'두발자새'는 어떻게 만들어진 말일까?

먼저 표준어에도 '얼레'와 '자새'라는 두 가지 말이 있으나, '얼레'는 '연줄, 낚싯줄 따위를 감는 데 쓰는 기구. 나무 기둥의 설주를 두 개나 네 개 또는 여섯 개로 짜서 맞추고 가운데에 자루를 박아 만든다'고 풀이되어 있으며, '자새'는 새끼, 참바 따위를 꼬거나 실 따위를 감았다 풀었다 할 수 있도록 만든 '작은 얼레'라고 실려 있다.

결국 '자새'와 '얼레'가 거의 비슷한 뜻을 지닌 말인데 연실을 감는 용도로는 '얼레'이며, 이 '얼레'는 주로 경기도, 강원도 위주로 사용되었고, '자새', '연자새'는 충청도, 전라도에서 사용되던 말이었다.

'두발자새'는 '두 발+자새'로 설주가 두 개만으로 납작한 모양을 말한다. 흔히 볼 수 있는 것은 네 발로 된 자새인데, 이것은 설주 넷을 짜서 실을 감으면 둥그렇게 보이는 모습이다.

'자새'는 중세국어 어휘 '줏다(16세기)'에서 온 말이다. 현대국어에서도 '잣다'는 물레 따위로 섬유에서 '실을 뽑아서 감는다'는 의미인데 '자새'는 바로 '잣+애(접미사)'의 모습이다. '-애'는 '가새(갓+애)'에서도 볼 수 있는 접미사로 도구나 물건에 쓰이며, '갓(자르다)+애'로서 천이나 종이를 자르는 '가위(剪)'에 해당하는 전라도 말이다.

실이나 줄 따위를 감거나 꼬기 위하여 자새를 돌리는 일을 표준어로 '자새질'이라고 하고, 북한 방언에서는 자새처럼 돌려서 바람이 나게 만든 풀무를 '자새풀무'라는 말이 있다. '풀무'는 불을 피우기 위해 바람을 일으키는 도구를 말한다.

그런데 전라도에서 '자새'와 관련된 재미있는 어휘가 하나 더 있는데, 위에서 손잡이를 누르면서 물을 품어 올리는 도구인 '펌프 샘'을 이르는 '자새시암'이라는 말이다. 표준어에서는 이러한 방식으로 물을 푸는 도구를 '무자위'라고 한다. 중세국어의 '믈자새'가 '믈자새>물자애>무자위'로 변한 것이다. 전라도의 '자새시암'의 '자새'는 중세국어 '(믈)자새'를 이어받은 고어를 사용하고 있는 셈이다.(자새>자새)

현장 구술 담화

"자새, 자새, 연 띄우는 거 자새, 고것보다 자새, 연 감는 것 보다, 네 발짜리 있고 납닥헌 거 있고, 자세라 그래, 연자세, 두 발짜리 납닥헌 거, **두발자새**, 그런 거 **두발자새**라 그래."(얼레, 얼레, 연을 띄우는 것 얼레, 그것보고 자새, 연실 감는 것을 일러, 네 발짜리 있고 납작한 거 있고, 자새라 그래, 연자새, 두 발짜리 납작한 것, **두발자새**, 그런 거 **두발자새**라 그래.)(광주시, 대촌동)

02 공영(가오리연)

'가오리' 모양으로 만들어 꼬리를 길게 단 연을 표준어로 '가오리연'이라고 하는데, 이 '가오리연'에 꼬리가 없는 연을 전남의 동부에서는 '공영'이라고 한다. '공영'은 어떻게 변해 온 말일까?

'공영'은 그대로 '공연>공영'으로 음운변이를 보인 말이다. 다만 '공+영'에서 '공'은 연이 꼬리가 없이 '공처럼 둥글게 생겼다'는 뜻에서 지어진 말이다. 표준어에는 이에 대응하는 말이 없다. 어느 방언사전에서도 '공연', '공영'을 찾아볼 수 없는 전라도 특유의 말이다.

참고로 신안 등지에서는 가오리연을 '댕갱이연', '댕강이'라고 하는데 꼬리가 없는 모양을 빗댄 말로 보인다.

꼬리가 달린 연은 '간재미연', '박죽연(진도)', '주개연(광양)' 등으로 불리는데, '밥 푸는 주걱'처럼 생겼다고 해서 '주개연'이라고 말하고, '간재미연'은 '가자미'와 같이 생겼다고 해서 붙여진 이름이다.

현장 구술 담화

"그거이 이름이 **공영**이제머 노상. 공맹이로 생겼응께. 꼬랑댕이 걸은 거 안 달고 긍께 **공영**이제 머."(그것 이름이 '꼬리 없는 가오리연'이지 뭐 흔히, 공같이 생겼으니까. 꼬리 같은 것 안 달고 그러니까 **공영**이지 뭐.)(여수시)

03 한글(같다)

병이나 어떤 일이 다른 차도가 없이 이전의 상태와 비슷한 경우를 "시방도 노상 <u>한글</u>이요?"라는 말을 사용한다.

'한글'이란 무슨 뜻일까?

전라도의 '한글'이란 말은 '이전과 차이가 없다'는 뜻인데, '한글지다(변함없다)', '한글이요?(똑같니?)'와 같은 형태로 사용되고 있다.

"노상(계속) <u>한글</u>이네, 오늘도 <u>한글</u>이여?"

'한글'은 '이전과 지금이 변함없이 차이가 거의 없다'는 말로 '한결같다'는 말에서 나온 말로 보인다. 그래서 '한결>한글'로 변한 말이다. 주로 감기나 몸살 등 병의 차도가 없을 때 이르는 말이다.

현장 구술 담화

"아픈 디가 <u>한글</u>이냐 그말이여. 한 가지냐 그말이여. <u>한글</u>이냐고, 어제허고 오늘허고 똑같냐고. <u>한글</u>이냐고, 그러코 한글이냐 그래. 이 양반 전라도 말 덧잡을라고 왔는가 봐."(아픈 곳이 **별 차도가 없냐** 그 말이야, 처음과 같느냐는 말이여. **한글**이냐고, 그렇게 **어제와 오늘이 같냐**고. 그렇게 한글이냐고 해. 이 양반 전라도 말 흉잡으려고 왔는가 봐.)(보성군)

04 종제불〔호롱불〕

표준어 '호롱불', '등잔불'을 전라도에서는 '초꽂이불', '초꽂이', '촛대불', '종제기불', '종지기불', '종제불' 등으로 부른다.

'종제기불', '종제불'은 어떤 의미를 가진 말일까?

표준국어대사전에 '등잔불'과 '호롱불'은 같은 의미로 실려 있는데, '등잔불'은 '등잔(燈 등불 등, 盞 술잔 잔)+불'로 그릇에 기름을 담아 켠 등불이고, '호롱불'은 호롱이라는 작은 사기나 유리 또는 양철 따위로 작은 병 모양으로, 아래에는 석유를 담을 수 있도록 둥글게 하고 위 뚜껑에는 심지를 해 박아 불을 켤 수 있도록 작은 구멍을 낸 병에다 붙인 불이라고 풀이되어 있다.

'호롱불'의 원래 의미를 살펴보면 '청사초롱'에서 보는 '초롱(燭 초, 籠 대그릇 롱)'이 '촛불이 바람에 꺼지지 않도록 겉에 천 따위를 씌운 등(燈)'을 말하는 것으로 미루어 보아 '호롱'은 한자어 '호롱(胡 오랑캐 호, 籠 대그릇 롱)' 정도로 해석할 수 있을 것으로 보인다. 여기 '호(胡 오랑캐 호)'는 '호주머니(胡-)', '호떡(胡-)'에서 쉽게 볼 수 있다. 결국 '호롱불'은 '중국(오랑캐)에서 온 등불'일 것으로 생각된다.

전라도에서 흔히 쓰는 말, '초꽂이불' 역시 '사기로 된 석유 등잔'을 말한다. 원래는 초를 꽂는다는 뜻이었다. 아마 석유가 없던 시절 초를 꽂는

초꽂이 불이라는 이름이 나중에 석유 등잔불에도 그대로 사용하게 된 것이라 보인다. 등잔불보다 오래된 말일 것이다. 이 등잔불을 그냥 '초꽂이'라고도 한다.

그리고 '종제불'은 원래 '종제기불(종제기+불)'인데, '종제기', '종지기'는 표준어 '종지'에 해당하는 전라도 말로서 간장 고추장 따위를 담아 상에 놓는 '작은 그릇'을 말한다. 표준어 '종지'는 옛말 '죵ᄌᆞ(16세기)'가 '죵ᄌᆞ>종자>종지'로 변해 왔으며, 전라도 말 '종제기불'은 '종지+애기(접미사)+불', 즉 '종제기불>종제불'로 변해 왔을 것이다.

그래서 이 '종제불', '종제기불'은 '종제기(종지)처럼 작은 그릇에 기름을 넣어 심지에 붙인 불'로 풀이하면 될 듯하다. '종제기'는 전라도말 '종제기뼈' 같은 말에서도 볼 수 있다. 표준어 '종지뼈(옛말 죵ᄌᆞ뼈)'를 전라도에서 '종제기뼈'라고 하기 때문이다.

🔳 현장 구술 담화

"**종제불**이다 그래. 지름도 넣고 오래 타면 심지 청소를 해. 우에가 새카매져, 심지도 한지로 허그든, 새로 끼 넣고 그랬어. **종제불** 뒤에 화약불, 유리로 씌워진 것, 화약불이라고 나중에 나왔어. 중학교 2학년 때 전기가 들어왔어. 옛날에도 전부 다 그래도 **종제불** 썼제머. 배갈에다 간솔불 쓰고." (**종제불**이라 그래. 기름도 넣고 오래 타면 심지 청소를 해. 위가 새까매져, 심지도 한지로 만들거든, 새로 끼워 넣고 그랬어. **호롱불**이 나온 뒤에 화약불, 유리로 씌워진 것, 화약불이라고 나중에 나왔어. (우리집은)중학교 2학년 때 전기가 들어왔어. 옛날에는 모두 다 그래도 **호롱불** 썼지 뭐. 밖에는 관솔불을 쓰고.)(순천시)

05 제저금나다(따로나다)

　결혼을 하여 본가(本家)에서 분가하여 따로이 살림을 차리는 것을 표준어로 '따로나다'라고 하는데, 전라도에서는 '제저금나다(신안,완도)', '제금나다', '지금나다(담양,화순,여수,순천)', '지금나오다(담양,나주)', '저금나다(영광,보성,고흥,신안,광주)', '저금가다(화순)', '땅나다(진도)'라고 한다.

　이들 말들은 어떻게 생겨난 말일까?

　전라도에서 '제금', '제저금'은 흔히 '분가(分家)'하는 경우에 사용되기도 하지만, 독립적으로 쓰여 '각자'라는 의미로 쓰이기도 한다.

　"<u>제금</u> 묵을 것도 없는디 먼 돈을 내라 헌단가?"(각자 먹을 것도 없는데 무슨 돈을 내라 한다니?)
　"밥을 <u>제금</u> 담아라."(밥을 각자 담아라.) (담양, 목포)

　그리고 '분가(分家)'를 하는 경우 대체로 '제금나다', '제금내다', '제저금나다'라는 말을 사용하고, 분가하여 차리는 '딴살림'을 '제금살이(보성)'라고 한다.

　이 '제금', '제저금'의 뜻을 알아보면 먼저 이와 관련된 옛말로 다음과 같은 '제여곰'이란 말이 있었다.

<u>제여곰</u> 前生애 닷곤 因緣으로 須陁洹을 得ᄒ리도 이시며{<u>제각기(스스</u>
<u>로)</u> 전생에 닦은 인연으로 수타원(성문의 지위)을 득할 사람도 있으며(15
세기 석보상절)}

 위의 '제여곰'이란 말은 '제각각'이라는 뜻으로 사용되었음을 알 수 있
다. 전라도 말 '제금'은 이 '제여곰'이 '제여곰>제곰>제금'으로 변한 것으
로 볼 수 있을 듯하다.
 아무튼 '제금나는' 일은 따로 살림을 차리는 일이니 큰 아들이 아닌 둘째,
셋째 아들이 결혼을 하면 제각각 <u>스스로</u> 독립을 하는 분가의 절차였다.

 이처럼 '제'가 반복된 말, '제저금'이란 말은 '제금'의 의미가 강조된 말
로 보인다. 이렇게 '제금나는' 경우의 살림살이를 '단손' 사람이라고 하였
다. '단손(單-)'이란 국어사전에 '혼자서만 일을 하거나 살림을 꾸려 나가
는 처지'라고 풀이되어 있으며 '혼잣손'이라고도 한다. 할아버지, 할머니
가 없이 부모와 자식만 있는 집을 말한다.

현장 구술 담화

 "둘째, 셋째 다 **제저금나죠**. 총각 때 모방에 살다가 작은아버지들 **제저금
나갔어요**. 큰 채에 딸린 방을 모방이라 글고, 장방에는 아버지 어머니가 주무
시고. 우리들은 **제저금난다** 그래요."(둘째, 셋째 다 **분가하죠**. 총각 때 사이
의 작은방에 살다가 결혼해서 작은아버지들 **분가했어요**. 큰방 옆에 딸린 방
을 모방이라고 하고, 작은방에는 아버지, 어머니가 주무시고. 우리들은 **제저
금난다** 그래요.(완도군)

06 똥심바람(힘든 심부름)

남이 시키는 일을 하여 주는 일을 '심부름'이라고 하는데, 전라도에서는 이를 '심바람'이라고 하고, 또 '똥심바람'이라는 말이 있다.

이 '심바람', '똥심바람'이란 말의 원래 의미는 무엇일까?

표준어 '심부름'은 옛말 '심부림', '심부람', '심부림군(使喚 사환)', '심부람쏜(使軍 사군)(이상 19세기)'을 볼 수 있는데, '심부름'은 20세기에 등장했다.

'심부림군(使 시킬 사, 喚 부를 환)', '심부람쏜(使軍 사군)'으로 보아 '심부림', '심부람'을 '시키다(使)'는 의미를 담고 있는 것을 볼 수 있다.

그래서 '심부름'의 '부름(부림, 부람)'은 '부리다(일을 시키다)'와 관련된 것으로 추정할 수 있고, '심'은 '힘(力)>심'의 변화형으로 보아 결국 '심부름'은 '힘부림'으로, '남의 힘을 부려 먹는다'는 뜻이다. 전라도의 '심바람'은 '힘부림>심부림>심바람'의 모습이다.

그리고 '똥심바람'은 '심바람'에 '똥'이 덧붙은 '똥+심바람'인데, 그야말로 마지막 가시는 노인분들이 가끔 스스로 대소변을 가리지 못하여 가족인 며느리나 자녀들이 하게 되는 심부름을 말한다. 요즘은 주로 전문 관리원(요양보호사)들이 가족의 수고를 덜어주는 방식으로 이 심부름을 하는 것을 본다.

참고로 그 밖에도 전라도 말에서 '심바람'과 관련된 어휘는 '잔심바람', '술심바람' 등의 말이 있다.

늘 불효하던 내가 겨우 자식으로 해 본 심부름은 아버지 작고하시기 전, 몇 번 목욕을 시켜 드리고 한두 번 '똥심바람'을 해 본 것이 전부인 듯하다.

현장 구술 담화

"비영난 이레 만에 가시부렀어. 긍게 그려도 **똥심바람**을 안 해 봤어. 똥 한 번 안 싸시고 돌아가셨어. 손지들이 다했어. 배안에똥만 싸십디다. 그러제라, **똥심바람**을 안 해 봤어."(병이 난 지 7일 만에 돌아가셨어. 그러니까 그래도 **똥심부름**을 안 해 보았어. 똥 한 번 안 싸시고 돌아가셨어. 손자들이 다 했어. 배내똥만 싸십디다. 그러지요, **똥심부름**을 안 해 봤어.)(담양군)

07 맷돌잠[돌껏잠]

　전라도에서 잠과 관련된 말은 아주 많다. 그중에서 전남의 동부에서는 '맷돌잠'이라는 말이 있는데 이는 어떻게 생겨난 말인지 살펴보자.

　전라도에서는 잠을 많이 자는 사람을 일러 '잠충이', '잠텡이', '잠퉁이' 등으로 부른다. 그리고 잠 중에서도 전라도 말로 '멍챙이잠'이라는 말이 있는데, 이것은 아주 멍청하게 잠을 퍼 잔다는 의미로 '멍챙이(멍청이, 바보)+잠'이라고 볼 수 있다. 이것을 표준어로 '통잠'이라고 한다.

　'멍챙이잠'과 대비되는 잠은 전라도에서 '살딱잠'이라고 하는데 잠귀가 밝아서 무슨 소리만 나면 팔닥 일어나는 잠이 바로 '살딱잠'이다.
　그 밖에도 전라도 말 '꽂잠(아주 짧은 시간 동안에 든 깊은 잠)', '한:뎃잠', '한:딧잠(위에 가림이 없는 곳에서 자는 잠)', '선잠(깊이 못자고 깨는 잠)', '왼:잠(온전하게 자는 잠)' 등을 볼 수 있다.

　그러면 '맷돌잠'은 무슨 뜻일까? '맷돌잠'은 바로 '맷돌이 돌듯이 온 방을 빙빙 돌면서 자는 잠'임을 쉽게 짐작할 수 있을 것이다. 대체로 성장기에 있는 어린아이들이 얌전하게 자지 않고 방을 휘젓고 다니면서 자는 잠을 말한다. 같은 뜻의 표준어로는 '돌껏잠'이 있다.
　그리고 자면서 헛소리를 하거나 헛된 행동을 하면 '잠뜻한다'고 했으며,

자다 깨어서 맑은 정신이 아닌 상태를 '잠찔(표준어 잠결)'이라고 하였다.

　유년기에 나도 유난히 잠이 많았고 휘젓고 다니며, 또 깊게 자는 '맷돌 잠', '멍챙이잠'을 잤다. 중학교 때 어머님이 천장에 붙어 있는 커다란 지 네를 발견하고 놀라 사내인 내가 잡는 것이 낫겠다 싶어 나를 깨웠다고 한 다. 그런데 아무리 두드려 깨워도 일어나지 않자 나를 밖으로 끄집어 낸 후, 긴 막대기와 신짝으로 지네를 처리하고 다시 나를 방으로 끄집어들여 재웠다는 멍챙이잠 이야기를 다음 날 들었다. 커가면서 밥 늦도록 무분별 하게 밤을 새우기 일쑤, 잠을 괴롭힌 결과 나이든 지금은 잠을 설치고 새 벽 일찍 잠을 깨어 다시 잠이 들지 못하는 잠의 보복에 시달리고 있다. '멍 챙이잠', '맷돌잠'을 자던 그 시절이 그립다.

　"자다가 돌아분 거, 돌아 불면 **맷돌잠**이라 그래. 통잠이 들었다 그래. 뺑뺑 돌아댕이면 **맷돌잠**이라고, 맷돌 돈다고 지낸 말이제 머."(자다가 돌아 버린 것, 돌아 버리면 **맷돌잠**이라 그래. 통잠이 들었다 그래. 뺑뺑 돌아다니면 **맷 돌잠**이라고, 맷돌이 돈다고 지어낸 말이지 뭐.)(여수시)

⑧ 물레씨름
(돌리는 씨름기술)

씨름은 두 사람이 샅바를 잡고 힘과 재주를 부리어 먼저 넘어뜨리는 것으로 승부를 겨루는 우리 고유의 운동이다. 전라도에서는 씨름에 관한 여러 이름이 있다. '기계씨름', '고시래기', '꼬치씨름', '앞물치기', '옆물치기', '물레씨름', '반드름' 등이 그것이다. 이 말들은 어떻게 생겨난 말일까?

우선 표준어 '씨름'에 대하여 살펴보자. '씨름'은 원래 15세기부터 '실훔'으로 나타나고 '시름(17세기)', '뼈름(18세기)', '씨름(19세기~현재)'으로 변해 온 말이다.

'씨름'의 유래는 견해가 엇갈리지만, 대체로 옛말 '힐후다'에서 온 말이라는 주장이 설득력이 있다. '힐후다'는 '승강이질하다', '다투다'라는 말인데, '힐훔(힐후+움)>실훔>시름>씨름'으로 변했다는 견해다. '씨름'과 관련되는 옛 어형들을 살펴보면 '입힐훔', '시름', '씰음', '씨름' 등이 있는데 이들을 통하여 그 변화 과정을 짐작해 볼 수 있다.

이들을 보더라도 '씨름'은 '힐훔(겨루기)'에서 왔을 것이라는 설이 유력하다. '힐훔'은 '다투는 일'로 원래는 주로 '입씨름'을 의미할 때 사용되었던 듯하며, 그것이 차츰 서로 '바둥대며 넘어뜨리려는 행위'인 '씨름'으로 변화되어 온 것으로 보인다.

전남 동부에서 사용하는 '물레씨름'은 예전에 목화에서 실을 뽑기 위해 돌리는 기구인, 실을 잣는 '물레'를 돌리듯이 상대방을 돌려가면서 중심을 흩뜨리고 넘어지게 하는 기술의 씨름을 말한다.

광양 등지의 '고시래기', '꼬치씨름'은 '매다 꽂는 씨름'을 말하고, 순천에서는 쭉 잡아다녀 다리를 들어 넘어뜨리는 '반드름'이라고 하고, 여수에서는 무릎의 옆을 치는 기술을 '옆물치기', 앞무릎을 치는 기술을 '앞물치기' 등이 있으며, 상대를 잡자마자 순식간에 넘어뜨리는 '기계씨름'이라는 말도 있었다.

또 전라도 전역에서 '상씨럼', '상시름' 등을 볼 수 있는데, '상씨럼'은 표준어 '상씨름'으로 '결승을 겨루는 씨름'을 의미한다. '상-'은 '최고의'라는 의미를 지니고 있다.

"에레서는 백중날 씨름 많이 해, 보통 해. 그냥 뺑뺑 돌리는 것을 보고 **물레씨름**이라 그러고. **물레씨름** 잘헌다 그러고. 어떤 사람들은 **물레씨름**으로 돌린다 그러고." (여려서는 백중에 씨름을 많이 해, 보통 해. 그냥 빙빙 돌리는 것을 일러 **물레씨름**이라 그러고. **물레씨름** 잘한다 그러고. 어떤 사람들은 **물레씨름**으로 돌린다 그러고.) (광양시)

09 송장시염(배영)

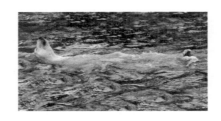

전라도에서는 수영을 할 때 뒤로 누워서 하는 '배영'을 '뒷시염', '송장시염'이라고 한다.

'송장시염'은 어떻게 생겨난 말일까?

우선 전라도에서는 '헤엄'을 '시엄'이라고 한다. '형님>성님', '흉악하다>숭악하다'로 변한 것처럼, ㅎ이 ㅅ으로 구개음화한 경우는 아주 흔하다.

'배영'을 말하는 '송장시염'은 '송장+헤엄'인 셈인데, 바로 '죽어 뒤로 누워 있는 사람'인 송장을 빗대어 지어진 이름이다. 그래서 이 '송장시염'을 '뒷시엄'이라고도 한다.

다소 거북한 말로 느껴지는 '송장'이란 말은 죽은 듯 넘어져 있거나 잿빛이나 회색빛을 띤 경우에 사용하는 경향이 있다. 그래서 '메뚜기' 중에서도 좀 크고 온몸이 '회색을 띤 메뚜기'를 전라도에서는 '송장메뚜기'라고 한다.

그리고 수영 중에서 '개시염', '발시염' 등의 말이 있는데, '개시염'은 '개헤엄>개시엄>개시염'으로 변한 말이다. '개헤엄'은 '개가 헤엄을 치는 것'처럼 팔을 앞으로 내밀어 손바닥으로 물을 끌어당기면서 치는 헤엄을 말하는데 주로 어린애들이 처음 헤엄을 배울 때 하는 헤엄이다. '발시염'은 발로만 수영을 하면서 제자리에서 두 팔을 높이 치켜 올리면서 가라 앉지 않고 앞으로 나가는 헤엄으로 보통은 쉽지 않은 헤엄이다.

현장 구술 담화

"개시엄, **송장시엄**은 아그들이나 허는 거이고, 어런들은 발시엄, 참시엄 고런 거 함시로, 큰 저수지 쩌짝으로 건네고 그라제. **송장시엄**이 쉽제." (개헤 엄, **배영**은 아이들이나 하는 것이고, 어른들은 발헤엄, 자유형, 그런 것을 하 면서, 큰 저수지 저쪽으로 건너고 그러지. **배영**이 쉽지.) (해남군)

⑩ 시앙끄레미
〔시제 후 음식 묶음〕

시골에서는 늦가을이 되면 '시제'를 지낸다. 시제를 지내고 난 다음에 집으로 돌아가는 어른들에게 나누어주는 '잔치 후의 음식을 싼 묶음'을 '시앙끄레미', '샹끄네기' 등으로 부른다.

'시앙끄레미', '샹끄네기'는 어떻게 생겨난 말일까?

해마다 추수를 다 마치고 농촌의 각 고을에는 자기 성씨의 시조와 선조들에게 시제를 드리는 큰 행사가 벌어진다. 표준어로 '시제(時祭)', '시향(時享)', '시향제(時享祭)'라 하는데 음력 10월에 5대(代) 할아버지 이상의 조상 무덤에 지내는 제사다. 전라도의 '시앙'은 '시향(時祭, 시제와 같은 말)'이 '시향>시양>시앙'으로 변한 말이다.

이와 같은 '시앙(시제)'의 차례를 지내고 난 후 남은 떡이며 고기, 전(부침개) 등의 음식은 참가한 사람들에게 골고루 나누어 주며, 대체로 이 음식을 짚으로 엮은 들것에 묶음으로 싸서 가져가기 쉽게 하였는데 이 묶음을 일컫는 말이 바로 '시앙끄레미', '샹끄네기'라고 부르는 것이다.

그래서 '시앙끄레미', '샹끄네기'는 '시앙'에 '끄레미'가 합해진 말임을 알 수 있다. '끄레미'는 '꾸러미'가 변한 말이다. '시앙꾸러미>시앙끄레미'가 된 것이다. 결국 '시앙끄레미'는 '시앙(시제)'을 마치고 난 후 나누어

주는 음식 꾸러미'에 해당하는 말이다.

'시앙끄레미'를 '샹끄네기'라고도 하는데 '시앙->샹-'으로 줄어든 말임을 쉽게 알 수 있다. 또 이것을 영광 등에서는 '떡끄레미'라고 하는데 '떡 꾸러미'인 셈이다. 또 '꾸러미'를 여수 등지에서는 '끄렝이'라고도 한다.

해마다 농사철이 끝나고 서리가 내릴 때쯤 시제가 다가오면(10~11월쯤) 시골 들판에서는 어린 꼬마아이가 자기와 거의 비슷한 덩치의 동생을 업고 논밭을 가로질러 경쟁하듯 서둘러 뛰어가는 모습을 쉽게 볼 수 있었다. 아이들은 손꼽아 시제를 기다린다. 자기 집의 모든 어린이들, 심지어 갓난아이까지 데리고 참석을 하는데, 왜냐하면 시제를 모시고 난 후 장만한 떡을 참가한 사람들 모두에게 고루 평등하게 나누어주기 때문이다. 이제 다시 볼 수가 없는 장면이 되었다.

현장 구술 담화

"끄레미, 끄레미제, 끄레미는 **시앙끄레미**라 했잖아. **시앙끄레미**는 시앙 차리고 짚 안에다 고로고로 넣어서 짜. **시앙끄레미**. 시앙 지내고 어른들 지겠는 집에는 고로고로 거따가 짜잖아. 짚을 갖고 가서 집에다 짜."(꾸러미, 꾸러미지, 꾸러미는 **시앙끄레미**라 했잖아. **시앙끄레미**는 시제 차리고 지푸라기 안에다 고루 넣어서 짜. **시앙끄레미**, 시제 지내고 어른들 계시는 집에는 고루 거기다 짜잖아. 짚을 가지고 가서 짚으로 짜.)(함평군)

⑪ 개지대가리[감기]

 '감기'를 광주와 전남에서는 지금은 '강기(감기)'라고 하지만, 예전에는 다양한 말들이 많이 쓰였다. '고뿔', '개지뻐리', '개지대가리', '개짐머리', '개조따가리' 등인데, 이 중에서 '개지-', '개조-'와 관련된 말들이 어떻게 생겨난 것인지에 대하여 살펴보기로 하자.

 표준어에서도 '감기'의 다른 말을 '고뿔'이라고 한다. 이때 '고뿔'은 '곳블(16세기~18세기)>곳불(18세기~19세기)>고뿔(20세기)'에서 보듯이 '고뿔'은 옛말 '곳블'로 16세기 문헌에서부터 나타난다.

 그 집안 사람들히 그 히 그모도록 곳블도 만나디 아니ᄒ며.(그 집안 사람들이 그 해 저물도록 고뿔(감기)도 만나지 아니하며(16세기)

 '곳블'은 '코에 불'이 났다는 의미다. '고(코)불>고뿔'인데, '고'는 지금의 얼굴 '코(鼻)'를 말한다. 마치 '갈>칼'의 변화와 같은 변화다. 이러한 거센소리화는 주로 임진왜란 이후(17세기)에 생겨났다.
 그리고 '개지~', '개조~'형은 모두 한 번 걸리면 떨어지지 않는 나쁜 속성을 이렇게 '개×'로 '개의 생식기'에 빗대어 부르는 상스런 말로 표현한 말이다.

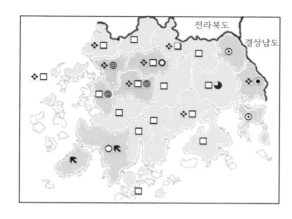

개짐머리 □ 개좀머리
⊙ 개지뻐리 ○ 개조뻐리
◎ 개조뿌리 ○ 개지뿌리
◗개조(주)때가리
◤개지(저)꼽자구
⊙ 개지뿌대기
❖ 고뿔, 고뿌리

그래서 '개좃대가리>개조따가리', '개좃머리>개존머리>개진머리', '개 좃뿌리>개조뿌리>개지뻐리' 등의 변화를 볼 수 있다.

참고로 표준국어대사전에도 '개좃부리'가 '감기를 속되게 이르는 말'로 실려 있다.

그 밖에도 '감기'는 전라도에서 위의 지도에 제시한 것 말고도 '돌게(진 도)', '고뿍게짐머리(신안)' 등 많은 말들이 있었다. 이렇게 많은 별명을 얻은 이유는 아마 지금의 코로나와 비교할 수 없이 오랜 세월을 거치면서 끈질기게 백성들을 괴롭히던 존재였기 때문이었을 것으로 생각된다.

현장 구술 담화

"감기는 **개지때가리** 헌다 그래. **개지때가리** 들었다 그래. 추운디 나가지 마라, **개지때가리** 들라. 주로 그때는 약도 없어, 만날 따시게 허고 그것배끼 없고. 약방도 없고."(감기는 **개지때가리**라 한다 그래. **개지때가리** 들었다 그 래. 추운데 나가지 마라, **감기** 들라. 주로 그때는 약도 없어, 늘 따뜻하게 하고 그것밖에 없고. 약방도 없고.)(광양시)

⑫ 거시춤
(거위침, 목구멍에서 넘어오는 침)

가슴 속이 느긋거리면서 목구멍에서 나오는 군침을 표준어로 '거위침'이라고 하는데, 전라도에서는 이를 '거시춤'이라고 한다.

'거시춤'은 어떻게 만들어진 말일까?

먼저 표준어 '거위'는 순우리말로서 한자어 '회충(蛔 거위 회, 蟲 벌레충)'과 비슷한 말이다. 즉 '거위'는 사람의 몸속에 있는 회충과(蛔蟲科)의 기생충(회충)을 말하고 몸의 길이는 15~30Cm나 되는 것으로 주로 사람 몸의 작은창자에 기생한다고 한다.

'거위침' 역시 회충과 관련이 있는 말이라는 것을 짐작할 수 있다. 표준어 '거위침'은 '거위+침'인데, '거위침'은 이 '거위(회충)'가 안에서 요동을 치니까 목에서 침이 넘어오고 헛구역질이 난다고 해서 생겨난 말이다.

전라도 말 '거시춤'은 바로 표준어 '거위침'에 대응하는 말인데, 전라도에서는 대체로 '거위'를 '거시'라고 하기 때문이다. '거위'는 '거쉬, 겄위(15세기)>거위(16세기)>것위(17세기)'로 변해 왔다. 그래서 이 '거시'는 옛말 '거쉬'의 ㅿ을 유지한 고형이라고 볼 수 있다(거쉬>거위>거시).

전라도에서는 '거위' 관련된 다른 변이형도 모두 ㅅ을 유지한 모습이다. 표준어 '거위배'를 말하는 '거시배' 등에서 볼 수 있다. '거시배'라는 말은 회충이 뱃속에 가득하여 배가 불룩해진 모양, 또는 회충으로 인한 배앓이를 이르는 말이다.

전라도에서는 '회충'만이 아니라 땅속 '지렁이'를 구분하지 않고 위의 옛말 '거쉬'의 흔적이 남아 있는 '거시', '거시랭이', '거생이', '거시랑치'라고 하였다.

예전에는 회충이 많았고 '거위침'을 뱉어내는 아이들이 많았다. 가뜩이나 영양이 부실한데 회충이 배안에서 기생하고 있으면 아이들이 비쩍 마르고 얼굴빛도 말이 아니었다. 그러다 학교에서 회충약이라도 나누어 주는 날이면 배 안의 '거시(거위)'를 뭉텅이로 배설해 내던 아이들이 상당수 있었을 정도였다. 지금은 회충약 때문이 아니라 방부제 섞인 음식을 먹으니 '거시(회충)'가 아예 살 수 없다는 이야기가 웃음거리로만은 들리지 않는다.

현장 구술 담화

"춤이 나오면 **거시춤** 나온다고 그랬어. 목구멍에서 **거시춤** 나온다고 그랬어. 회가 있응께 **거시춤** 나온다고 그랬어. 회가 있으면 목에다 지푸라구로 쨈맸어. **거시춤**이 나웅게 쨈맸어." (침이 나오면 **거시춤** 나온다고 했어. 목구멍에서 **거시춤** 나온다고 했어. 회충이 있으니까 **거시춤** 나온다고 그랬어. 회충이 있으면 목에다 지푸라기를 동여맸어. **거위침**이 나오니까 잡아 매었어.) (장성군)

⑬ 돌쌔이다〔부딪히다〕

돌이나 딱딱한 물건에 발끝이 심하게 부딪히는 경우가 있는데 이를 주로 전남의 동부에서는 '돌쌔이다', '돌쏘이다'라고 한다. 이 말들은 어떻게 만들어졌을까?

표준어로 '뾰족한 끝에 쳐져 찍히다'는 말로 '쪼이다'라는 말이 있는데 이 말은 '쪼다(뾰쪽한 것으로 찍다)'의 피동사임을 쉽게 알 수 있다. 그리고 '쪼다-쪼이다'와 비슷한 모습으로 '벌레가 침과 같은 것으로 살을 찌르다'는 뜻인 '쏘다-쏘이다'라는 말이 있다. '쏘이다' 역시 '쏘다'의 피동사인 것이다.

그런데 전라도 말에는 특이하게도 벌이나 벌레가 아닌 뾰쪽한 돌이나 물체에 발의 앞부분이 부딪히는 경우에도 '쏘이다', '쌔이다'라는 말을 사용하는 것을 볼 수 있다(돌쏘이다, 돌쌔이다). 이러한 경우 위의 두 어휘 '쏘이다'와 '쪼이다' 중에서 더 어울릴 것 같은 말은 '쏘이다'가 아닌 '쪼이다'로 보이는데 말이다.

그리고 '쏘다'는 전라도에서는 '쌔다', '싸다'로 변한 말이 자연스럽게 사용되고 있으며, 피동형은 '쌔이다'로 변한 모습으로 나타나는 것을 볼 수 있다.

"요것이 토종 빠가그마. 빠가, **쌔그든(쏘거든)**, **쌔그든**. 앞에 드레미에가 까시가 있어. 물매기. 맞어 물매기. 노래각고 요것도 **쌔거든요**. 요것도 빠가허고 사춘(사촌) 간이여."(함평군)

"땡삐(땅벌)라 그래. 더럽게 끈질기게 따라 오먼은 땡삐라 그러거든. 그건 왕벌이라, 그거 **쌔이면** 사람이 죽는 수가 있고."(광양군)

위에서 보듯 '쌔이다'는 '쏘다'의 피동형으로 벌레나 침이 쏘는 경우에 사용하고, 표준어 방식으로 하면 발을 '뾰쪽한 것에 쪼였다' 정도로 표현해야 할 것을 '돌쌔이다', '돌쏘이다'로 표현한 것이 흥미롭기만 하다.

현장 구술 담화

"돌에 쌔인다고, 돌에 모진 디 콱 허먼 돌에 쌔인다 글거든. 무작허이 오래가고 아파, **돌쌔인다** 그래. 그가 머 아프가니, **돌쌔인** 디가 아프제. **돌쌔얬다** 그래."(돌에 쪼인다고, 돌의 모난 데 콱 하고 돌에 쪼인다 그러거든. 아주 오래가고 아파, **돌쌔인다** 그래. (다른 곳)거기는 별로 아프지 않아, **돌에 쪼인** 데가 아프지. **돌쌔얬다** 그래.)(여수시)

⑭ 눈꼽제기[눈곱]

눈에서 나오는 진득한 액이 말라붙은 것을 표준어로 '눈곱[눈꼽]'이라고 하는데 전라도 말로는 '눈꼽자구', '눈꼽작', '눈꼽쟁이', '저께', '눈꼽제기'라고 한다. 이 중 '눈꼽제기'는 어떻게 생겨난 말일까?

먼저 표준어 '눈곱'을 보자. 얼른 보면 '배꼽'과 '꼽'을 공유하고 있는 비슷한 모양새를 하고 있어서 같은 뜻으로 혼동하기 쉽지만 전혀 다른 말이다.
'배꼽'은 원래 '배의 중앙'을 말하며 '빗복(16세기)'이 변한 말인데(빗복>배곱>배꼽), '빗복'이란 '배의 복판'을 말하므로 이 경우 '꼽(<복)'은 '중심부'를 말한다. '복-꼽(곱)'에 보이는 ㅂ-ㄱ 교체는 전라도 말에서 '올벼쌀>올겨쌀(오려쌀)', '꼬부랑>꼬구랑' 등에서 볼 수 있다.

그런데 '눈곱'은 예전부터 '눉곱(16세기)', '눈쏩', '눈곱(17세기)'으로 형태의 변화가 거의 없는 말이다.
즉 '눈곱'의 '곱'은 '눈(眼)'에 '곱'이 붙은 형태로 '곱(膏)'은 '기름'이라는 뜻이었다. 이와 같은 '곱'이 쓰인 옛 어형으로 '눉곱치(月多: 눈곱)', '거문곱(黑脂: 검은 지방)', '도치곱(猪膏: 돼지기름)' 등을 찾아볼 수 있는데 이들은 모두 '기름(脂, 膏)'을 의미하고 있다. 현대어에서도 '기름'을 의미하는 '곱'은 '곱창' 등에서도 찾아볼 수 있다.

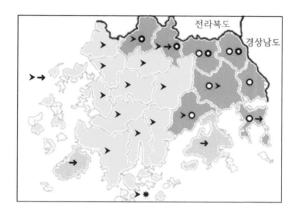

그리고 표준어에서도 '눈곱'과 같은 말로 '안지(眼 눈 안, 脂 기름 지)' 로 올라 있는 것을 보면 '곱'의 의미가 '기름'이었음 짐작해 볼 수 있다.

그래서 '눈곱제기(눈+곱+제기)'는 '눈에 말라붙은 기름'이라는 뜻이고 '-제기'는 전라도에서 '때꼽제기(몸의 때)', '종제기(종지)' 등에서 볼 수 있는 작은 물건을 나타내는 접미사이다.

담양, 신안, 여수, 고흥, 진도 등에서 보이는 '눈꼽자구'의 '-자구'는 변화형으로 보인다(자구>제기).

현장 구술 담화

"**눈꼽제기**, 아 저 **눈꼽제기** 좀 바. **눈꼽제기** 좀 띠뿌러라. 짜잔허게 눈꼽이 많이 붙어서, 암. 아 저기 눈곱 좀 봐. **눈꼽제기** 저것이, 눈곱 좀 떼어 버려라, 지발 덕분에."(**눈곱**, 아 저 **눈곱** 좀 봐라. **눈곱** 좀 떼어 버려라. 짜잔하게 눈꼽이 많이 붙어서, 암. 아 저기 눈곱 좀 봐. **눈곱** 저것이, 눈곱 좀 떼어 버려라. 제발.)(구례군)

⑮ 소태손님(천연두)

지난 시절 최고의 역병(疫病)이었던 '천연두'는 바이러스가 일으키는 급성의 법정 전염병으로, 열이 몹시 나고 온몸에 발진(發疹)이 생겨, 딱지가 저절로 떨어지기 전에 긁으면 얽어서 곰보가 되는 끔찍한 질병이었다.

이 무서운 천연두를 전라도에서는 대체로 '손님'이라고 하고, 지역에 따라 '소태손님(무안군)', '왕손님(신안군)', '시돗손님', '치두손님(나주)'이라고 불렀다. '소태손님', '시돗손님'은 어떻게 생겨난 말일까?

지금은 예방접종으로 아무도 천연두 걱정을 하지 않게 되었지만 불과 두 세대 전의 우리 선조들에게는 그야말로 생사를 넘나드는 역병이었다. 당시에 가장 무서운 병은 '홍진', '혼역'이라고 부르는 '홍역', 그리고 '손님'이라고 부르는 이 '천연두'였다고 한다.

'천연두(天然痘)'는 표준어로 '두창(痘 부스럼두, 瘡 상처 창)'이라고 하는데, 얼굴에 수포가 생겨 곪게 되고 나중에 얼굴이 '얽는다'고 하여 이러한 사람을 전라도에서 '빡:보', '얼뱅이', '얼금뱅이'라 불렀다. 또 '천연두'를 표준어로 '손님'이라고도 불렀는데, 여기서 '손님'의 '손'은 날짜에 따라 방향을 달리하여 따라다니면서 사람의 일을 방해한다는 '귀신'을 말하기도 한다. '손님'은 '손'을 높여 부르는 말이다.

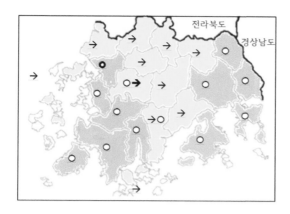

○ 손님(소태손님, 왕손님,
　외손님)
→ 시두손님
➜ 치두손님

　얼마나 무서웠던지 '소태손님', '왕손님', '시두손님', '외손님' 등으로 불렀다. 그리고 '시두손님', '치두손님'은 이 병이 걸리면 심하면 죽거나 낫더라도 '수포'가 얼굴에 생긴다는 뜻으로 '수두(水痘)'와 '손님'이 합한 말인데, '수두손님>시두손님>치두손님'으로 변한 말이다. '수두'는 피부에 붉고 둥근 발진 후 작은 물집으로 변하는데 천연두가 '수두'처럼 물집이 생기는 증상을 보이기 때문에 '수두손님'이라고 이름을 붙인 것이다.

　그리고 '소태손님'은 껍질이 이루 말할 수 없을 정도로 쓴 '소태나무'에서 따 온 '소태'에 '손님'이 합성되어 생겨난 말이다. '아주 독한 질병'이라는 점을 강조하여 만들어진 이름인 것이다.

현장 구술 담화

　"<u>**소태손님**</u>, <u>**소태손님**</u>이여. 얼굴이 얽은 것은 <u>**소태손님**</u>이라 그랬어. 죽기도 겁나게 했어라, 염병증이라고, 찬물 먹으면 죽어요, 손님, <u>**소태손님**</u>이 왔다고."(**천연두**, **천연두**여. 얼굴이 얽은 병을 **소태손님**이라고 했어. 죽기도 아주 많이 했어요, 염병증이라고, 찬물을 먹으면 죽어요, 천연두, **천연두**가 왔다고.)(무안군)

⑯ 추학(학질)

표준어로 '학질'을 '초학', '하루거리'라고도 한다. 전라도에서는 크게 '하리거리', '초학', '추학', '푸껏', '한쟁이' 등으로 불렀다.

'추학', '한쟁이'의 유래에 대하여 알아보자.

우리 속담에 '학을 떼다'라는 말이 있다. 이는 바로 '학질(瘧疾)을 떼어 내다'라는 말이라고 한다. '학질'은 말라리아 병원충을 가진 학질모기에게 물려서 감염되는 법정전염병으로 갑자기 고열이 나며 설사와 구토·발작을 일으키고 비장이 부으면서 빈혈 증상을 보이는 증세로 주로 여름에 많이 걸린다.

표준어 '초학(初 처음 초, 瘧 학질 학)'은 '처음 겪는 학질'이라고 풀이되어 있다. 전라도의 '추학'은 '초학>추학'의 음운변이형으로 볼 수 있지만, 이 병의 특성이 '추위'와 관련되어 있기 때문에 추위에 이끌려서 '추위 학질'이란 의미로 조어된 것이 아닌가 생각된다.

보성에서는 '한쟁이'라는 말이 있는데, '추위를 느낀다'고 해서 붙인 이름이다. '한쟁이'는 '한(寒 차가운 한)+쟁이'를 말하는데 '추학'과 관련된 말임을 알 수 있다. 이 병에 걸리면 환자는 고열 때문에 여름에도 심한 추위에 떤다고 한다.

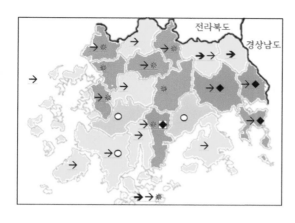

전라도 말 '하리거리(표준어: 하루거리)'는 '하루 걸러서 열이 나고 심하게 앓게 되는 학질'이고, 전라도 말 '예닐학', '야닐학'(표준어: 이틀거리, 양일학)은 이틀을 걸러서 발작한다고 한다.

그 밖에도 전라도에서는 '학질'을 부르는 수많은 이름이 있었다. '추학', '초학', '하리거리'는 거의 전 지역에서 사용되었고, 위 지도에 나온 명칭 말고도 '심(신안진도)', '며느리심(진도)', '푸껏(매일)(곡성)', '매일거리(무안)', '게노릇(진도)', 게점머리(곡성), '자레(신안)', '지랄병(신안)' 등이 있었다.

현장 구술 담화

"여름에 한기 든 것을 그전에는 **추학**이라고 뜨글 땍에 여름에 더울 때도 춥고 머리도 아프고, **추학**, **추학** 걸렸는갑다. 감기는 개점머리 왔는갑다 그러제."(여름에 한기가 든 것을 예전에는 **추학**이라고 뜨거울 때에 여름에 더울 때도 춥고 머리도 아프고, **학질**, **학질**이 걸렸는가 보다. 감기는 개점머리 왔는가 보다고 하지.)(곡성군)

⑰ 민다리깨〔속다래끼〕

　표준어 '다래끼'는 속눈썹의 뿌리에 균이 들어가 눈시울이 발갛게 붓고 곪아서 생기는 작은 부스럼이라고 설명되어 있다. 그리고 눈시울 안에 난 다래끼를 '속다래끼'라고 한다. 이 '속다래끼'를 전라도에서는 '민다리깨', '속다라꾸' 등으로 말한다.

　'민다리께'는 어떻게 생겨난 것일까?

　'다래끼'의 옛말은 '다릿치(17세기)'인데 그 뜻은 무엇을 '달고 있는', 무엇에 '달려 있는'이라는 뜻을 가진 말로 보인다. 그런 의미로 '달팽이', '다리(머리숱이 많아 보이라고 여자들 머리 위에 덧넣었던 딴머리)' 등과 같은 말뿌리일 것이다. '다래끼' 역시 눈에 달려 있는 부스럼 종류이기 때문이다.

　'다래끼'의 전라도 말은 대체로 음운변이의 모습인 '다리께', '다래', '다락지', '다라끼', '다라꾸', '다랏', '다락' 등이다.

　대부분의 '다래끼'가 눈꺼풀에 겉으로 드러나는데 전라도의 '민다리깨', '속다라꾸'는 눈꺼풀의 안쪽 속에 나 있어 겉으로는 보이지 않는 다래끼를 말한다. 그리고 보통의 다래끼보다 눈두덩이가 많이 부어오르고 훨씬 더 아프며 나중에 고름을 짜내기도 힘들어서 애를 먹는다.

　전남의 서부에서는 '속다라꾸'라고 하고 동부에서는 '민다리깨'라는 말을 주로 사용하는 것을 볼 수 있었다.

"우게 똥똥허니 난 것보다가는 다라꾸, 다라꾸라고. 늙어도 다랏 난 사람 있데. 모도 다 깜빡깜박 헌 사람들이여. 다라꾸 났네, 저놈 자석 다랏 났네. **속다락구**, 그것 나각고 힘들다."(영광군)

'민다래끼'는 '민+다래끼'로 '민달팽이', '민머리(대머리)', '민화토' 등에서 접두사 '민-'을 볼 수 있는데 '민-'이 덧붙어서 '거칠 것이 없는 민밋한 모습', 또는 '겉으로 드러나지 않아 아무런 표시가 나지 않는', '별 특별한 게 없는' 등의 의미를 보이고 있다.

그래서 '민다리깨' 역시 '민달팽이', '민머리'처럼 '밋밋하게 보이는 다래끼' 정도로 보면 될 것 같다.

남보다 유난히 자주 겪었던 '다래끼', '여드름'의 추억은 청소년기를 지나며 언제부터인지 이유 없이 나오는 아무런 관련이 없는 말이 되어 버렸다. 젊음의 왕성한 혈기를 잃어버린 것이리라.

현장 구술 담화

"왐마, **민다리깨** 한본 나면 겁나 아파서 죽어. 아부지가 까시쟁이로 따면 고름도 많이 나와서... **민다리깨** 고놈 딸라고 까시쟁이 코에다 식식 붐시로 오라 그러면 진짜로 겁이 나서 죽어."(야, 정말 **속다래끼** 한번 나면 엄청나게 아파서 혼났어. 아버지가 가시로 따면 고름도 많이 나와서... **속다래끼** 그놈 따려고 가시를 코에다 넣고 (콧김을)식식 불면서 오라 하면 진짜로 겁이 나서 죽어.)(여수시)

⑱ 곤치다(고치다)

　　표준어 '고치다'는 '고장이 나거나 못 쓰게 된 물건을 손질하여 제대로 되게 하다', '병 따위를 낫게 하다'고 풀이되어 있다. '고치다'를 전남 동부 지역에서는 흔히 '곤치다'라고 말한다.

　　'곤치다'는 원래 어떤 의미를 가진 말이었을까?

　　'고치다'는 위의 고장난 물건이나, 병 따위를 원상태로 바르게 하는 일 이외에도, '잘못되거나 틀린 것을 바로잡다', '모양이나 내용 따위를 바꾸다', '팔자를 고치다(처지를 바꾸다)'는 등 다양하게 범위가 확대되는데, 전남 동부의 '곤치다'는 '고치다>곤치다'의 모습으로 ㅊ앞에서 ㄴ이 첨가된 어형임을 쉽게 알 수 있을 것이다.

　　이와 같은 ㄴ첨가는 '까치>깐치', '그치다>끈치다' 등에서 보듯이 ㅈ, ㅊ앞에서 그러한 경향을 볼 수 있다.

　　'고치다'는 원래 옛말 '고티다(15세기)', '곤티다', '곳치다' 등이었다. '고치다(17세기)'는 '고티다>고치다'로 구개음화한 말이다.

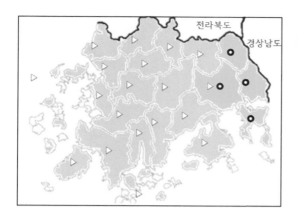

▷ 고치다
◉ 곤치다

표준어 '고치다'의 원래 말뿌리는 '곧히다'로 '곧(直)+히(사동접사)+다'의 모습이었다. 즉 '고치다(곧히다)'는 원래 '곧게하다(곧+히다)', '반듯하게 하다'는 말이었다.

이것이 차츰 고장난 것을 '수리하다(修理)', '수선(修繕)하다'로 의미가 변화해 온 말임을 알 수 있는 것이다.

현장 구술 담화

"연장을 잘 **곤친** 사람 있어. 문짝 삐뜨라져서 그거 **곤체야겠다**. 장에 갔다 오껭게 잘 **곤체** 나라잉. 연장이랑 발동기도 잘 **곤치고**, 발동기 대각고 물 푸고, 또 이동해서 탈곡허고."(연장을 잘 **고치는** 사람이 있어. 문짝 비트러져서 그것 **고쳐야겠다**. 장에 갔다 올 테니까 잘 **고쳐** 놓아라응. 연장이랑 발동기도 잘 **고치고**, 발동기를 대어서 물도 푸고, 또 이동해서 탈곡하고.)(순천시)

⑲ 히말타구〔힘〕

생물이 살아 움직이는 힘을 '힘', '기운' 등으로 표현하는데, 광주 전라도에서는 '히마리', '히말태기', '히말탱이', '히말타구'라는 말이 있다.

이 말들은 어떻게 변해 온 말일까?

"**히마리**가 한나도 없다."
"**히말테기** 없이 자뿌라지드라.(넘어지더라)"
"오늘 어찌 그리 **히말탱이**가 한나도 없냐."

전라도에서 흔히 들을 수 있는 말이다.

대체로 위의 문장에서처럼 '~가 없다'는 식으로 표현되는 부정적인 말에서 사용하고 있다. '심(힘)이 넘친다'고 하는 말은 있어도, '히말탱이가 너무나 세다'나 '히마리가 넘친다'는 말은 잘 사용하지 않는다.

먼저 '히마리'를 보면 '힘+아리'가 합하여진 말인 것을 알 수 있는데, '-아리'는 '삥아리', '아가리' 등에서 보듯이 '새끼', '적다'는 의미를 가진 접미사이다.

'히말태기'의 '-태기'도 같은 이치로 '밥태기(밥알)' '맛태기(맛)', '한볼태기(한입)', '개태기(아주 작은 물고기 종류)', '한 태기(조금)'처럼 '아주 작은 것'을 뜻하는 접미사이다.

'히말탱이'도 '힘+알+탱이'로 이루어진 말인데 '-탱이'는 '아주 까불고 장난스런 아이'를 '까불탱이'라고 하고 '고주망태'를 '술망탱이'처럼 '사람'을 지칭할 때 쓰이기도 하고, '역굴탱이(옆구리)', '가랑탱이(가랑이)', '눈탱이(눈 주위)'처럼 '신체 부위'를 말할 때 붙는 것을 볼 수 있다. 다만 '히말탱이'는 다른 '-탱이'가 붙은 말처럼 '-아리'처럼 단순한 '작다'는 의미가 아닌 대상을 낮춰 부르는 의식이 담긴 말로 볼 수 있다.

'히말타구' 역시 '히말탱이'와 거의 비슷한 느낌을 주는 말이다. '힘+알+타구'인데, '-타구'는 '맛타구 없다(맛이 별로 없다)'처럼 쓰여 '히말타구 없다' 또한 '힘이라고는 전혀 없다'는 의미로 받아들여지는 말임을 알 수 있다.

현장 구술 담화

"시방도 머리에 이가 생긴디요. 옛날에 이 안 걸고 히한허니 **히말타구**가 통 없어요. 옛날 이들은 째깐해각고 또롱또롱 했는디. **히말타구**가 한 개도 없어."(지금도 이가 생기는데요. 옛날의 이 같지 않고 희한하게 **힘**이 없어요. 옛날 이들은 작아서 또릿또릿 했는데. (요새 이는)**힘**이 하나도 없어.)(순천시)

⑳ 요랑대기(요령)

표준어 '요령'은 '일을 하는 데 꼭 필요한 묘한 이치'나 '적당히 해 넘기는 잔꾀'를 말하는데, 전라도에서는 전자의 의미를 말하는 '요랑대기', '요랑머리'라는 말이 있다.

'요랑대기'는 어떻게 생겨난 말일까?

대체로 '요랑대기', '요랑머리'는 낮춤의 의미로 사용하여 '요랑대기가 없다'는 형식으로 쓰인다.

'요랑대기'의 '-대기'가 붙은 말은 '보초대기', '재수대기', '뽄대기' 등 대부분 좋지 않은 의미로 사용된다. '-머리' 역시 '버르정머리(버릇)'. '게정머리(불평의 소리)' 등 낮잡아 보는 말에서 볼 수 있다.

전라도 말 '요랑대기'의 '요랑'은 표준어 '요령(要領)'의 변화형이다. '요령'은 '일을 하는 데 꼭 필요한 묘한 이치'를 말한다.

"나락뭇 가리기를 쳐야 대. **요랑** 있게 쳐얀단 말이요. 그래야 안 넘어가고 비가 와도 안 적신단 말이요."(볏단을 묶어 잘 세워야 돼, **요령** 있게 세워야 한단 말이요. 그래야 안 넘어가고 비가 와도 안 적신다는 말이어요.)(무안)

위의 대화처럼 그냥 '요랑'만으로도 같은 의미를 나타낸다.

결국 '요랑대기'는 '요랑+대기'인데, '요령'의 변화형 '요랑'에 '-대기(접미사)'가 결합된 형태이다. '요랑머리'도 같다.

"이운다고 그래 놓고 겁이 나 죽겠는디, 복조가리가 없게 생겼드라 그래, ○○ 아제 **요랑대기**가 없다 그래. ○○ 아제 응, ○가들 **요랑대기**가 없고 방정맞다고 엄마가 맨날 욕을 해." (결혼시킨다고 그래 놓고 걱정이 돼 죽겠는데, (신랑이)복이 없게 생겼더라 그래. ○○ 아제 **요령**이 없다 그래. ○○ 아제 응. ○씨들 **요령**이 없고 방정맞다고 엄마가 맨날 욕을 해.)(여수시)

㉑ 오입나가다
〔외지로 나가다〕

전라도에서는 고향을 벗어나서 '타지로 나간다'는 의미로 '오입나간다 (신안)'는 말을 사용한다.

이 말은 어떻게 생겨나고 변해 온 말일까?

원래 '오입나간다'는 말은 '외입(外入)나가다'가 변한 말로 그 원래 의미는 '밖으로 나가다'는 뜻이다.

그런데 표준어에는 이와 비슷한 형태 '외입하다', '오입질하다'라는 말이 있는데, 둘 다 '밖으로 나가다'는 뜻은 아예 없고, '남자가 아내가 아닌 여자와 성관계를 가지다'. 또는 '노는계집과 성관계를 가지다'라고만 나와 있다. 아마 이 말이 사용된 역사가 오래되었기 때문에 원래 '외입(外入)'의 본래 뜻인 '밖으로 나가다'는 의미는 사라지고 변화한 주변 의미만이 남은 것이라 본다.

그렇게 본다면 전남의 신안에서 사용되는 '오입나가다'는 말은 배를 타고 '멀리 밖으로 나간다'는 의미로 사용되고 있으니, 이 지역은 아직도 원의미인 '외입(外入)'의 의미를 가장 잘 보존하고 있는 지역이 아닌가 싶다. 물론 이곳에서도 '다른 여자와의 관계'를 표현할 때도 사용하기는 하지만, 표준어에서는 원래 '밖으로 나가다'는 의미가 완전히 사라진 것과는 차이가 있으니 말이다.

'외지로 나가다'나 '다른 여자와 관계를 가지다'나 둘 중에 어떤 뜻이든 '외입하는', '오입나가는' 행위는 바람직하지 못한 인간 삶의 모습으로 여겨졌던 것 같다. 가족이나 아내, 친지를 버리고 외지로 떠나고, 다른 사람과 더 친한 관계를 맺는 삶의 모습은 결코 바람직하지 않기 때문이다.

현장 구술 담화

"뱃길 나간 것, 집을 나간 것을 **오입나간다**고 나간디, 그때는 섬이라, 하루에 다섯 번 정도 나가먼 배가 끊어져 부러, 젤 늦게 오는 것을 막배라고 배실이라고, 마지막 오는 것을 배실이라고 그래. 또 가정불화로 그 **오입나간다**고 그래, 가정에서 툴툴허다가 나가서 객지 생활헌다고 나간 거이 가정불화제." (뱃길 나간 것, 집을 나간 것을 **외지로 나간다**고 나가는데, 그때는 섬이라, 하루에 다섯 번 정도 나가면 배가 끊어져 버려. 제일 늦게 오는 것을 막배라고 '배실이'라고, 마지막 오는 것을 '배실이'라고 그래. 또 가정불화로 그 **오입나간다**고 그래. 가정에서 툴툴하다가 나가서 객지 생활한다고 나간 것이 가정불화지.)(신안군)

㉒ 졸갱이질(모진고통)

　많이 시달리는 경우 전라도에서는 '졸갱이질 친다'라는 말이 있다. '졸갱이질'은 어디에서 온 말일까?

　국어대사전에 '경(更)치다'는 말이 있는데 이 말은 순라군(순찰하는 사람)이 이경(二更, 밤 10시경)과 오경(伍更, 새벽 4시경)에 '북을 치다'는 뜻이다. '경(更)'은 일몰부터 일출까지 하룻밤을 다섯으로 나누어 부르는 시간의 이름으로, 밤 7시부터 시작하여 두 시간씩 나누어 각각 초경, 이경, 삼경, 사경, 오경이라고 한다.

　표준국어대사전에도 '졸경(卒 마칠 졸, 更 시간 경)'이란 말이 실려 있는데, 그 뜻은 '지독하게 받는 고문 또는 벌'이고, 그 유래는 '경(更)을 마치느라고 고달팠다'는 뜻으로, '몹시 시달리거나 고난을 겪음을 이르는 말'. '순라군이 시간이 다하도록 몸 붙일 사이 없이 밤의 경계에 고달팠다'는 데에서 유래한다고 자세하게 풀이되어 있다.

　그래서 '졸갱(〈졸경)이질'은 표준어 '졸경(卒更)'이 변한 '졸갱'에 '-이+-질(접미사)'이 붙은 말이고 '졸갱이질 치다' 역시 여기서 나온 말이라는 것을 짐작할 수 있다.
　즉 '졸경+이+질' 자체로 '경(更)을 마치느라(卒) 고달픈 일'이라는 뜻인데, 여기에 '치다'가 덧붙어서 그 의미를 강조한 것으로 보인다.

참고로 혼동하기 쉬운 '경치다'의 또 다른 하나는 '경(黥)치다'인데 이 때의 '경(黥 묵형할 경)'은 '묵형(墨刑, 죄인의 이마나 팔뚝 따위에 먹줄로 죄명을 써넣던 형벌이다)'에 해당하는 벌, 즉 '혹독하게 벌을 받다'는 말이 다. 그래서 '경을 칠 놈'이라는 말도 여기서 나온 말이다. 그리고 사전에도 다음과 같은 예문이 사전에 실려 있다.

"다시 한번 이런 짓 하면 호되게 **경칠** 줄 알아라."

얼른 보아서 '경(黥)치다'도 '졸갱(卒更)이질 치다'는 말과 비슷하여 서 로 관련되는 말로 보이지만 원래 의미가 달랐다.
한편 '졸갱이질 치다'는 위의 '졸경(卒更)'과 '경(黥)치다'는 두 말이 그 발음의 유사성으로 인하여 합성된 복합적 의미의 말로 볼 수도 있을 것 같 다. 그래서 '졸경을 치다', '졸갱이질 치다'라는 말로 차츰 변해왔을 것으 로 생각된다.

현장 구술 담화

"사람, 자기가 힘센 사람보다가 힘 모자란 사람을 막 내 **졸갱이질**을 치그 든. **졸갱이질**을 친다 그래. **졸갱이질**을 쳐부렀다고. 안 좋은 소리제."(사람 들, 자기가 힘이 센 사람이 힘이 약한 사람을 막 내 **괴롭히거든**. **졸갱이질**을 친다 그래. **졸갱이질**을 쳐버렸다고. 안 좋은 소리지.)(무안군)

제 6 장
사람과 호칭

① 공시미(윤달 아이)

진도에서는 윤달에 태어난 아이를 '공시미'라고 하고, 성질이 사나운 사람을 '독바'라고 하는 말을 사용한다.

'공시미'와 '독바'는 어떤 의미를 포함하고 있을까?

진도에서는 생긴 것이나 성질이 사나운 사람을 일컫는 '독바'라는 말이 있다. 전라도에서는 '돌(石)'을 흔히 '독데미', '독자갈' 등으로 '독'이라고 하였으니, '독바'에는 아주 '단단하고 성질 사나운 사람'이라는 의미를 부여한 것이라 보인다.

"**독바**는 생긴 거이나 성질이 울퉁불퉁(우락부락)한 애야." (진도군)

또 진도에서는 '공시미', '죽시미'라는 말도 있는데, '죽시미'는 미친 사람처럼 행동하는 아이를 말하고 '공시미'는 윤달에 태어난 아이를 말한다. 이 말들은 '공+시미', '죽+시미'로 이루어진 말임을 알 수 있다.

'죽시미'의 '죽-'은 명확한 의미를 알 수 없지만, '공시미'의 '공-'은 여러 곳에서 찾아볼 수 있는 말이다. 거저 주고받는 것을 '공것', '공으로', '공짜배기'라는 말을 들을 수 있다. 이때 '공(空)'은 원래 '비어 있다', '대가가 없이 헛되다'는 뜻이다. 그래서 남의 집에 머슴을 살면서도 새경을 받지 않고 사는 머슴을 '공머심'이라고 했는데, 공짜로 대가가 없이 머슴을 살았다는 말이 된다. 그리고 '윤달'을 표준어에서도 '공달'이라고 한다. 그래서 이 공달에 태어난 아이를 '공시미'라고 불렀던 것이다.

그리고 '-시미'는 주로 여자아이를 일컫는 접미사로 주로 사용되고 있다. 그래서 '공시미'는 원래 '공달(윤달)에 태어난 여자아이'라는 뜻이었는데 차츰 남녀를 가리지 않고 부르게 된다.

참고로 공달(윤달)은 음력에서 계절의 불일치로 거의 3년마다 한 번씩 찾아오는데(주로 5월) 공달(윤달)은 탈이 없다고 하여 이사, 결혼 등을 이때 하는 관습이 있다고 한다. 또 공달에 태어난 사람은 생일을 두 번 쇠는 경우도 있고, 아예 이걸 피하기 위해 양력 생일을 쇠는 경우도 있다.

현장 구술 담화

"<u>공시미</u>는 동짓달 초낟날에 났단다. 공달에 났잉께 <u>공시미</u>라 했단다. <u>공시미</u>라 생알이 음력으로 하먼 안 되겠다."(**<u>윤달에 태어난 아이</u>**는 동짓달 초나흗날에 나았단다. 윤달에 나았으니까 **<u>공시미</u>**라 했단다. **<u>윤달에 태어난 아이</u>**라 생일을 음력으로 하면 안 되겠다.)(진도군)

02 늘보초(발전성)

표준어로 '진취성이나 내뛰는 성질'을 '보추'라고 한다. 그런데 전라도에서는 이에 대응하는 말로 '늘보초'라는 말을 흔히 사용한다.

'늘보초'는 어떤 의미로 만들어진 말일까?

먼저 전라도 말 '보초'는 표준어 '보추(步趣)'가 '보추>보초'로 변한 말이다.

표준어 '보추(步 걸음 보, 趣 빨리가다, 성큼성큼 걷다 추)'를 보면 '진취성이나 내뛰는 성질', '발전해 나가는 속도'를 말한다. 이로 보아 '보초'는 '보추', 즉 '진취적이거나 발전 가능성'의 의미를 지닌 것으로 보인다.

'늘보초'는 '늘+보초'인 것을 쉽게 알 수 있는데 이 '늘-'과 관련된 말을 찾아보면 표준어 '늘품'이란 말이 있는데, '앞으로 더 좋게 발전할 품질이나 품성'을 말한다. 또 '늘-'과 관련된 전라도 말에 '느리보다'는 말을 찾아볼 수 있는데 이는 '늘그막에 호강하다'는 의미를 가지고 있다.

"먼 <u>느리를 볼라고(늘그막에 무슨 호강을 하려고)</u> 자식한테 요롷게 잘헌가 몰르겄소."

이와 같은 예들로 보아 '늘보초'는 '늘품', '느리보다'와 '보추' 등의 의미와 모두 관련된 말로 보인다. 즉 '늘보초'를 '느리, 늘(앞으로의 기대감)+보추(앞으로의 진취성)'정도를 예상해 볼 수 있을 것 같다. 그래서 '늘보초'를 '앞으로 더 나아질 것 같은 발전성이나 기대감' 정도로 풀이할 수 있는 것이다.

'보초'와 관련된 전라도말은 '보초때기', '보초대가리' 등의 말들이 있는데 이들은 대체로 '~없다'와 함께 부정적인 의미를 표현하는 상황에 쓰인다.

현장 구술 담화

"날파리걸은 놈한테 또 속인다. 느그들 속이지마라. 그런 **늘보초** 없는 것들한테 속이먼 니들도 **늘보초** 없다."(사기꾼 같은 놈에게 또 속는다. 너희들 속지 마라. 그런 **보추** 없는 것들에게 속으면 너희들도 **보추**가 없다.)(화순군)

⑬ 뻑뻑수 [외고집]

   전라도에서는 '대갈수', '도망수', '뜽금수', '뻑뻑수'라는 말들이 있다. '대갈수'는 머리가 아주 큰 사람을 말하고, '도망수'는 도망을 간 사람, '뜽금수'는 생각지 않게 태어난 아이, '뻑뻑수'는 아주 '고집이 센 사람'을 말한다.

   재미있는 '도망수', '뜽금수', '뻑뻑수'란 말을 살펴보자.

   전라도에서는 '사람'을 일러 '-수'라는 접미사가 붙은 말이 더러 있는데, 먼저 '대갈수'라는 말을 보면 머리가 아주 큰 아이를 일컫는 말 '대가리+수'의 준말이다. '대가리'는 '머리'의 낮춤말이기 때문이다.

   신안에서 사용하는 '도망수'는 말 역시 짐작할 수 있듯이 그대로 '도망을 한 사람'이다. 주로 육지로 '야반도주'를 한 사람을 일컫는 말이라고 한다.

   "남자가 부락에 살다가 목포대로 도망 간 사람을 **도망수**라 가제. 빚지고 도망한 사람이 **도망수**제."(남자가 부락에 살다가 목포 쪽으로 도망 간 사람을 **도망수**라고 하지, 빚을 지고 도망을 한 사람이 **도망수**지.)(신안군)

   완도에서는 '뜽금수'라는 말도 있다. 기대하지 않았는데, 생각지도 않게 '뜽금없이(느닷없이) 태어난 아이'라는 뜻이다.

그리고 순천 등지에서 보이는 '뻑뻑수'를 보자. 표준어로 '벅벅'이라는 말이 있는데 이는 '억지를 부리며 자꾸 기를 쓰거나 우기는 모양'을 말한다. '벅벅'의 경음화한 전라도 말 '뻑뻑'에 접미사 '-수'가 붙은 말 '벅벅수>뻑뻑수'인데, '억지를 부리며 벅벅 우기는 사람'임을 알 수 있다.

참고로 전남 동부에서는 '대갈수'와 비슷한 '대망수'라는 말도 있는데 이는 이마가 툭 불거져 나온 사람을 말한다. 전라도 말 '대망'은 이마를 말한다. 그리고 주로 전남 서부에서 '껄떡수'라는 말도 있다. 표준어 '게걸쟁이'에 해당하는 말인데 무엇을 몹시 먹으려고 탐하는 사람을 말한다. 이와 비슷한 말이 여수에서 '껄떡박수'라는 말도 있다.

현장 구술 담화

"**뻑뻑수**란 것은 예를 들어서 나락인디 나락 아니라고 이긴 것은 **뻑뻑수**라 글제. **뻑뻑수**, 아따 저놈 **뻑뻑수**맹이로 이기네" (**뻑뻑수**란 말은 예를 들어서 벼인데 벼 아니라고 우기는 사람을 **뻑뻑수**라고 하지, **뻑뻑수**, 아따 저놈 **뻑뻑수**같이 우기네.)(순천시)

04 때우리(땜장이)

　벽이나 천장에 흙, 시멘트 따위를 바르는 사람인 표준어로 '미장이'라고 하는데 전라도에서는 '토수'라고 하였고, 돌을 다듬는 사람인 '석수장이(石手)'를 '독쟁이(완도)'라고 하였으며, 솥이나 냄비를 때우러 다니는 사람을 '때우리(신안)'라고 하였다.

　이들은 어떻게 생겨난 말일까?

　먼저 '토수(土手)'는 한자어 '흙(土)'을 만지는 사람이라는 것을 쉽게 알 수 있다. '수'는 사람을 일컫는 말인데, '도망수', '대갈수' 등에서도 볼 수 있다.

　'독쟁이'는 '돌(독)'을 다루는 기술자인 '장이(쟁이)'를 이렇게 부른 것이다. '독+쟁이'처럼 '-쟁이'가 붙어서 만들어진 말은 '대장장이'를 말하는 '성냥쟁이', '야쟁이(冶 불릴 야+쟁이)'가 있고, 또 '싸납쟁이(사나운 사람)', '꼬꼽쟁이(아주 꼼꼼한 사람)'란 말도 있다.

　'때우리'는 구멍이 난 곳을 원재료와 비슷한 재료를 덧붙여서 때우는 기술을 가진 사람을 말한다. '때우다'에서 '때우+ㄹ+이'로 역시 접미사 '-이'는 사람을 뜻하는 접미사이다.

예전에는 솥이나 남비가 구멍이 나면 이것을 비슷한 재료를 덧붙여서 물이 새지 않도록 때워서 사용하였다. 그래서 동네마다 이것을 때워주는 사람이 돌아다니며 수선을 해 주었다. 그 사람이 바로 '때우리'였던 것이다.

예전엔 우산도 고치고, 밥상도 고치고 시골에서는 고칠 게 많았다. 옷도 버리는 옷이 없이 모두 기워 입었다. 모든 게 부족하고, 버릴 게 없는 그런 시절, 고을고을마다 사람이 넘쳐 났다. 그래서 그 시절에는 먹을 것도 부족하여 입 하나를 덜기 위해서 어린 딸자식을 빨리 시집보내야겠다는 말을 아무 거리낌 없이 하던 시절이었다.

이젠 시골의 양지바른 골목길에서 놀이하는 아이들을 구경하기가 힘들다. 걸어다니는 사람들도 쉽게 볼 수가 없고 어떤 마을은 대낮인데도 적막하게 느껴지도 하다. 시끌벅적한 골목길 그 모습은 이제 다시는 볼 수 없을까?

현장 구술 담화

"**때우리**라 그랬제. 솟을 때우러 댕잉께 **때우리**라겠제 머. 솟 때웁시다, 솟 때운 **때우리** 왔이요, **때우리** 왔다고 그라제. **때우리** 어딨냐고, 부락에 왔제."(**때우리**라 그랬지. 솥을 때우러 다니니까 **때우리**라고 했지 뭐. 솥을 때웁시다, 솥을 때우는 **때우리**가 왔어요, **때우리** 왔다고 그러지. **땜장이** 어딨냐고, 부락에 왔지.)(신안군)

05 하나부지[할아버지]

'할아버지'를 전라도의 거의 전역에서 '하내', '하나씨', '하나부지'라고한다.

이들 '하내', '하나씨', '하나부지'는 원래 어떻게 생겨난 말인가 살펴보자.

표준어 '할아버지', '할머니'는 원래 '한+아버지', '한+어머니'인데, 이때 '한'은 '크다(大)'는 의미이다.

'한아버지>할아버지'가 되는 현상을 우리는 활음조(euphony)라고 한다. '한나산>한라산', '희노애락>희로애락'에서도 볼 수 있는 현상이다. 활음조는 유음화에 해당하는 자음동화와는 전혀 다르다.

북한에서는 할아버지를 '큰아바이', '크라바이'라고 하는 이유도 여기에 있다. '한(할)'과 '큰(클)'은 같은 의미이기 때문이다.

전라도에서 할아버지를 '하내', '하나씨', '하나부지' 등으로 부르는데, 주로 어린 아이들이 '하내'라는 말을 많이 사용하고, '하나부지'는 일반적으로 사용하는 말이었다.

할아버지의 옛말은 '한아비(15세기)'였다. 당시의 '한아비'는 지금처럼 낮춤말이 아닌 존칭으로도 쓰여 '임금의 할아버지'를 지칭하기도 했다.

낙슈에 산행 가 이셔 <u>하나빌(**할아버지를**)</u> 미드니잇가(15세기 용비어천가)

이들로 보아 '하내'는 존칭인 '한아비'가 '한아비>한애비>하내'로 변해 온 모습이라 보인다. 그리고 전라도의 '하나부지'는 '할아버지'로 바뀌기 이전의 가장 원형에 가까운 고어형태이다.

'하내', '하나부지'는 전라도 거의 전역에서 쓰이고, 일부 지역에서는 '할배(신안,광양)', '할비(해남)', '하라씨(장성)', '하래비(광주)', '하나부니(곡성,광산,승주)', '하나부이(함평)', '하나쎄(여수)', '하납씨(신안,진도,완도)', '하내비(영광,담양,광산,광양,영암,신안)' 등으로 다양하게 불렀다.

현장 구술 담화

"<u>하나부지</u>, 그렇게 많이 불렀제, <u>하나부지</u>, 할매 그랬어. 누구 할매, 하내라 그랬단 말이여, 하내다 그럴 때는 누구 하내라고 말할 때 그러고, 할아버지를 부를 때는 <u>하나부지</u> 이렇게 불렀어, 애들도 <u>하나부지</u>라, 그렇게 다른 사람은 하내, 누구 하내 그렇고." (**하나부지**, 그렇게 많이 불렀지. **하나부지**, 할매 그랬어. 누구 할머니, 할아버지라 그랬단 말이여. 하내다 그럴 때는 누구 할아버지라고 말할 때 그랬고, (자기)할아버지를 부를 때는 **하나부지** 이렇게 불렀어. 애들도 **하나부지**라, 다른 사람은 하내, 누구 하내라 그렇게 하고.)(보성군)

06 쌩망구(젊은 할머니)

　전라도에서는 아주 연세가 많은 할아버지를 '극노인', '상노인'이라고 하고 그보다 연세가 덜된 분을 '중노인'이라고 부른다. 또 할머니 중에서도 아직 나이가 많지 않는데, 늙어 보이는 여자를 '쌩망구'라는 말이 있고 남자는 '쌩영감'이라고 한다.

　'쌩망구', '쌩영감'에는 어떤 의미가 담겨 있을까?

　먼저 아주 연세가 많은 '극노인'이라는 말은 한자어로 '극노인(極 다할 극, 老人 노인)'이라는 말이다. 극한에 달한 노인이라는 뜻으로 지어진 듯하다. 참고로 '상노인'은 국어사전에 실려 있는데 '여러 노인 가운데 가장 나이가 많은 사람'이라고 실려 있다. '극노인(아주 늙은 할아버지)'을 말하는 전라도의 '상노인'과는 약간의 차이가 있는 것을 알 수 있다.

　그리고 전라도 말 '쌩망구'를 보기 전에 먼저 표준어 '망구'를 보자. '망구'는 늙은 여자를 낮잡아 이르는 말로 '할망구'와 같은 말로 나와 있다. 그런데 표준어 '망구'라는 말은 국어사전에 사람의 나이가 '구십(아흔)을 바라본다(望 바랄 망, 九 아홉 구)'는 의미로 실제는 '여든한 살(81살)'을 이르는 말이라고 풀이되어 있다. 과연 이러한 뜻의 '망구'가 '할망구'에 사용되었는지 확실하지 않으며 또 '망구'가 그대로 '할망구(할머니)'를 의미한다고 하는 견해도 있지만 정확히 알 수 없다. 전라도에서도 '망구'라는 말이 흔히 사용되지만, 좀 더 비칭으로 '망구탱이'라는 말도 쓰인다.

'쌩망구'는 전라도에서 '할머니'를 말하는 '망구'에 '쌩-'이라는 접두사가 덧붙은 말이다. '쌩(생)-'은 아직 덜 익은 상태인 쌩달걀(익히지 아니한 달걀), 쌩사람(생사람-아무런 잘못이 없는 사람), 쌩고생(생고생-하지 않아도 되는 공연한 고생) 등에서 볼 수 있으며, 그래서 '쌩망구'도 아직 늙지도 않아 할머니가 아닌데 할머로 부른다는 의미이다. '쌩영감'이라는 말도 마찬가지 내용임을 알 수 있다.

참고로 예전에 전라도에서 말하는 '극노인', '상노인'은 대략 70세쯤 되면 이런 소리를 들을 정도였다고 한다. 그리고 예전에 시골에선 나이 50이 못되어 '중노인' 소리를 들었다. 그래서 힘든 일은 하지 못하는 나이였고, 수염을 기르고 가래(삽)라는 것을 들고 논의 물고나 책임지는 나이를 일컬었다. 그리고 환갑을 매우 중히 여겨 큰 잔치를 벌였었다. 옛날이야기가 되었다.

현장 구술 담화

"여그 쌩영감, 덜 늙었응께 쌩영감이라 허제. 젊은디 머리는 흐건게 쌩영감이라. 여그는 **쌩망구**, 머리만 흐거제 젊은께 **쌩망구**. 바가지에다 해서, 거따 밑구녕 떨어진디다 허먼 바가지떡이 되제. 아이 **쌩망구**, 바가지떡 어떻게 해?"(여기 쌩영감, 덜 늙었으니까 쌩영감이라고 하지. 젊은데 머리는 하야니까 쌩영감이라. 여기는 **쌩망구**, 머리만 하얗지 젊으니까 **쌩망구**. 바가지에다 해서, 거기 밑구멍 떨어진 데에 하면 바가지떡이 되지. 어이 **쌩망구**, 바가지떡 어떻게 해?)(영광군)

07 이부더아부지(계부)

부모 중 한 분이 재혼한 경우 전라도에서는 '이부더아부지', '이부더매'라고 한다. '이부더아부지'는 원래 어떤 의미였을까?

'이부더아부지'는 말 그대로 '의붓아버지'가 변한 말이다. '이부더매' 역시 '의붓어머니'였다. 또 의붓아버지를 표준어로 '다시아비'라고도 하는데, 다시 생겼다는 의미일 것이다.

여기에서 '의붓+아버지'에서 '의붓'은 '의부(義父 의로 맺은 아버지)'에서 온 말이다. 그런데 이 '의부(義父)'에 다시 '아버지', '어머니', '형제', '자식' 등이 덧붙여져서 '의붓형제', '의붓자식' 등 다소 어색한 말이 생겨났다. 이들은 '의붓아비'에 유추되어 확대된 합성어로 볼 수 있을 듯하다.

현장 구술 담화

"내가 요 섬에 와서 물동우도 안 이보고 내가, **이부더아부지** 밑에 살아농께 여그 왔제. **이부더아부지** 밑에서 살다가 요리 시집을 왔어. 목포로 이발관 나간다 그래서 왔드마 이발관은켕이는 여그서 눌러앉어 부렸어."(내가 이 섬에 와서 물동이도 안 이어 보고 내가, **의붓아버지** 밑에 살아 놓으니까 여기로 왔지. **의붓아버지** 밑에서 살다가 이리 시집을 왔어. 목포로 이발관 나간다 그래서 왔더니 이발관은커녕 여기서 눌러앉아 버렸어.)(신안군)

⑱ 반거쳉이[야무지지 못한 사람]

전라도에서는 야무지지 못한 사람, 대충대충 일을 하는 사람을 일러 '반거쳉이', '반거충이'라고 하는데 이 말은 원래 무슨 뜻이었을까?

표준어로 '거만스럽게 잘난 체하며 자꾸 버릇없이 구는 행위'를 '거드럭거리다', '거드럭대다'라는 말이 있다. 또 '무엇을 배우다가 중도에 그만두어 다 이루지 못한 사람'을 표준어로 '반거들충이'라고 한다. '거들-'에는 '실속없다'는 뜻이 공통으로 담겨 있다.

두 차례나 초시에 낙방하고 기방 출입에 **반거들충이** 생활을 한다는 박초시의 큰아들이 분명한 듯싶었다. (문순태, 타오르는 강)

전라도의 '반거충이', '반거쳉이'는 표준어 '반거충이', '반거들충이'에서 온 말이다. '반거들충이>반거충이>반거쳉이'처럼 변했을 것이다. 그런데 전라도에서 '반거쳉이'는 '중도에 그만 둔 사람'보다는 대체로 '무언가 한쪽이 부족한 사람'을 일컫는 경우에 사용한다.

현장 구술 담화

"살림을 못허먼 저 **반거쳉이** 그래. **반거쳉이**다 그래. 일도 **반거쳉이**걸이 허도 못헝 거이. 저 **반거쳉이**, 사램이간디." (살림을 잘 못하면 저 **반거쳉이**라고 해. **반거쳉이**라 그래. 일을 **반거들충이**처럼 하지도 못한 것이. 저 **반거들충이**, 사람도 아니야.)(구례군)

09 벌청이(건성꾼)

　무슨 일을 제대로 하지 못하는 사람을 일러 광양, 구례, 여수 등 주로 전남의 동부에서는 '벌터리', '벌청이', '벌대충이' 등으로 부른다.
　'벌청이', '벌터리'는 어떻게 생겨난 말일까?

　표준어에 '매사에 건성인 사람'을 낮잡아 이르는 말로 '건성꾼'이라는 어휘가 있다. 이와 비슷한 의미로 전라도에서는 '벌터리', '벌청이'라고 불렀던 것이다.
　먼저 이러한 말을 하는 지역에서는 쓸데없는 말, 허튼소리를 하는 경우 '벌소리한다'고 말하고, 부슨 말을 흘려 듣고 오는 경우에 '벌로 듣는다', 일을 건성으로 하는 경우를 '벌다리로 헌다'라는 말을 쓴다.
　이러한 '벌소리', '벌로 듣고' 등의 말로 보아서는 '벌-'은 '진실되지 않은', '신중치 못하고 건성으로', '정확하지 않은', '중요하지 않는' 등으로 해석할 수 있다.

　"그로코롬 잊어불지 말고 당성낭 한 각 사오라 그랬드마 그 말을 **벌로** 듣고 안 사각고 왔그마잉."(그토록 잊어버리지 말고 성냥 한 통 사오라고 했는데도 그 말을 **허투루** 듣고 안 사가지고 왔네.)
　"아, 긍께 **벌소리(허튼소리)** 허지 마라. **벌소리**라 글기도 허고 거짓골(거짓말)이라고 허기도 허고."

그래서 이렇게 허튼소리를 하고 다니거나, 일을 제대로 하지 못하는 사람을 '벌청이', '벌대충이', '벌터리' 등으로 불렸던 것이다.

"**벌터리** 겉은 놈, **벌터리** 겉은 거이 또 오네." (구례군)

'벌청이'는 '건성인 경우', '야무지지 못하는 경우'를 말하는 '벌-'에 '-청이'가 붙은 말인데, '-청이'는 '밥충이', '잠충이' 등에서 보이는 '-충이'와 통하는 말이다.

이처럼 '벌-'은 전라도만의 특유한 의미를 담은 말이다. 표준국어대사전에 '벌-'은 '일정한 테두리를 벗어난'의 뜻을 더하는 접두사로 나와 있고, '벌불(아궁이에서 옆으로 나가는 불)', '벌물(새어 나가는 물)', '벌모(대충 심은 모)'가 실려 있는데, 무언가 '실속이 없다', '정도를 벗어나다'는 뜻을 지니고 있는 것을 볼 수 있다.

이러한 내용을 종합해 보더라도 위에서 다양하게 사용되는 '벌-'은 표준어와 달리 전라도에서만 볼 수 있는 다양한 의미 기능을 하는 특별한 어휘인 것을 알 수 있다.

현장 구술 담화

"일을 항상 벌다리로 하는 것, 벌다리. 벌청허게, 야무지게 못허고 대고 해 부리고 **벌청이**라 그래. 벌다리, **벌청이**. 벌다리도 그리 벌다리 그리 말고 좀 찬찬히 해라. 일을 어치 그러냐, 벌다리 맹이로." (일을 항상 대충 하는 것, 벌다리. 벌청하게, 야무지게 못하고 되는 대로 해 버리고 **벌청이**라고 해. 벌다리, **벌청이**. 벌다리도 그리 벌다리 그리 말고 좀 찬찬히 해라. 일을 어떻게 그러니, 벌다리 같이.) (광양시)

⑩ 소나새끼[사내]

　표준어 '사내'는 '사나이'의 준말로 한창 혈기가 왕성할 때의 남자를 이르는 말인데, 전남 동부 지역에서는 이를 '소나'라고 한다.
　'소나'는 어떻게 변해 온 말일까?

　'소나'는 옛말 15세기부터 사나이를 말하는 'ᄉᆞ나히', 'ᄉᆞ나희', 'ᄉᆞ아히' 등을 볼 수 있는데, 16세기 훈몽자회의 '사나이'를 뜻하는 'ᄉᆞᆫ(丁 ᄉᆞᆫ정)'이 눈에 띈다.
　'ᄉᆞ나히'는 바로 이 'ᄉᆞᆫ'과 '아히'가 합한 말이라 볼 수 있다. '장정(壯丁)'을 뜻하는 'ᄉᆞᆫ'이라는 단독명사가 있었음을 알 수 있고, '아이'와 같은 의미인 '아히'가 합해진 합성어임을 짐작할 수 있다.(ᄉᆞᆫ+아히)

　그래서 '소나'는 'ᄉᆞ아히'가 표준어에서 'ᄉᆞ나히>산아이>사나이'로 변한 데 비해 고흥, 여수 등에서는 'ᄉᆞ나히>손아히>소나'로 변한 말임을 짐작할 수 있다.
　전라도에서는 'ᄆᆞ술>모실', 'ᄑᆞ리>포리'처럼 순음 아래에서 ·>ㅗ의 변화를 보인 것 말고도 순음 아닌 ㄴ,ㄱ,ㅅ 뒤에서도 원순화된 모습을 더러 볼 수 있는데 그 예로는 'ᄂᆞᆷ>놈(他), ᄂᆞ물>노물(菜), ᄉᆞᄉᆞ로이>소소허게(私私)' 등을 볼 수 있기 때문이다.

"**소나새끼**가 대갖고 염벙헌다고 그랬어. 여핀네들 있는 디 와서 개빙정허고 자빠졌네 그랬어. 동네 그 어찌다 그런 사람 있잖아요. 말또 아닌 소리로 뻑뻑수같이 헌 사람. **소나새끼**가 돼각고."(**사내자식**이 되어가지고 못된 짓한다고 그랬어. 여자들 있는 데 와서 별짓을 하고 자빠졌네 그랬어. 동네에 그 어쩌다 그런 사람 있잖아요. 말도 안되는 소리로 벅벅 우기는 사람. **사내자식**이 되어가지고.)(여수시)

⑪ 수두배기(어리숙한 사람)

'순진하고 어수룩한 사람'을 전라도에서는 '수두배기'라고 한다. '수두배기'는 어떻게 변해 온 말일까?

'수두배기'는 같은 뜻을 지닌 말, 표준어의 '숫보기'와 의미가 일치한다. '숫+보기'가 '수두배기'가 되려면 마치 맛보기>맛뵈기>맛배기가 되듯이 '-보기>-배기'로 변한 모습이고, 여기에 조음소 '으'가 첨가된 모습이다 (숫+으+배기).

'숫'은 '숫총각', '숫처녀'에서 보듯이 '순진하거나', '어리숙하다'는 의미이다.

이러한 '수두배기'와는 정반대의 경우 쉽게 설득하거나 마음이 바뀌지 않는 경우, 쓸데없는 고집을 피우면 '어긋발이 세다(광양)'고 하고 터무니없이 생고집(쎙고집)을 피우는 사람을 전라도에서는 '막캥이(전역)', '뻑뻑수(신안)'라는 말을 사용하였다.

▎ 현장 구술 담화

"**수두배기**는 멋이든지 넘에게 막 퍼주는 사람을 말헌디, **수두배기**겉은 놈. **수두배기** 새끼라 그러제."(**숫보기**는 무엇이든지 남에게 막 퍼주는 사람을 말하는데, **숫보기**같은 녀석. **숫보기** 새끼라 그러지.)(담양군)

⑫ 어:둥이〔바보같은 아이〕

　'하는 짓이 나약하고 어리석은 아이'를 담양, 해남에서는 '어둥이'라고 한다. '어둥이'는 어떤 의미를 가진 말이었을까?

　어린아이의 응석을 받아 주며 떠받들다는 말을 표준어로 '어하다'라고 하는데, 신안 등지에서 '어야어야허다'라고 하고 담양, 나주에서는 '오허다', '오냐오냐허다'라고 한다.

　"넘다 애를 <u>오허니</u>(응석받이로) 키워서 버르쟁이가 없구만."

　그래서 '어둥이'는 응석을 받아 주면서 '어야어야하게' 키워서 그렇게 된 아이를 말하지 않을까 생각한다.

　이와는 반대로 남에게 천대를 받는 사람을 표준어로 '천더기', '천덕꾸러기'라고 하는데 전라도에서는 '천드기(장성)', '천댕이(광양)' 등의 말이 있다.

현장 구술 담화

　"<u>어둥이</u> 바라 글제. <u>어둥이</u>, 애는 허던 것도 못허고 그러면 꼭 <u>어둥이</u>같다 그러잖아. 아이 저놈 새끼가 꼭 <u>어둥이</u>같네 그라제 머." (**어둥이** 봐라 그러지. **어둥이**, 이 애는 하던 것도 못하고 그러면 꼭 **어둥이** 같다 그러잖아. 아이 저놈 자식이 꼭 **어둥이**같네 그러지 뭐.)(무안군)

⑬ 할딱새[대머리]

　머리가 많이 빠져서 벗겨진 머리를 한 사람을 '대머리', '맨머리'라고 하는데, 전라도에서는 '할딱새', '할딱보', '할딱배기'라고 한다.
　이들 말은 어떤 뜻을 담고 있는 말일까?

　'대머리'를 표준어로 '맨머리', '독두(禿 벌거벗을 독, 頭 머리 두)'라고도 하는데. '맨머리'는 17세기에 '믠머리'(禿子 독자, 역어유해)가 변한 말로 보인다. 이로 보아 울릉도 옆 '독도'는 '외로운 섬, 독도(獨島)'가 아니라 '식물이 없이 벌거벗은 섬, 독도(禿島)'일 가능성이 있다. 어쩌면 독수리도 머리에 털이 없는 '독(禿)+수리(새)'로 이루어진 말일 수도 있다.

　표준어 '대머리'의 옛말로 17세기 '고뒤머리(禿頭)'도 보이는데 '고뒤머리'에서 첫음절 '고-'가 탈락한 형태가 아닐까 추정된다. '대머리'는 19세기 문헌에서부터 나타난다.

　전라도에서 '대머리'는 대체로 '할딱새(장성)', '할딱보(담양,고흥)', '할딱베기(담양)', '민들바우(담양)', '민들바구(광양)' 등으로 부르는데 보통 비칭으로 부르는 말이다.

　'할딱새'의 '할딱'와 관련된 말로 '남김없이 벗겨진 모양'을 표준어로 '홀딱', '활딱'이라고 하는데 전라도에서는 대체로 '할딱'이라고 한다. 그래서 덮어놓은 덮개가 '할딱 빗게졌다', 옷을 '할딱 벗어 부렀다'고 표현한다.

그래서 '할딱보', '할딱배기'도 사람을 나타내는 '-보', '-배기'가 붙어서 생겨난 말이다. 이처럼 '머리가 홀딱 벗겨진 사람'을 말하는 것이다.

그리고 '할딱새'의 '-새'도 '사람'을 말하는데 '깔망새(꼴 베는 아이)', '촉새(말을 쉽게 일러바치는 사람)', '빤득새(말썽을 피우는 아이)' 등에서 쉽게 찾아볼 수 있다.

결국 '할딱새'는 '머리가 활딱 벗겨진 사람', 즉 '대머리'를 일컫는 말인 것이다.

현장 구술 담화

"장난으로 할딱 벗어졌다고 **할딱새**, **할딱새** 그랬제. 아이 **할딱새**야, **할딱새**야 머더로 가냐, 그랬어. 친구찌리 이마박 벗어진 사람을 **할딱새**라 그랬제."(장난으로 홀딱 벗어졌다고 **할딱새**, **할딱새** 그랬지. 아이 **할딱새**야, **할딱새**야 무엇하러 가니, 그랬어. 친구끼리 이마가 벗어진 사람을 **할딱새**라 그랬지.)(장성군)

⑭ 재끼꾼[노름꾼]

잡스러운 여러 가지 '노름을 좋아하거나 잘하는 사람'을 전라도에서는 '재끼꾼'이라고 한다.

'재끼꾼'의 원래 의미를 살펴보자.

표준어에서 '잡기꾼'이라는 말이 있다. '잡스러운 여러 가지 노름을 좋아하거나 잘하는 사람'으로 풀이되어 있다. '노름꾼', '도박꾼'과 같은 말이다.

그래서 '재끼꾼'은 '잡기꾼>잽기꾼>재끼꾼'으로 바뀌어 간 모습이다. 즉 '잡기+꾼'인데, 사실 '잡기(雜 섞일 잡, 技 재주 기)'는 원래 '잡다한 놀이의 기술이나 재주'라는 말이다.

그런데 이 잡다한 놀이의 기술이 차츰 좋은 기술이 아닌 '외기(外技)'라 하여 아예 '잡스러운 노름'으로 뜻이 전락하고 만 것이다.

이와같은 '잡기->재끼-'의 변화 모습은 '잡기장(雜記帳: 여러 가지 자질구레한 것을 기록하는 공책)'이 '재끼장'으로 변한 것과 같다.

아무튼 이 '잡(雜)-'이 들어간 전라도 말 '잡놈(못된 녀석)', '작껏(잡것-못된 물건, 사람)', '잡사리(종기 속의 근)', '잡종(雜種 동물의 혼혈)' 등 그렇게 좋은 말이 없다.

사실 여러 가지에 능한 사람치고 하나를 제대로 잘하는 사람이 드물다는 말이 있다. 그러나 외골수로 하나만을 잘하는 사람이 또 꼭 좋다고만은 할 수도 없는 노릇이다. 어디서고 중용의 도가 최고이지 않을까?

현장 구술 담화

*"**재끼꾼**이라 그랬어요. 제끼판이 저집에서 열렜다. **재끼꾼**들이 많애. **재끼꾼**은 부자가 없제. 여그 남자들은 일은 벨로 안하고 쟁기질같은 것이나 하면, 팽야 하로 놀이 잘하고 앙저서 재끼나 하고 하루 밤에 밭이 왔다 갔다. 장산면 여그 살림을 합해 부러, 하로 쳐각고 잃으면 밧이고 논이고 멫 마지기썩 날아나고, 재끼, 재끼한다 그라제."*(**재끼꾼**이라고 했어요. 노름판이 저 집에서 열렸다. **노름꾼**들이 많아. **노름꾼**은 부자가 없지. 여기 남자들은 일을 별로 하지 않고 쟁기질 같은 것이나 하고 나면, 흔히 화투 놀이 잘하고 앉아서 화투나 하고 하룻밤에 밭이 왔다 갔다. 장산면 여기는 살림을 합해 버려, 화투 쳐서 잃으면 밭이고 논이고 몇 마지기씩 날아가고, 노름, 노름한다고 하지.)(신안군)

⑮ 골미손꾸락〔검지〕

표준어로 '검지손가락'을 전라도에서는 '갈치기손꾸락', '송굿손꾸락', '골미손꾸락' 등으로 부른다.

'골미손꾸락'은 어떻게 붙여진 이름일까?

먼저 엄지 다음의 2번째 손가락을 가리키는 '갈치기손꾸락(담양,광산, 나주)'은 어떤 대상을 '가르키다'는 뜻으로 붙여진 이름이다. 전라도에서 는 '가르치다(教)'와 '가르키다(指)'를 특별히 구분하지 않고 '갈치다', '갤치다'라고 말하는 경향이 있기 때문에 '가르키는 손가락'을 그냥 '갈치기손꾸락'이라고 한 것이다. 물론 '갈치는손꾸락', '갈친손꾸락' 등으로 부르기도 한다.

'송굿손꾸락(영암)'은 손가락이 '송곳'처럼 '뾰쪽하게' 느껴졌다는 의미일 것이다. 전라도 말 '송곳>송굿'으로의 ㅗ>ㅜ 변화는 '노고지리(종달새)>노구지리'의 모습과 같다.

'골미손꾸락'은 바느질을 하기 위해 이 손가락에 '골미(표준어: 골무)' 를 끼운다는 의미를 담고 있다. 골무를 끼우는 손가락이 바로 '검지손가락'이기 때문에 붙여진 이름이다.

그 밖에도 검지를 일러 '두:차손꾸락(둘째손가락-강진,신안)', '제끄락손꾸락(젓가락 잡는 손가락-진도)', '지께손꾸락(집게손가락-무안,신안,진도,완도,신안)'으로도 부른다.

그리고 '엄지손가락'을 '에미손꾸락(고흥)', '옹지손꾸락(장흥)', '잉끼손꾸락(곡성,화순)', '엉기손꾸락(신안,해남)'이라고 하기도 하고, 또 '가운데손가락'을 '간:데손꾸락(나주,신안,진도,완도,보성,고흥,광양)', '뺌재기(손꾸락)(광주,곡성)', '장(長)가락(고흥)'으로 불렀다.

특히 4번째 '약손가락(무명지)'은 이름이 많았는데, '이름없는손꾸락(영광,광산,신안)', '무멩주가락(해남)', '무멩지(광양,고흥)', '임제없는손구락(화순)', '께끼안손꼬락(함평)', '넷차손꾸락(광양)', '닛차손꾸락(강진)', '논다니손꾸락(곡성,여수)'이라고도 하였다. '무멩지'는 한자어 '無名指'이다(무명지>무멩지).

5번째 '새끼손가락'은 '귀오부제기손가락(화순)', '께끼손꾸락(함평,목포,담양,구례)', '껭끼손꾸락(영광,나주,구례,광주)', '앵끼손꾸락(여수,광양)', '셍끼손꾸락(장성)' 등으로 불렀다.

현장 구술 담화

"골미를 쪄, 긍께 요건 **골미손구락**, 요건 엄지손구락인가 모르겄소. 요건 **골미손구락**, 몰라 몰라 인자. 인자 요건만 잘 알제, 골미 찐께 **골미손구락**." (골무를 끼어, 그러니까 이건 **검지손가락**, 이건 엄지손가락인가 모르겠소. 이건 **골미손구락**, 몰라 이제. 이제 이것만 잘 알지, 골무를 끼니까 **검지손가락**.)(장성군)

⑯ 도구통니(어금니)

이(齒) 중에서 맨 앞에 위쪽 넓적한 두 개를 전라도에서는 '댓문니'라고 하고, 뾰쪽한 이를 '송곳니', 그리고 어금니를 '아금니', '도구통니'라고 한다. '도구통니'는 어떤 의미를 가진 말일까?

짐작할 수 있듯이 '도구통니'는 표준어의 '절구통'을 읽퀀는 전라도의 '도구통'에 비유한 이름이다. '도구통(절구통)'처럼 생긴 이빨이라는 뜻이다. 이빨이 '넓적하고 안쪽이 약간 파인 모습'을 '도구통'에 빗댄 것이다.

곡식을 넣어 찧는 절구를 전라도에서 '도구통'이라고 하는데, '도구통'의 원래 의미는 '도구(搗 찧을 도, 臼 절구 구)+통'이다.

현장 구술 담화

"아금니라 글기도 하고 <u>**도구통니**</u>라 글기도 하고. 댓문니, 송곳니, <u>**도구통니**</u>하고, <u>**도구통니**</u>는 납작허니 그렇게 <u>**도구통니**</u>라 그라제."(아금니라 그러기도 하고 <u>**도구통니**</u>라고 하기도 하고. 댓문니, 송곳니, **어금니**하고, **어금니**는 납작하게 생겼으니까 <u>**도구통니**</u>라 그러지.)(고흥군)

⑰ 빈두풍(옆머리 통증)

얼굴의 양옆 귀쪽으로 푹 들어간 부분을 화순 등지에서는 '빈두머리'라고 한다. 그리고 여기가 아프면 '빈두풍'이라고 하는데 이 말은 어떻게 생겨난 말일까?

'빈두머리'는 '변두머리'에서 온 말이다(변두머리>벤두머리>빈두머리). 표준어의 '변두'를 찾아보면 '편두통을 앓는 한쪽머리'라고만 나와 있을 뿐, '머리의 옆 부분'의 의미는 없다. 그래서 표준어의 '변두'는 '편두통'과 관련된 때만 사용되는 표현이다.

그러나 전라도 말 '빈두머리'는 '빈두(변두)'가 원래 '변두(邊 갓 변, 頭 머리 두)'이므로 '옆머리'에 해당하고, 여기에 '머리'가 합해진 말이므로 '머리'가 두 번 더해진 동의중첩어이다. 결국 '빈두풍'은 '변두(邊頭)+풍(風 나쁜 병 풍)'로서 '옆머리 두통'을 말한다.

현장 구술 담화

"여그는 빈두머리라고 안 허요? 폭 들어간 디 빈두머리라고 해. **빈두풍**, 여그 들어간 디가 아프면, 전에 머리가 아픈디 여짝에만 아프면 어른들이 빈두머리가 아프다, **빈두풍**이라고."(여기는 빈두머리라고 하잖아요. 푹 들어간 곳 빈두머리라고 해. **편두통**, 여기 들어간 곳이 아프면, 예전에 머리가 아픈데 여기만 아프면 어른들이 옆 머리가 아프다. **편두통**이라고.)(화순군)

⑱ 머끄댕이(머리채)

'머리카락을 한데 뭉친 끝' 또는 '늘어뜨린 머리털'을 전라도에서는 '멀크덩', '멀크뎅이', '머끄댕이'라고 하고, 그냥 '머리카락'을 '멀크락', '머크락'이라고 한다.

'머끄댕이', '머크락'은 어떻게 변화한 말일까?

'머리카락'을 전라도에서는 '멀크락', '머크락'이라고 한다. '멀크락'은 '머리카락'이 축약된 말임을 쉽게 알 수 있는데, 표준어 '머리카락'은 '머리'와 '가락'이 합하여 만들어진 합성어이다.

'가락'과 관련된 말은 사자나 말의 털을 말하는 '갈기(16세기 훈몽자회)'를 볼 수 있는데 '갈기'는 머리털(毛髮)의 뜻을 지니고 있었다. 말, 사자의 등이나 머리에 난 털을 '갈기'라고 하는 데에서도 볼 수 있다.

표준어 '머리채'를 말하는 전라도의 '머끄댕이'도 '머리'에 '끄댕이'가 합하여진 '머리끄댕이'인데, '끄댕이'는 머리털이나 실 따위의 뭉친 끝을 말하는 표준어 '끄덩이'가 '끄덩이>끄댕이'로 변한 말이다.

결국 '머끄댕이'는 '머리끄덩이>멀끄뎅이>머끄댕이'처럼 변해 온 말이고 '머리털의 뭉친 끝부분' 뜻한다.

전라도에서는 '머끄댕이' 말고도 '멀크당(완도)', '멀크덩(담양)', '멀크뎅이(담양)', '멀크랭이(광양)' 등을 볼 수 있다. 물론 이들은 대체로 어린 여자아이의 머리를 말할 때 사용한다.

현장 구술 담화

"<u>머끄댕이</u>, <u>머끄댕이</u>를 왜 잡아댕기냐, <u>머끄댕이</u>를 쥐 뜯어 났다 글고. 계집애한테다 <u>머끄댕이</u>다 그래. 글고 바늘 꽂아 논 것, 바늘집이라 그래, 안에 멀크락 들고 손으로 맨들아. 아가 일끌작 가지오니라."(**머리채**, **머리채**를 왜 잡아 다니냐, **머리채**를 검뜯어(쥐어뜯어) 놓았다 그러고. 계집아이에게 **머끄댕이**라고 해. 그리고 바늘을 꽂아 놓은 것, 바늘집이라고 해, 안에 머리카락도 들어 있고 손으로 만들어. 아가 반짇고리를 가져오너라.)(곡성군)

⑲ 입서리〔입술〕

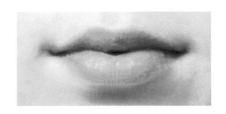

표준어의 '입술'을 전라도에서는 '입소리', '입서리', '입설', '입술' 등으로 발음한다. '입소리', '입설' 등은 원래 어떤 의미이고 어떻게 변해 온 말일까?

지도의 분포를 보면 광주의 동부 쪽에서 '입소리', '입서리' 등이 분포하고 서부 쪽으로 올수록 축약형인 '입술', '입설' 등이 자리잡고 있는 모습을 볼 수 있다.

표준어 '입술'은 15세기 '입시울(15세기~19세기)'이었다. 이것은 마치 '눈시울'과 같은 '시울'이 붙어서 이루어진 말이다.

그래서 '입술'은 '입시울(15세기)>입슐(20세기)>입술'의 과정을 거치며 변화해 온 것인데, '눈시울'은 그대로 원형을 유지하고 있는 모습이다.

여기에서 '시울'의 의미를 보면, '약간 굽거나 휜 부분의 가장자리'로 흔히 눈이나 입의 언저리를 이를 때에 쓴다고 나와 있다. 참고로 우리가 흔히 쓰는 '활의 시위'도 원래는 15세기 문헌에서 '활 시울'로 나타난다(絃시울 현). 그러나 이때의 '시울'은 '줄'이나 '새끼줄'을 의미하며 후에 '시울>시위'로 변화하였다.

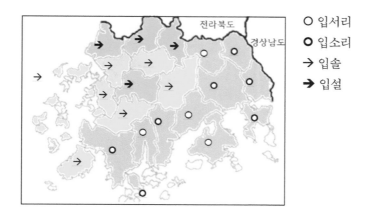

   '입소리', '입서리'는 '입시울'에 접미사 ' - 이'가 첨가되어 만들어진 말이다. '입시울+이'가 '입시우리>입시오리>입소리>입서리>입설'로의 변화를 예상해 볼 수 있다. 이러한 모습은 전라도 말 '샘>새미(샘+이)' 등 어휘에서 볼 수 있는 현상이다.

현장 구술 담화

   "돌량이 왔는가 경종이가 **입서리**가 텄드라. 돌양이 왔는가 열이나고 보대끼고 그래서 **입서리**가 텄드라. 애들이 돌양이 오면 **입서리**가 터. 우덜은 입술을 **입서리**라 그러지요."(돌림병이 왔는지 경종이가 **입술**이 텄더구나. 돌림병이 왔는지 열이나고 부대끼고 해서 **입술**이 텄더구나. 애들이 돌림병이 오면 **입술**이 터요. 우리들은 입술을 **입서리**라고 하지요.)(완도군)

⑳ 술속〔술버릇〕

'술을 마시면 나타나는 버릇'을 표준어로 '술버릇', '주벽'이라고 하는데, 전라도에서는 '술속'이라는 말이 있다.

'술속'은 어떤 의미를 가진 말일까?

'술속'은 자칫하면 그대로 '술+속'으로 보아 '술의 속(안)'이라는 뜻으로 해석을 할 수 있지만, 그렇다면 별 의미가 들어가 있지 않는 말이 된다.

'술속'은 바로 '술+소가지'가 줄어든 말로 보인다. '소가지(속+아지)'의 '-아지'는 '송아지', '싸가지(싹+아지)' 등에서 볼 수 있는 '작다'는 의미의 접미사이다. 전라도에서 '소가지'는 주로 '소가지가 없다', '소가지가 좋다'로 쓰이는데, '있다-없다'가 아닌 '좋다-없다'로 대비되는 점이 특이하다.

그래서 아예 '술소가지'라고 하면 이 말 자체로 술을 마시고 나타나는 좋지 못한 성질을 말할 때 사용한다. 이 말의 축약형이 바로 별로 좋지 않은 모습을 말할 때 사용하는 '술속'인 것이다.

같은 의미로 광양과 여수에서는 '술구세'라고 한다.

"**술구세(주벽)**가 안좋다 글고. 술묵고 악을 쓴다든지 넘들 갠히 시비를 건다든지 허면 술구세가 심허다 글고. 더럽게 **술구세(주벽)**가 안 좋드마 나이가 등께 좀 덜허드라."

'술구세'의 '구세'는 '습관(버릇)'을 뜻하는 일본어 くせ[구세]에서 온 말이다.

가끔 이렇게 '술속', '술구세'가 좋지 않은 사람이 있다. 술만 마시면 시비를 걸고 싸우려 하다가도, 술이 깨면 언제 그랬냐 싶게 착한 사람이다. 이런 사람이 오면 얼른 자리를 피해야 한다.

그런데 이렇게 '술속', '술구세'가 안 좋은 사람도 꼭 자기가 필요한 경우, 마음을 단단히 먹으면 술이 취하고도 언제 그랬냐 싶게 일상처럼 모든 것을 잘 이기고 지켜내는 모습을 볼 수 있다. 술 마신 후의 언행도 모두 마음먹기에 달려 있는 것 같다.

현장 구술 담화

"**술속**이 안 존 사람 안 있읍디요. **술속** 나쁜 사람. **술속**이 징그랍게 나쁘네." (**술버릇**이 안 좋은 사람이 안 있던가요. **술버릇** 나쁜 사람. **술버릇**이 아주 나쁘네.)(곡성군)

21 풀발(맨발로 풀을 밟음)

아무것도 신지 않은 발은 '맨발'인데, 전라도에는 '풀발'이라는 말이 있다. '풀발'은 어떤 의미일까?

우선 '풀'이 들어간 말로 '풀배'라는 말이 있다. 소나 말 따위가 '풀을 먹고 배가 불렀다'는 뜻이다. 표준어로 물만 먹어서 채운 배를 '물배'라고 하고, 소나 말 따위가 꼴을 많이 먹어 불룩해진 배를 '꼴배'라고 하는데, 전라도에서는 '꼴배'를 '풀배'라고 하는 것이다.

'풀발' 역시 '풀(草)'과 관련이 있는 말일 것으로 생각되는데, 아래 현장 구술 담화의 내용으로 보아 '맨발로 풀을 밟아 풀이 뻘 속으로 들어가 박혀 보이지 않게 하는 발, 또는 발일'을 이렇게 표현한 것이 아닐까 생각된다.

이 밖에도 전라도에서는 이러한 '풀'과 관련되어 만들어진 말이 더러 있는데, '풀해지다(파래지다)', '풀내(풀냄새)' 등의 말이 사용되고 있다.

이렇게 아름다운 말 '풀발', '풀배' 등은 국어사전에 실려야 마땅하다. 정지용 『향수』에는 '사철 발 벗은 아내'라는 말이 나오는데, '아내의 벗은 발'과 바로 전라도 말 '풀발'이 딱 어울리는 그 장면이 아닐까 싶다.

"판대기가 없응께, 통대 잘쪽헌 것 영꺼각고 뒷걸음쳐 나감서 풀이 속으로 들어가. 그래각고 못자리가 반듯해져. 남자들이 자근자근 밟아. **풀발**로 밟아각고 했제. 손이로 씬나락을 허치면 발이 시러와서 나와각고 또 들어가서 허치고. 맨발로 그것이 **풀발**이고, 땅을 무르게 갈아가지고 옛날에는 민 것이 없응께, 올라오라고 반드러니 허니라고." (널판지가 없으니까, 통대 짤막한 것 엮어서 뒷걸음쳐 나가면서 풀이 속으로 들어가. 그래서 못자리가 반듯해져. 남자들이 조금씩 밟아. **맨발**로 밟아서 했지. 손으로 볍씨를 뿌리면 발이 시려서 나와서 또 들어가서 뿌리고. 맨발로 하니까 **맨발**이고, 땅을 무르게 갈아가지고 옛날에는 미는 것이 없으니까, 올라오라고 반듯하게 하느라고.)(담양군)

제 7 장
동물과 식물

ⓞ1 개똥불(반딧불)

　'반딧불이'의 꽁무니에서 나오는 빛을 표준어로 '반딧불'이라고 하는데, 전라도에서는 이 벌레를 '개똥벌거지'라고 하고, 이 반짝이는 불을 전라도 대부분의 지역에서 '개똥불'이라고 한다.

　'개똥불'이 만들어진 과정을 보자.

　원래 우리가 실내에서 밝히는 불 '형광등'의 '형광(螢 반딧불 형, 光 빛광)'은 '반딧불이(螢)'의 꽁무니에서 나오는 빛(光)'을 말하는 빛이었다. 이보다 먼저 나온 백열전구와 구분하기 위하여 '형광'을 끌어다 붙인 것으로 보인다.

　표준어 '반딧불'은 '반디+불'인데, 이 '반'은 '반짝이는 빛(光)'에서 유래한 것이다. '반'은 '번'과 같은데 '번개'의 '번'과 같은 의미로 볼 것이다.

　이 밖에도 '반/번'과 관련되는 어휘로 '반득', '번득(빛을 세게 나타내는 모양)', '번뜻(갑자기 나타났다가 곧 없어지는 모양)', '번쩍(빛이 잠깐 나타났다 없어지는 모양)', '번연히(불처럼 환히)' 등과 전라도의 '빤닥빤닥(반짝반짝)' 등을 볼 수 있다.

'불빛'을 말하는 '반딧불'이나 '벌레'를 말하는 '반딧불이'를 전라도에서는 그냥 '개똥불', '개똥벌거지'라고 하는데, '개똥불'은 거의 전국에서 사용되는 말이다. 이 벌레가 주로 개똥에서 만들어졌다고 생각하기 때문인 것 같다.

여수에서는 '쇠똥벌레'라고 하고, 경기도, 경남에서도 '소똥불개', '쇠똥벌레' 등으로도 부르고 있는 것으로 보아 이러한 지역에서는 '소똥'에서 만들어졌다고 생각한 것으로 보인다.

그 밖에도 전라도에서는 '개똥불'을 '시거리불(완도)', '게ː불(완도)', '아렛불(신안)', '반딧(짓)불이(신안)' '가랑불, 반짓불(신안)'이라고도 한다.

강원도에서는 '개찌불'이라고 하고, 북한 평안도에서는 '개(깨)치불'이라고 하는데, '찌', '치'에서 '똥'과의 연관성을 엿볼 수 있다.

현장 구술 담화

"**개똥불**, 전에 개똥벌레 낙시질 미감으로 써요. 돌을 떠들면 뻔데기같이 돌을 싸가지고 개똥벌레가 그 속에가 들어 있어요. 째깐 1센치 정도 애벌레를 낙시바늘에 딱 끼기 좋아요. 피리를 잡아요. 그때는 **개똥불**이 걸어댕이먼 양쪽으로 불이 쏫아오르고, 책도 읽을 정도였어요. 지금은 가끔 보이기는 보애." (**반딧불**, 예전에 개똥벌레를 낙시질 미끼로 써요. 돌을 떠들면 번데기처럼 돌을 싸서 개똥벌레가 그 속에 들어 있어요. 작게 1센티 정도 애벌레를 낙시바늘에 딱 끼우기 좋아요. 피라미를 잡아요. 그때는 **반딧불**이 걸어다니면 길 양쪽으로 불이 솟아오르고, 책도 읽을 정도였어요. 지금은 가끔 보이기는 보여.)(구례군)

02 삐갱이(병아리)

'병아리'를 전라도에서는 대부분 '뼁아리'라고 하고 동부 일부에서는 '삐가리', '삐갱이'라고 한다.

'삐가리', '삐갱이'는 어떻게 생겨난 말일까?

'병아리'의 가장 오랜 말은 15세기 '비육(훈민정음)'으로 나타난다. 18세기에 와서야 '병아리'가 보이는데 '비육아리>병아리'의 변화인지는 확실하지 않다. 다만 '뼁아리'는 '병아리>벵아리>뼁아리>뼁아리'로 음운 변화를 겪었을 것을 짐작할 수 있다.

'삐가리', '삐갱이'는 경남과 인접하는 구례, 광양, 여수에서 보인다. 이 말은 경남에서도 사용하고 있는 말이다. 알기 쉽게 분포도를 보이면 다음과 같다.

전남 서부	전남동부	경남 서부	경남동부
뼁아리	삐가리 삐갱이	삐가리 삘갱이	삘갱이

이 '삐가리'의 접미사 '-가리'는 '-아리(뼁아리)'가 '-갱이(삘갱이)'의 영향을 받은 변이형으로 보인다. 원래 '-아리'는 '종아리', '또아리(똬리)'

에서 볼 수 있는 '작다'는 뜻을 가진 접미사이다.

또 이와 같이 '삥아리-삐가리'가 서로 인접하고 있듯이(전남-경남), '똬리'를 말하는 '똥아리-또가리'(전북-전남)가 서로 인접하여 분포하고 있는 점은 매우 흥미롭다. ㅇ-ㄱ이 음운교체를 겪은 것으로 보이기 때문이다.

'삐갱이' 역시 전남 동부에서 쓰는 말인데 경상도 말 '삘갱이'의 '-갱이'의 영향인 것을 알 수 있다.

그리고 같은 지역에서 사용하는 '삐갱이'는 '삐갱이눈물'이라는 말로 활용되어 '아주 작은 것'을 비유할 때 사용되기도 한다. 병아리가 작은데 이 병아리의 눈물이니 얼마나 작겠느냐는 말이다.

참고로 '병아리'를 함경도에서는 '베우리', '베아리'라고 하고, 평안도에서는 '비아리', '빙아리', '벵아리'라 하고, 제주에서는 '비애기', '빙애기', '닭새끼' 등으로 부른다.

현장 구술 담화

"애기들이 거짓말로 째끔 흘리는 눈물을 **삐갱이**눈물 허친다 그래. 보통 삐가리라 그런디 **삐갱이**라고도 해. **삐갱이눈물** 흘린다 그러기도 하고. 울면 크게 울제 **삐갱이눈물**을 흘리냐."(아이들이 속임수로 조금 흘리는 눈물을 **삐갱이**눈물 흘린다 그래. 보통 (병아리를)삐가리라고 하는데, **삐갱이**라고도 해. **삐갱이**눈물을 흘린다 그러기도 하고. 울면 크게 울지 **삐갱이**눈물을 흘리냐고 해.)(광양시)

03 구란(썩은 달걀)

    닭이 낳은 알이 보관을 잘못하거나, 너무 오랜 시간이 지나거나, 어미닭 품에서 부화를 하지 못하고 곯아 버린 상태의 달걀을 전라도에서는 '구란'이라고 말한다.

    '구란'은 어떻게 만들어진 말일까?

    '구란'은 '썩은 계란', '곯아 버린 계란'이라는 말인데 '구린(똥 방귀 냄새가 나는)+알'로 '구린알>굴안' 정도로 볼 수 있을 것 같다. 즉 '곯은 계란'이라는 의미이다.

    표준국어대사전에는 '구린내'와 '고린내'가 둘 다 실려 있는데, '구린내'는 '똥이나 방귀 냄새와 같이 고약한 냄새', '고린내'는 '썩은 풀이나 썩은 달걀 따위에서 나는 냄새와 같이 고약한 냄새'로 설명되어 있다. 아마 이 두 어휘는 어느 정도 '곯다(달걀 따위의 속이 물크러져 상하여 썩다)'와 관련이 있을 것으로 보인다.

    이와 비슷한 예로는 실제 전라도에서는 이 '구란'이 깨지면 나는 고약한 냄새를 '곤내'라고 하고, 방귀를 뀔 때 나는 냄새를 '꾼내(표준어: 군내)', '꼬랑내'라고 하여 이러한 ㅗ-ㅜ(고린-구린, 곤-군) 변화를 짐작해 볼 수 있다.

결국 '구란(굴+은+란)'은 '곯은 알'이라는 의미로 '썩은 달걀'과 관련되는 말이라 보아도 좋을 것 같다.

대학 시절 서둘러 아침 등교하면서 날계란을 깨고는 보지도 않고 급하게 입안에 털어 넣는 순간 냄새가 이상하여 이를 뱉어내던 기억이 있다. '구란'인 줄을 모르고 삼킬 뻔했던 것이다.

현장 구술 담화

"둥지리에 알 낳고 품어 알을 못 까먼 **구란**이고, 그거이 곤 거이제 머, **구란**은 곤내가 나제 곤내가. 꾸룽내같은 곤내가 나. 계란 깨지면 곤내제 머. 김치가 썩으면 군둥내고."(둥우리에 알을 낳고 품어서 알을 못 깨면 **곯은 달걀**이고, 그것이 곯은 것이지 뭐, **곯은 달걀**은 썩은 냄새가 나지, 곯은 냄새가. 구린내같은 썩은 냄새가 나. 계란이 깨지면 구린내지 뭐. 김치가 썩으면 군둥냄새고.)(순천시)

04 도매좃(도마뱀)

'도마뱀'을 전라도에서는 '도매뱀', '동아배암', '동에배암', '도매좃' 등으로 부른다.

'도매좃'은 어떤 생각을 가진 말이었을까?

먼저 표준어 '도마뱀'은 '도마+뱀'의 합성어인데, '도마'는 '토막'의 옛말 '도막'이 '도막>도마'로 ㄱ이 탈락한 형태라 볼 수 있을 것 같다(도막뱀>도마뱀).

이 '도막'은 나중에 거센소리화 한 '토막'으로 변하는데 이것은 '갈(刀)'이 '칼'로 변한 것과 같은 경우라 할 것이다. 그래서 '도마뱀', '도마(음식 써는 판)' 등은 '도막'이 '토막'으로 변하기 이전에 생겨난 말이라고 할 수 있다.

그래서 이처럼 '도막뱀>도마뱀'의 모습은 '음식물을 토막 내는 판'을 말하는 '도막>도마'와 같은 내용을 담고 있을 것으로 본다.

이것은 아직도 음식을 써는 '도마'를 ㄱ이 탈락하기 이전의 형태인 '도막(강원,경기)', '칼도막(충남,충북,황해)' '토막(황해)', '칼토막(충남,평남,평북,황해)' 등을 사용하는 지역이 많은 것을 보고 짐작할 수 있다.

그래서 '도마뱀'은 '도막+뱀'이라고 보는 것이 맞을 것 같다. 실제 '도마뱀'을 잡으면 너무나 쉽게 꼬리를 '도막' 내고 풀숲으로 도망가는 속성을 그대로 이름 붙인 것으로 보인다.

그리고 '도매촛'은 '도매'와 '촛'의 합성어인데 '도매'는 '도막>도마>도매'이고, '촛'은 '뾰쪽 나온 것'이라는 의미를 가진 말이다. 전라도에서는 목구멍의 안쪽 뒤 끝에 위에서부터 아래로 내민 살을 전라도에서는 '목촛(표준어: 목젖)'이라고 하고, '맷돌의 숫쇠'를 '맷독촛', '맷촛'이라고 하는 것을 보아서도 '도매촛'은 도마뱀이 꼬리 부분이 '뾰쪽한 모습'을 본따서 이렇게 이름 지은 것이라 본다.

그 밖에도 도마뱀을 주로 전남 서부에서는 '동아배암(담양)', '동우베암(신안)', '동아비암(화순)', '동에배암(영광,담양,곡성,보성,화순,장흥)' 등으로 부른다.

현장 구술 담화

"도매뱀이라고 허기도 허고, **도매촛**이라고 허기도 허고. **도매촛**이 많애. **도매촛**이라 근당께."(도마뱀이라고 하기도 하고, **도매촛**이라고 하기도 하고. **도매촛**을 많이 사용하지. **도매촛**이라 한다니까.)(순천시)

05 두지기돛〔두더지 덫〕

쥐와 비슷하게 생겼는데 땅속에 굴을 파고 살며 지렁이, 곤충의 애벌레 따위를 잡아먹는 짐승을 표준어로 '두더지'라고 하는데, 이러한 두더지를 잡는 덫을 전라도에서는 '두지기돛'이라고 한다.

'두지기돛'은 원래 어떤 의미를 가진 말이었을까?

'두더지'를 전라도에서는 대체로 '두지기', '뒤지기'라고 한다.

우선 표준어 '두더지'와 관련된 옛말을 찾아보면 한글 창제 이전의 1433년 향약집성방에 한자 표기로 '豆地鼠〔두디서〕'가 실려 있는데 '豆地〔콩두, 땅 디〕'는 〔두다다=뒤지다〕의 소리를 차용하고, '鼠〔쥐 서〕'는 뜻을 빌려 쓴 것이라 보인다. 이후 한글로 표기된 '두디쥐(16세기)'를 볼 수 있다.

'뒤지다'의 옛말이 '두디다(16세기)'였으니 '두디쥐'는 '두디+쥐'로 '땅을 뒤지는(두디는) 쥐'임을 알 수 있으며, '두디다'가 '두디다>두지다>뒤지다'로 변화하기 이전의 모습임을 짐작할 수 있다. 그런데 전라도에서는 아직도 '두지다'를 사용하는 지역이 더러 있다(담양,무안).

그래서 전라도의 '두지기'는 어간 '두지-'에 접사 '-기'가 결합된 모습으로, '땅을 두지는(뒤지는) 동물'이라고 말할 수 있을 것이다.

'두지기돛'은 바로 이 '두지기'에 '돛(덫)'이 더한 합성어이다. '두더지의 덫'이다. 두더쥐는 쥐보다는 더 힘이 세어서 '두지기돛'도 스프링이 센 것으로 만들어져 있다고 보면 된다.

그 밖에도 전라도에서는 두더지를 '두데기(광양)', '두저기(보성)', '두제기(화순,여수)', '디지기(광양)' 등으로 부른다.

'두더지'는 주로 밭에서 많이 산다. 주로 새벽이나 아침 일찍 땅을 뒤지면서 앞으로 나아가는데 조금 과장하면 꼬마 아이의 걸음 속도 정도로 빠르다. 파 나가는 길목을 지켜보다가 땅을 파면 두더지를 잡을 수 있는데, '두지기돛'도 이러한 지점에 먹이를 넣어 설치하여 잡는다.

예전에 집에서 기르던 진돗개가 두더지를 잡아 왔는데 신기해서 가보니 마치 삽으로 땅을 판 듯이 앞발로 깊게 파헤쳐서 두더지를 잡은 것을 알고 놀란 적이 있다.

▨ 현장 구술 담화

"이건 **두지기돛**이여 요런 것은, 두지기 잡는 데 쓰는 것. **두지기돛**, 잡는 방법이 있어. 예, 많이 잡어요. 요래 각고는 두지기가 땅을 파고 들어가다가, 쭉 파고 들어가다가 땅을 속에서 마무리 지은 디가 있단 말이요, 거그다 폭 파고 멜치 걸은 것을 같이 묻어. 그러면 여그를 건드르기만 허면 잡아부러. 두지기돛"(이것 **두더지 덫**이여 이런 것은, 두더지 잡는 데 쓰는 것. **두더지 덫**, 잡는 방법이 있어. 예, 많이 잡아요. 이렇게 해서 두더지가 땅을 파고 들어가다가, 쭉 파고 들어가다가 땅 속 마무리 지은 데가 있단 말이요. 거기다 푹 파고 멸치 같은 것을 함께 묻어. 그러면 여기를 건들기만 하면 잡아버려. **두더지 덫**.)(담양군)

06 돼아지굴(돼지우리)

  돼지를 가두어 기르는 우리를 표준어로는 '돼지우리', '돈사', '양돈사 (養豚舍)라고 부르는데 전라도의 일부 지역에서는 '돼아지굴', '뒤아지 굴'이라고 한다.

  '돼아지굴', 뒤아지굴'은 어떻게 생겨난 말이고, 그 변화는 어떠한가?

  표준어 '돼지'이 옛말은 '돝(15세기)'이었고, '되아지'는 19세기가 되 어서야 나타났다. 이후 '되아지>돼지'로 축약된 모습이 보인다.

  그래서 '되아지', '돼지'는 기원적으로 '돝(돼지)'에 '의(관형격 조사)', '-아지(새끼)'가 결합한 '*도틔아지(돝+의+아지)>돼아지>돼지'로 변 화한 것으로 보는 견해가 우세하다. 참고로 '돌고래'도 '돼지같이 생겼다' 하여 '돝고래'에서 유래되었다고 한다.(돝고래>돌고래)

  '돝의아지'에서 '-아지'는 '작다'는 의미이니 사실 '돼지(돝의아지)'는 원래 '새끼 돼지'라는 의미였다. 그러나 지금은 새끼와 어미를 구분하지 않고 '돼지'의 일반동사로 쓰는 말이 되었다. 그래서 '소-송아지', '말-망 아지', '개-강아지' 등이 '어미-새끼'의 짝을 이루고 있는데, '돝-돼지(돼 아지)'는 '어미-어미'의 짝이어서 흥미롭다. 새끼는 '돼지 새끼'로만 말해 야 한다.

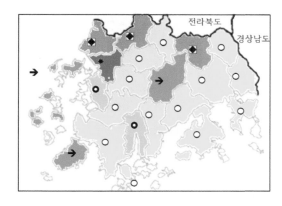

전라도에서는 아직도 '돼지'를 고어형태인 '돝'이라 하는 지역이 있다.

"<u>**돝새끼(돼지)**</u>라고 그래. **돝새끼**, 소는 부사리라고 그래."(무안군)

지도에서 보듯 전남 북부 몇 개의 군에서 '돼아지굴'이라고 말하는 것을 볼 수 있다. 참고로 전라북도에서는 영광, 장성과 인접한 고창군에서 '뒤아지굴'이라고 하고 대부분 '돼지막'이 우세하다.

결국 '돼아지굴'은 '돼아지+굴'인데, 돼지를 기르는 곳을 '굴'이라고 표현한 점이 재미있다. '돼아지마구'도 원래는 '돼지'에 '마구(馬廏, 마굿간)'이 합해진 말인데 '마구'는 말을 기르는 곳이다. 이것이 '소마구', '뒤아지마구' 등으로 의미가 확장되어 쓰이는 것이다.

▐ 현장 구술 담화

"<u>**돼아지굴**</u>도 있고, **돼아지굴**이라 그래. 옛날에는 **돼아지굴**이라 그랬제. 밥그럭. 돼지 밥그럭. 돼아지 밥 조라. **돼아지굴**이 뿌서진다 그래."(**돼지막**도 있고, **돼아지굴**이라 그래. 옛날에는 **돼아지굴**이라 그랬지. 밥그릇, 돼지 밥그릇. 돼지 밥 줘라. **돼지막**이 부서진다고 해.)(영광군)

07 때까우[거위]

아주 '커다란 오리'처럼 생긴 표준어 '거위'를 전라도에서는 '때까우', '때꺼우', '때께우', '대까우' 등으로 부른다.

이들은 어떻게 생겨난 말일까?

'거위'는 오릿과의 새인데, '당거위(唐 당나라 당, 雁 기러기 안)'라고도 부르는 가금류이다. '당거위'는 당나라 거위라는 뜻이다. '기러기'를 식육용(食肉用)으로 개량한 변종이라고 한다. 목이 길고 헤엄도 잘 치며 밤눈이 밝고 외부인이 오면 위협적으로 대들기도 해서 개(犬) 대신으로 집을 지키는 동물로 기르기도 한다.

거위의 옛말은 '거유(16세기)'였는데 대체로 크게 우는 소리를 따서 지은 이름으로 보는 견해가 우세하다. 그리고 전라도 말 '때까우', '때께우'는 대체로 '떽떽거린다'고 해서 붙인 이름이라고 보는 듯하다.

그러나 '때까우', '대까우', '때께우'는 유난히 몸짓이 '크다'는 의미의 '대(大)+거위'에서 온 말이 아닐까 하는 생각이다. 흔히 비슷한 가금류인 오리나 닭에 비해서 아주 크기 때문에 그대로 이름에 담았을 것으로 보인다. 이런 방식으로 표준어에서 병 중에서 큰 병을 '대두병(大斗甁)'이라고 하는 말이 있으며, 전라도에서는 매미 중에서 큰 매미를 '대매미(大+매미)'라는 말이 있다.

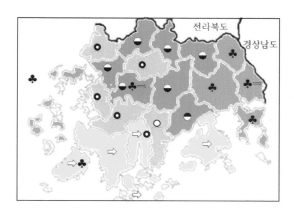

◓	때까우
◒	대까우
◉	때꺼우
○	대꺼우
♣	때깨우
⇨	게우(겨우, 계우)

그래서 '대거위>대게우>때께우(때꺼우, 때까우)'로 볼 수 있을 듯하다. 표준어규정(3장, 거위만 표준어로 삼고, 댓거위는 버린다.)에도 등장하는 '댓거위'를 보면 '대+거위'임을 알 수 있는데 이것도 '큰거위'라는 뜻으로 보인다. 전라도에도 '게우', '겨우'가 여럿 보인다.

그리고 전국적으로 두루 쓰이는 '게사니', '거시', '게우' 등을 보면 거위의 가장 이전형이 원래 '거싀', '거슈'가 아니었나 생각된다. 즉 '거싀>거시', 또는 '거슈>거유>게우' 등을 추측해 볼 수 있을 것 같다. 그리고 전라도의 지역에 따라 이를 '때까오리'라고도 하는데, 이는 '오리'에 유추된 말일 것이다.

현장 구술 담화

"거위를 **대까우**라 해. 저 놈의 **대까우** 새끼는 애기를 물어뜯어야. **대까우** 새끼가 느자구 없어 못쓰겄다, 잡아묵어야겄다. 저놈의 **대까우** 새끼 잡아묵자."(거위를 **대까우**라 그래. 저 놈의 **거위**는 남의 집 아이를 물어뜯는다. **거위**가 느자구가 없어 못쓰겠다, 잡아먹어야겠다. 저놈의 **거위** 잡아먹자.) (장흥군)

08 때때시(방아깨비 수컷)

'방아깨비'를 전라도에서는 '땅깨비', '연치' 등으로 부른다. 그리고 방아깨비의 '작은 수컷'을 '때까땅깨비', '때때시', '쇠땅깨비', '땅깨비', '쌕쌔기' 등으로 부른다.

이들은 어떻게 만들어진 말일까?

먼저 표준어 '방아깨비'는 10여 센티가 넘게 크고, 두 다리를 잡고 있으면 사람의 손을 벗어나려고 위아래로 움직이는데, 이 모양이 마치 '방아를 찧는 듯'하다고 생각해서 붙인 이름이라고 한다.

이 방아깨비를 전라도에서는 주로 서부에서 '땅깨비', '올개땅깨비', 동부에서 '연치'라고 한다.

그런데 모양이 방아깨비와 똑같이 생기고 크기는 1/3~1/4 정도 밖에 되지 않은 작은 것이 '방아깨비의 수컷'인데 이 수컷의 이름은 지역별로 다양하다. 일부 군 단위에서는 암컷 방아깨비 이름과 같은 '땅깨비'라고 하기도 하고 또 '쇠땅깨비', '소땅개비'로 부르는 것을 알 수 있다.

이들 '쇠-', '소-' 등의 접두사가 붙은 이유는 작은 '땅깨비'가 가을하늘 논밭을 날 때 워낙 소리를 크게 내고 다니니까, 좀 더 강한 이름을 붙이고 싶은 언중의 심리가 작용한 것이 아닌가 싶다.

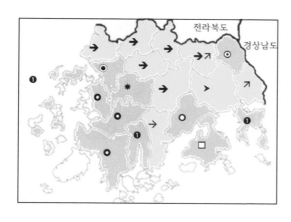

→ 때때시	→ 때따시
↗ 때때기	↘ 뙤뙤
◐ 쇠땅깨비	
◯ 소땅깨비	
◉ 수땅깨비	
✳ 땍땅깨비	
❶ 땅깨비	
◉ 뿔땅깨비	
☐ 쌕쌔기	

'쇠-', '소-'는 '쇠나기>소나기'(아주 세찬 비)에서 볼 수 있듯이 '아주 심하다', '아주 세차다'는 뜻이 있는 말이기 때문이다.

그런데 지도에서처럼 이 작은 수컷 방아깨비를 많은 지역에서는 '때때시'라고 하는 것을 볼 수 있다. 역시 이 수컷이 날아가는 소리가 유난히 큰 '때때때', '따따따' 하는 소리를 본떠서 만들어진 의성어에 해당하는 이름이라고 보면 될 것이다.

이 작은 수컷 방아깨비는 대체로 큰 방아깨비의 위에서 붙어 있다. 어린 아이가 침을 많이 흘리면 할머니는 방아깨비와 때때시를 구워주었다. 단백질이 풍부하고 기타 영양소가 풍부하기 때문이리라.

현장 구술 담화

"그것은 땅깨비고, 요만한 큰 것은 올개땅깨비 막, 째깐한 것은 **때때시**. 올개땅배비 막, **때때시**, 목굴레. 목굴레는 메뚜기 같이 생겼어도 커라. **때때시**는 작아."(그것은 방아깨비고, 말하자면 이만큼한 것은 방아깨비, 작은 것은 **때때시**. 방아깨비 막, **때때시**, 목굴레, 목굴레는 메뚜기같이 생겼어도 커요. **수컷 방아깨비**는 작아.)(나주시)

09 쌀가지[삵쾡이]

표준어 '살쾡이', '삵'은 흡사 '고양이'를 닮았는데 고양이보다 몇 배나 큰 야생 고양이이다. 이를 전남의 서부에서는 '쌀가지'라고 하고, 동부에서는 '썰가지'라고 한다.

'쌀가지'는 어떻게 변해 온 말일까?

'살쾡이'는 고양이과의 포유류로서 지금은 시골에서도 잘 보이지 않는데, 예전에는 산골에서 쉽게 볼 수 있었던 맹수다. 농가에 내려와 주로 닭이나 토끼 등을 물어가는데, 사람에게 위협적인 존재는 아니었다고 한다.

표준어 '살쾡이'는 '삵'이라고도 하는데, 15세기 '숡(두시언해)'으로 등장하여 19세기 '삵'으로 변한다.

'삵쾡이'는 '삵+쾡이'로 이루어진 말이다. 표준어 '쾡이'는 '고양이'의 준말이다(고양이>고얭이>쾡이). 아마 '삵'이 마치 '고양이'처럼 생겼다고 해서 붙여진 이름이지 않나 생각된다. '쾡이'는 '쾡이갈매기'에서도 볼 수 있는데, '고양이 소리를 내는 갈매기'라고 해서 붙여진 이름이라고 한다.

전라도의 '쌀가지'는 '삵'에 '-쾡이' 대신에 '-아지'가 결합하여 만들어진 말이다. '삵아지>쌀가지'인데, '-아지'는 이런 경우 '작다'는 의미보다는 '싸가지(싹+아지)' 등에서 볼 수 있는 특별한 뜻이 없거나 비하의 의미를 가진 접미사로 볼 수 있다.

그런데 전남의 동부 쪽 '씰가지'는 서부와는 달리 '숡아지(숡+아지)>
실가지>씰가지'로 변한 것을 볼 수 있다. 이처럼 ㆍ(아래아)가 ㅣ(숡>
싥)'로 변한 모습은 '아춤>아칙', 'ᄆ술>모실(마을)' 등에서 쉽게 볼 수
있는데 ㅅ, ㅈ, ㅊ 바로 뒤에서 실현된다는 특징을 볼 수 있다. 전라도 접경
지 바로 옆의 경상남도에서는 '살쾡이'를 '씩'이라고 한다. 어쩌면 '살가
지>씰가지'에서 '살->씰-'의 변화는 경상도 말 '씩', '씰키', '씰갱이'의
영향인지도 모른다.

참고로 어릴 때 읽었던 김동인의 『삵』의 주인공이 '삵'을 닮았다고 했는
데, 어떻게 생겨야 '삵'과 비슷한지 지금도 궁금하다.

현장 구술 담화

"**쌀가지** 때문에 닭 못 키우네. 구멍만 있으면 싹 잡아묵어 부러, **쌀가지**라
개. 멋이 잡아가 붕가 몰라도, 털 한나도 없이 잡아가 부러. **쌀가지**제, 지금도
쌀가지라 그래. 삵쾡이라 그래갖고. 어제저녁에 **쌀가지** 새끼들이 닭서리 해
가 부러. **쌀가지** 천연기념물인가?"(**삵쾡이** 때문에 닭을 못 키우네. 구멍만
있으면 모두 잡아 먹어 버려. **쌀가지**라고 해. 뭣이 잡아 가는지 몰라도 털 하
나도 없이 잡아가 버려. **삵쾡이**지, 지금도 **쌀가지**라고 해. 삵쾡이라고 해서
엊저녁에 삵쾡이들이 닭서리 해 가 버려. **삵쾡이** 천연기념물인가?)(해남군)

⑩ 열쪼시[작은 닭]

　전라도에서는 주로 여름철, 또는 '늦게 부화된 닭'을 말하는 '열쪼시'라는 말이 있다. '열쪼시'는 어떻게 생겨난 말일까?

　'출랑거리고 점잖지 못한 사람'을 일컬을 때도 이 말을 사용한다. 철이 없어서 천방지축 돌아다니고 이리저리 발에 차이는 젊잖지 못한 아이들을 일러 '열쪼시', '열쪼시새끼'라고 말하는 것이다.
　'열쪼시'는 '열(10, 十)'과 관련된 말이라고 한다. 실제로 지역민들은 바로 '시월(十月)에 부화한 자그마한 닭'을 '열쪼시'라고 말한다.
　다른 병아리들은 대체로 봄에 부화를 하여 가을이 되면 중닭 이상이 되는데, '열쪼시'는 아직 덜 자란 상태로 있기 때문에 이를 '열쪼시', '열쪼시새끼'라고 불렀던 것이다.

현장 구술 담화

　"째깐헌 것 까불랑거리는 것을 보고 **열쪼시** 걷다 그래. 시월 달에 늦게 까논께 맹년 봄에 보면 작제. 딴 삐가리들은 4,5월 따실 때 해 갖고 멩년 봄에 알을 나. **열쪼시**는 시월달에 나 놓께 상구 안 늦은가잉. 그래 상구 여름 지내야 나. 작은 닭을 **열쪼시**새끼라 그래. (작은 것, 까부는 것을 보고 **열쪼시** 같다고 해. 시월 달에 늦게 까 놓으니까 내년 봄에 보면 작지. 딴 병아리들은 4,5월 따뜻할 때 까서 내년 봄에 알을 나. **열쪼시**는 시월에 까 놓으니까 아주 안 늦은가 응. 그러니까 아주 여름 지나서 까. 작은 닭을 **열쪼시**새끼라고 해.(광양시)

⑪ 풍노뿔

[위아래로 뒤틀어진 뿔]

'소의 뿔'은 대체로 위쪽으로 대칭을 이루며 나 있는데, 어떤 소는 그렇지 못하고 하나는 위를 향하고 하나는 아래로 비틀어진 경우가 있다. 광양에서는 '풍노뿔'이라는 말이 있는데, 이 말은 어떻게 생겨난 말일까?

'풍노뿔'은 '풍노+뿔'인데, '풍노'는 '풀무'의 전남, 경남 방언이다. '풍노(풀무)'의 날개가 뒤틀려 있듯이 좌우 소뿔이 위아래로 비틀어진 모습을 풍노('풀무'에 해당하는 전라도 말)의 날개 모양에 빗대어 붙인 이름인 듯하다.

흔하지는 않지만 실제 소뿔 중에서 뾰쪽한 끝이 하나는 위로 향하고, 하나는 땅을 향한 채로 나 있는 소를 본 적이 있다.

'풍노뿔'은 어느 국어사전이나 다른 지역방언에서 찾기 힘든 희귀한 전라도 말이다.

현장 구술 담화

"<u>풍노뿔</u>, <u>풍노뿔</u>이 순허다 그래. 일을 잘허고 말 잘든다고 <u>풀노뿔</u>이. 그걸 보고 <u>풍노뿔</u>이라 그래 쌓데. <u>풍노뿔</u>이라고는 벨도로 이름이 없어." (**뒤틀어진 뿔**, **풍노뿔**이 순하다고 해. 일을 잘하고 말을 잘 듣는다고 (위아래)**뒤틀어진 뿔**이. 그걸 보고 **풍노뿔**이라 그래 쌓더군. **풍노뿔**이라고 하고 따로 이름이 없어.)(광양시)

⑫ 장닭꽁[장끼]

'꿩의 수컷'을 표준어로 '장끼', '수꿩'이라고 한다. 이를 전라도에서는 서부에서는 '장끼', '쟁끼', '쩽끼'라고 하고 동부 쪽에서는 '장꽁'이라고 하는데, 신안, 진도 등에서는 '장닭꽁'이라고 한다.

'장닭꽁'의 유래를 알아보자.

흔히 '수탉'을 표준어로 '장닭'이라고도 하는데, 이 때의 '장'은 한자어 '장(長)'에서 유래한다고 볼 수 있다. 단순한 '길다'의 의미보다는 '아주 크고 튼튼한' 의미를 가진 장(長)이라 보인다. 전라도의 '장두감(큰 대봉 감)', '장매(자치기의 큰 막대기)', '장두칼(큰 부엌칼)'에서도 이러한 내 용을 가진 말을 볼 수 있기 때문이다.

그래서 '장꽁'은 '장(長)'에 '꽁(꿩>꽁)'이 붙어서 생긴 말이고, '장닭꽁' 은 '꽁(꿩)'을 그대로 '장닭'에 유추하여 지어낸 이름이 된 것이라 본다.

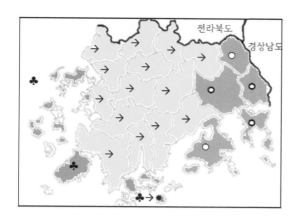

'까투리'는 전라도에서는 대체로 '암꽁'이라고 한다.

완도에서는 '수꽁', '당닥꿩'이라고 하는데, 역시 '수꿩>수꽁'의 변화형이고, '당닥꿩'은 '장닭꿩'이 되기 전의 모습으로 볼 수 있다.

참고로 표준어 '당닭'은 '당(唐 당나라 당)+닭'으로 체구가 작고 꼬리가 볏까지 닿을 정도의 인도네시아 원산지 애완용 닭으로 풀이되어 있으며 전라도 말 '장닭', '장닭꽁'과는 관련이 없다.

■ 현장 구술 담화

"닭도 장닥이라 글고, 꽁도 **장닥꽁**, 암닥꽁 그라제. 쑥꽁이 **장닭꽁**이라 개라. 암닭꽁이고. 암닭꽁보도 **장닭꽁**이 이뻐." (닭도 (수컷을)장닭이라고 하고, 꿩도 **장닥꽁**(장끼), 암닥꽁(까투리) 그렇게 부르지. 수꿩을 **장닭꽁**이라고 해요. (까투리를)암닭꽁이라 하고, 까투리보다 **장끼**가 예뻐.)(완도군)

⑬ 새빗발
[새우 잡는 도구]

　보성 등지에서는 논에 있는 새우를 잡을 때 주로 물이 빠지는 곳에 발을
받쳐서 잡곤 하는데, 이때 치는 발을 '새빗발'이라고 한다.
　'새빗발'은 원래 어떤 뜻을 담고 어떻게 생겨난 말일까?

　우선 '새우'를 전라도에서는 '새비'라고 한다. '새우'의 옛말은 15세기
'사비'로 나타난다.
　15세기 중엽에 ㅸ이 변화하면서 '사비'는 '사이'로 변화하고 16세기부
터 '사요'와 '사유(16세기)', '새오(17세기)' 등이 보이며 근대 국어 후기
에 '새우'가 등장하게 되었다.
　이런 점으로 보아 전라도의 '새비'는 ㅸ의 흔적이 남아 있는 15세기 고
어 형태를 고스란히 유지하고 있는 말이다.

　'새우'의 어원은 정확하지 않지만, 학자들은 대체로 가장 오랜 말 '사비
(15세기)'를 들어 대체로 새우가 '몸을 사리고(말고)'있는 모습을 본딴
말, '숣-'에서 온 것으로 보는 듯하다.
　'새빗발'은 바로 '새비'와 '발'의 합성어이다. 대체로 비가 오면 아침에
새 물을 받아먹기 위해 새우가 물이 떨어지는 쪽으로 몰려 온다. 이 새우
를 '어레미'나 '발'을 받쳐서 잡는 것이다. 날이 가물다 비가 오는 날 아침
에 논밭에서 떨어지는 물을 전라도에서는 '새물'이라고 하는데 붕어나 새

우 등의 물고기들은 이 새물을 앞다투어 받아먹기 위해서 물이 떨어지는 곳으로 몰려드는 것을 볼 수 있었다. 아마 영양소가 풍부한 물이기 때문이었을 것이다.

그리고 이와 같이 대체로 비가 와서 냇물이 불어날 때 '새빗발' 형태 말고도 물고기를 잡는 방법이 있는데, 냇가에 풀덤불을 그물이나 체로 훑어서 잡는 방법을 순천에서 '가잽이'라는 말도 있다. '물가'에서 잡는다는 뜻으로 '가잡이(가+잡이)>가재비'로 변한 말이다.

새비(새우) 중에서도 색깔이 거무튀튀하고 길쭉한 새우를 전라도에서는 '징게미', '징검사리'라고 한다.

현장 구술 담화

"**새빗발**, 개쳐, 논을 말릴라고 물을 빼, 그라먼 **새빗발** 같은 것을 요러콤 대를 쪼개각고 **새빗발**을 얽어각고, 물꼬 밑에다 받쳐각고 거가 오글오글 받쳐각고 있어. 새비가 많은 논에는 새비를 잡어다 묵고 그랬제. 대쪼각으로 실 얽허서 요만이나 요렇게 해각고 대통 같은 것을 요렇게 해각고 찔러 나, 긍께 그것을 **새빗발**이라 그래제."(**새빗발**, 도랑을 파, 논을 말리려고 물을 빼고, 그러면 **새빗발** 같은 것을 이렇게 대를 쪼개서 **새우 잡는 발**을 얽어서, 물꼬 밑에다 받쳐서 거기에 우글우글 받쳐 있어. 새우가 많은 논에는 새우를 잡아 다 먹고 그랬지. 댓조각을 실로 엮어서 이만큼 이렇게 해서 대통 같은 것을 이렇게 해서 찔러 놓지, 그러니까 그것을 **새빗발**이라고 하지.)(보성군)

⑭ 깔치태기(풀치)

　바닷고기 갈치 중에서도 유난히 가늘고 작은 갈치를 전라도에서는 '깔치태기'라고 한다.

　'깔치태기'의 원래 뜻과 그 쓰임새를 알아보자.

　표준어 '갈치'의 '갈'은 '칼(刀)'을 의미한다. '칼'의 옛말은 '갈'이었는데 '칼'로 변한 시기는 16세기 (석봉천자문)에도 나타나지만 대체로 임진왜란 후인 근대국어로(17세기) 접어들면서부터였다. '치'는 '멸치', '꽁치' 등에서 볼 수 있듯이 '고기(魚)'를 의미하는 접미사이다.

　이런 점으로 '갈치'는 '갈>칼'의 변화 이전에 조어된 어형임을 짐작할 수 있고, 전남 동부의 '깔치'는 그대로 '갈치'가 된소리화한 모습이다. 전남 완도의 '칼치'는 '갈치'가 나중에 '칼'에 유추되어 형성된 모습일 것이다.

　'깔치태기'는 '깔치+태기'인데, '-태기'는 '밥태기', '맛태기', '한볼태기' 등에서 보듯이 '아주 작은 것'을 나타내는 접미사이다. 여수, 순천에서는 '개태기'라고 하는 아주 작은 물고기도 있다.

　실제 표준어 '갈치'라는 말을 사용하는 지역은 경기, 충청, 전북, 제주 등이고 '칼치'는 전 방언권에서 볼 수 있으며, 평안도는 '칼티'이며, '깔치'는 경상, 전라, 충북 등 남부지역에서만 볼 수 있는 경음화의 모습이다.

'갈치'를 강원, 경남, 경북, 전북, 충남북 등지에서는 '모치'라고도 하는데, 이는 '모가 난 고기'라는 뜻인 것 같다. '곡괭이(끝이 뾰쪽한 괭이)'를 경상도에서 '모깽이'라고 하는 것과 같은 모습이다.

"**<u>갈치태기</u>** 몰린 거라고 허고, **<u>갈치태기</u>** 몰린 거, 기양 **<u>갈치태기</u>** 몰린 거라고 해요."(**갈치태기** 말린 것이라고도 하고, **작은 갈치** 말린 것, 그냥 **갈치태기** 말린 것이라고 해요.)(광양군)

⑮ 목대가리〔윗부분〕

　전남의 동부지역(광양)에서는 벼나 곡식을 한 곳에 모아 위쪽에 비가 맞지 않도록 임시로 덮어주는 가림막, 즉 '위에 덮는 뚜껑'을 '우두벵이'라고 말한다.

　그리고 서부 해안(신안)에서는 낙지나 물고기를 잡을 때 '머리와 목'을 한꺼번에 일컫는 말로 '목대가리'라는 말이 있다.

　'우두벵이', '목대가리'는 어떻게 생겨난 말일까?

　먼저 '우두벵이'는 '우+두뱅+이'의 모습인데 '우'는 '위(上)'를 말하고, '두뱅'은 전라도에서 '뚜껑'을 '두벙'이라고 했으니 '두벙>두뱅'의 변화형이다. '위'를 덮는 '뚜껑(두뱅이(뚜껑)'을 말한다.

　'두벙', '두방', '두벵이'는 '솥뚜껑'을 '소두방', '소두벵이'라고 하는 모습과 같다. 그리고 단순히 식물이나 물건의 '윗부분'을 말할 때는 '웃돔배기'라는 말도 있다.

　이와 같이 '윗부분', '위의 뚜껑'을 '웃돔배기', '우두벵이'로 부르고, '목'을 '모가지' '모감지', '머리'를 '대가리'라고 부르는 데 비하여 신안 등지에서는 낙지나 물고기를 잡을 때 '목대가리'라는 말을 사용하였다.

　'목+대가리'로 이루어진 말인데 대체로 '목과 머리'를 함께 잡거나 다룰 때 쓰는 말로, '머리와 목 부분'을 구분할 필요가 없는 경우에 바로 '머리와 목'을 한꺼번에 일컫는 말이다.

또 전라도에서는 '동물의 목'을 '모강댕이'라고도 하고 사람의 '팔목'과 '발목'을 '폴목아지', '폴목댕이', '발모가지', '발목댕이' 등으로 부른다.

그리고 동물의 머리를 전라도 전역에서 '대가리', '대그빡', '대갈빡'이라고 한다. 물론 사람의 머리를 낮춰 부를 때도 사용하는 말이기도 하다. '대가리'를 비칭으로 좀 더 낮출 때는 '대갈통', '대갈몽생이' 등으로 부른다.

전라도 방언의 '대그박'은 '대가리'와 '박'이 합해진 말이다.

또 '이마'를 '마빡'이라고 하는데 '이마+박'이다. '박'은 국어사전에 '머리를 속되게 이르는 말'이고, 예문으로 '너 지금 무슨 생각을 박 터지게 하는 것이냐!'가 실려 있다. '박'은 '바가지'를 만드는 '박'에서 유추한 말일 것이다.

현장 구술 담화

"부채꼴 요거 바다에서 뻘에서 여그까지 딱 들어가 있었어요, 여그 (낙지) **목대가리** 잡고 땡기면 나온다 말이요. 바다에서 먹으면 써그럭써그럭 맛있어요. 여그를 짤라서 생으로 먹어요. 알로 매듭을 잡아 못들어가게 **목대가리** 잡아 잡아댕이면 못 들어가게 여그를. 거그서 그냥 먹어도 맛있어." (부채꼴 이거 바다 뻘에서 여기까지 모두 들어가 있었어요. 여기 (낙지) **목과 머리부분**을 잡고 당기면 나온다 말이요. 바다에서 먹으면 써그럭 소리가 나고 맛있어요. 여기를 잘라서 날것으로 먹어요. 아래로 마디를 잡아 못 들어가게 **머리와 목 부위**를 잡아당기면 못 들어가게 여기를. 거기서 그냥 먹어도 맛있어.) (신안군)

01 송쿳대(소나무 새순)

봄이 되어 새로 돋아난 '소나무의 순'을 표준어로 '송순'이라고 하고, 이 송순의 속껍질을 '송기'라 하는데. 전라도에서는 이를 '송쿠', '생키'라고 하고 이러한 소나무의 줄기를 '송쿳대'라고 한다.

'송쿳대'는 어떤 의미로 어떻게 생겨난 말인가?

봄이 되면 소나무에는 새순이 올라온다. 소나무 가지 '송쿳대'의 속껍질'을 '송쿠'라고 부른다. '송쿠'를 얻기 위해서는 소나무의 거친 껍질을 살짝 벗겨내고 그 안의 보드라운 속껍질인 송쿠를 낫이나 칼로 정성스레 발라내야 한다. 먹을 게 부족하던 시절 이렇게 얻은 '송쿠'는 그대로 날것으로 먹기도 하고, 이것과 쌀가루, 밀가루와 함께 섞어서 떡이나 죽을 만들어 먹기도 했다.

'송쿠'는 표준어 '송기(松肌)'의 변형인데, '송기'는 한자어로 이루어진 말 '송(松 소나무 송)+기(肌 살가죽 기)'로 '소나무의 살가죽'을 뜻하는 말이었다. 그래서 '송기(松肌)>송키>송쿠'로 변화를 볼 수 있다. '송쿳대'는 바로 '송쿠+대'로 '송기를 얻는 가지'를 말한다.

"**송쿠**사 많이 해 묵어 뽔챘제. 솔나무도 억지 죽음 많이 하고 그랬제. 억지 죽음 많이 했다고." (장흥군)

'송쿳대'를 다른 말로 '개밥순'이라고도 한다. 이 '개밥순'이 좀더 길게 자라면 끝부분에 주렁주렁 달린 꽃봉우리가 열리는데 이를 '개밥', '괴밥'으로 불렀다. '개밥'이 무르익으면 여기에서 노란 송화가루가 날린다.

배가 고픈 시절에는 시골에서 너나 할 것 없이 이 소나무의 속껍질인 '송쿠'를 벗겨 먹었다.

표준국어대사전에 보면 '송기'와 관련된 단어가 7개나 실려 있다. 주로 먹을 것에 관련되는데, '송기떡', '송기병(송기를 멥쌀가루에 섞어 반죽하여 만든 떡)', '송기개피떡', '송기정과(송기를 꿀이나 설탕에 재거나 조려서 만든 음식)', '송기송편', '송기절편' 등이다.

이렇듯 '송쿠(송기)'는 저자가 알고 있는 것 이상으로 이전 세대의 주요 음식거리 중의 하나였음이 분명하다. 그래서 위에서 보듯 수많은 소나무 가지의 희생, '억지 죽음'을 당해야 했던 것이다.

현장 구술 담화

"**송쿳대**, 저 **송쿳대**는 소나무를 비각고 송쿠 껍데기를 빗개불고 안을 송쿳밥을 해묵고 안 그랬소. 그것을 **송쿳대**라 그래. 개밥순이 올라와각고 한 자나 두 자 올라 와각고 터럭이 생기고 껍덕이 사르르 빗기면 송쿠 해 묵고 그랬어." (**송쿳대**, 저 **송쿳대**는 소나무를 베어서 송기 껍데기를 벗기고 속껍질로 송기밥을 해 먹고 그러잖았소. 그것을 **송쿳대**라 그래. 송순이 올라와서 한 자나 두 자 올라와서 털이 생기고 껍질을 사르르 벗기면 송기를 해 먹고 그랬어.)(순천시)

02 동낭치〔도깨비바늘〕

가을에 1~2센티의 가늘고 길쭉하게 끝부분에 가시가 달려 옷에 잘 달라붙는 씨앗을 표준어로 '도깨비바늘'이라고 하는데, 이것을 전라도 일부 지역에서는 '도동놈', '도동놈까시', '동낭치'라고 한다.

'동낭치'는 원래 무슨 뜻을 담고 있으며 어떻게 만들어진 말일까?

'도깨비바늘'은 전라도에서 대체로 '도동놈까시', '진두찰'이라고 부르며, 장흥과 보성 등지에서는 '동낭치'라고 부르기도 한다.

표준어 '도깨비바늘'은 이 가시가 워낙 옷에 잘 붙고, 귀찮은 존재라서 이렇게 이름이 붙여진 듯하다. 전라도의 '도동놈까시' 역시 '노둑놈'에 빗대어 이렇게 나쁜 이름을 붙인 것이라 본다. '바늘'과 '까시'는 찌르는 뾰족한 모습으로 서로 통하는 말이다.

'동낭치'는 어떤가? '동낭'은 원래 표준말 '동량(洞糧)'이 변한 말로 이 말은 '승려가 시주(施主)를 얻으려고 돌아다니는 일이나 그 곡식(穀食)'을 말하는 것이었다. 이것이 차츰 '거지나 동냥아치가 돌아다니며 돈이나 물건 따위를 거저 달라고 비는 행위'로 바뀌어 간다.

'동낭치'는 바로 이러한 '구걸행위'를 하러 다니는 사람을 말하는데 이 '도깨비바늘'이란 풀에도 '동낭치'란 이름을 붙였으니 '도동놈까시'와 '동낭치', 이 얼마나 재미있는 말인가.

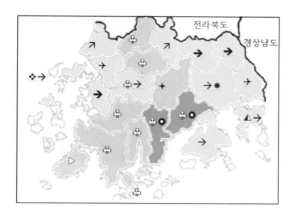

↗ 웃도동놈
→ 도동놈까시(까지)
→ 도동(둥)놈
↗ 도동놈풀
♣ 진두찰 ▷(도까비)
▲ 호랭이까시
◉ 동낭치(풀)
✹ 까막살 ✦ 진덕살
❖ 깨꾸마리(+해남)

이렇게 표준어 '도깨비바늘'은 '도동놈까시', '동낭치풀' 등으로 불리면
서 사람들에게 귀찮은 존재로 여겨졌던 것 같다. 동의보감에는 '진득츨희
렴(豨薟)(新訂方藥合編)', '진두찰'로 되어 있다. 아마 '진드기'처럼 달라
붙는다는 의미로 이렇게 부른 것 같다. 실제 '진드기'를 전남 일부지역에
서도 '진두찰'이라고 하기 때문이다.

현장 구술 담화

"붙어갖고 있는 거, **동낭치**, 다 그것도 **동낭치**라 개. 잘 안 떨어져, 띠어야
떨어져, 옷에가 엉그면 **동낭치** 나무가 질쭉질쭉하게 엉그제, 그런 거 나무뿌
리 우술 뿌리 뿌리는 묵어, 나무는 캐먼 캐제 밭에서, 약이여 우술 뿌리가. 삶
아서 푹푹 마시기도 하고 그라제. **동낭치** 많애."(붙어 있는 것, **도깨비바늘**,
다 그것도 **동낭치**라고 해. 잘 안 떨어져, 떼어야 떨어져, 옷에 붙으면 **도깨비
바늘** 나무가 길쭉하게 엉겨 붙지, 그런 것 나무뿌리 우슬 뿌리 뿌리는 먹어,
나무는 캐면 캐지 밭에서, 약이야 우슬 뿌리가. 삶아서 푹푹 마시기도 하고
그러지. **도깨비바늘** 많아.)(강진군)

03 먹때왈(까마중 열매)

표준어로 밭이나 길가에서 자라는 '까마중'이라는 풀이 있는데, 가을에 콩알만한 까만 알맹이(장과 漿果)가 열려 열매는 식용하고 잎과 줄기는 약용으로 사용한다. 이 '까마중의 열매'를 전라도에서는 '먹때왈'이라고 한다.

'먹때왈'은 어떻게 만들어진 말일까?

'먹때왈'은 우리가 지금도 시골 집터나 들에서 흔히 볼 수 있는 식물인데, 가짓과의 한해살이풀로 높이는 60~90센티이며 까맣게 열매가 열려 맛이 달콤새큼하여 좋아하는 사람들이 즐겨 따 먹기도 하며 열매와 줄기는 약용으로도 쓰인다.

'먹때왈'은 '먹+때왈'로 이루어진 말인데, '먹'은 '검정색'이라는 의미이고 '때왈'은 전라도에서 '딸기'라는 말이다. 그래서 '먹때왈(까마중)'이 열리는 줄기를 '먹때왈나무', 또는 '검은먹때왈나무'라고 한다. '먹-'은 전라도에서 '먹감(속이 까만 감)', '먹밤(깜깜한 밤, 夜)' 등 모두 '까맣다'는 내용을 가진 말이다.

전라도 말 '밭때왈'은 표준어 '땅꽈리'를 말한다. 가을에 밭작물 사이 사이 노랗게 달려 있거나 밑에 수북히 떨어져 있는 '밭때왈'의 새콤달콤한 맛을 잊을 수가 없다. 요즈음은 무공해의 골짜기 밭에서도 '밭때왈'을 구경하기가 쉽지 않은 이유는 무엇일까?

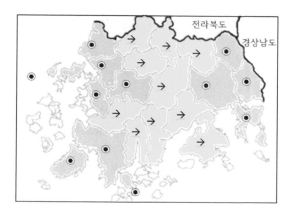

[**딸기 지도**]
→ 때왈
⊙ 딸:

표준어 '꽈리'는 딸기와 비슷한 크기의 주황색 열매가 열리는데, 얇은 껍질을 벗기면 안쪽의 알맹이는 포도와 같은 미끈한 모양이다. 전라도에서는 지역에 따라 '딸기'와 '꽈리'를 구분하여 '때왈', '딸:(딸기)'과 '땡깔(꽈리)'로 구분하여 부르기도 하지만, 이 둘을 구분하지 않고 그냥 '딸기'와 '꽈리' 모두 '때왈'이라고 한다.

그래서 '먹때왈'은 '검정색 때왈'로 '꽈리'처럼 작고 둥그런 모습인데 색깔만 검정색을 띄었기 때문에 붙여진 이름인 것이다.

▊ 현장 구술 담화

"**먹때왈**은 꺼먼 째깐해갖고 따묵는 거 있어. **먹때왈** 따 묵어, 노란 것은 밭때왈이제라. 밭에서 때왈나무. 익으면 떨어지면 주워 묵어. 익으면 노래진당께. 우리 밭에도 많이 있어. 밭에서 난 때왈나무여." (**까마중**은 까만 작은 것 따 먹는 것 있어. **까마중** 따 먹어, 노란 것은 땅꽈리(밭딸기) 딸기지요. 밭에서 딸기나무. 익으면 떨어지면 주워 먹어. 익으면 노랗게 된다니까. 우리 밭에도 많이 있어. 밭에서 난 딸기나무여.)(화순군)

04 부채손(부처손)

돌이나 바위의 거죽에 난 이끼를 전라도에서는 '독옷', '바구옷', '바우옷'이라고 하고 바위 틈 사이 사이에 난 고사리같은 풀을 '부채손'이라고 한다.

'바구옷', '바우옷', '부채손'은 어떻게 만들어진 말일까?

먼저 '바구옷', '바우옷'을 보면 이끼를 '바위를 덮는 옷'으로 생각하여 붙인 이름으로 보인다. 전남의 서부에서는 '바우옷'이라고 하고, 전남 동부로 갈수록 '바구옷'이라고 한다. 표준어에도 '바위옷'이 실려 있는데 역시 바위에 낀 이끼를 말한다.

'독옷' 역시 표준어 '돌옷', '돌이끼'를 말한다. 전라도에서는 '돌'을 '독'이라 했으니 자연히 '돌옷>독옷'으로 바뀌었을 것이다.

'부채손'은 여름철 더위를 쫓는 '부채'를 연상할 수도 있으나, 표준어에도 '부처손'이라는 고사리 모양의 식물이 있다. '부처손'은 줄기는 높이가 30센치 정도이고 많은 가지가 뻗으며, 잎은 짙은 녹색으로 잔비늘 모양이다. 건조할 때에는 가지가 안으로 오그라지다가 습한 기운을 만나면 다시 벌어지는 성질이 있다고 풀이되어 있다. 한약재로도 유용하게 사용된다고 한다. 한방에서는 '부처손'을 '바위손'이라고도 한다.

'부채손'은 바로 '부처손'이 '부채손'으로 변한 말이다.

동의보감(17세기)에 '부텨손(卷栢)'이 보이는데, 당시의 '부텨'가 현재의 '부처(佛)님'과도 표기상으로 같다. 그래서 많은 사람들이 '부처손'의 안쪽으로 오므러진 모양이 부처님의 손을 닮았다고 해서 부처손이라고 한 것으로 보인다.

예전에 부채손은 높은 산에 올라가면 바위 틈바구니에 많이 나 있는데, 땔감이 부족한 시절이라 이것을 망태기에 가득 따 담아와서 땔감으로 아궁이에 불을 때기도 하였다. 부채손도 공해를 타는지 채집을 많이 해 가는지 요즘은 그다지 잘 보이지 않는다.

지금은 전국 대부분의 산에 사람 키보다 훨씬 큰 나무들로 가득하지만, 저자가 어렸을 때(1960년대) 당시엔 대부분 벌거숭이 산이었다. 그래서 부채손을 따서 담은 망태기를 산 위에서 아래로 던져 놓으면 아무것에도 걸리지 않고 한참을 굴려 내려갈 정도였다.

현장 구술 담화

"앵무산 몬당에 **부채손**도 따각고 온디 말허 꺼이 없이 바구웃 안 있냐, **부채손**, 몰라 노먼 잘 붙도 안해. 몽글몽글 불땀도 없다 그 말이여. **부채손**, 꼬꾸당 몬당에서 궁굴앴당깨. 마다리푸대라고 전에 있어. 잔솔도 없당께, 우리들 젊어서 풀만 잠 있어, 까지쟁이만 있어. 산꼭대기에서 굴렀다니까." (앵무산 꼭대기에 **부처손**도 따가지고 오는데 더 말할 것이 없이 바위 이끼라고 있지 않느냐, **부처손**, 말려 놓으면 (불이)잘 붙지도 않아. 몽글몽글 해서 불땀도 없다 그 말이야. **부처손**, 앵무산 꼭대기에서 굴렀다니까. 마다리푸대(마대)라고 예전에 있었어. (거기엔)잔솔도 없다니까, 우리들 젊어서 풀만 좀 있어, 가시덩굴만 있어. 산꼭대기에서 굴렀다니까.)(여수시)

05 빼뿌쟁이[질경이]

　'질경이'를 전라도에서는 '빼뿌쟁이', '뺍쟁이'라고 하고, 전남 서남부 해안에서는 '뻬쭌입', '베짠입'이라고 한다.

　'빼뿌쟁이', '베쭌입'은 어떤 의미를 가지고 생겨난 말일까?

　표준어 '질경이'는 '길경(17세기)', '길경이(18세기)' 등으로 문헌에 실려 있다. 그리고 당시에 이 '길경이'의 다른 말은 '차전채(車前荣)', '차전자(車前子)' 등으로도 나타나는데, '차전(車 차 자, 前 앞 전)'으로 '수레의 앞'이 언급된 것으로 보아 '길(道路)'과 관련되어 '길경이'로 이름을 붙인 말로 보인다. 실제 '질경이'는 '길가에 많이 나는 식물'이고, 수레 앞에서도 살아남는 질긴 속성을 빗댄 것인지도 모른다. 생명력이 강해서 질긴 목숨이라고 해서 그렇다는 해설도 있다.(나무위키)

　전라도의 '빼뿌쟁이'는 고려시대 향약구급방에 '질경이'를 '**布伊作只[뵈작이]**'라 한 데서 그 의미를 짐작해 볼 수 있다. 그리고 중세국어 이후로 대체로 '뵈땅이'로 나타나는 것을 보더라도 이러한 '뵈작', '뵈뚱'은 '뵈(布 베)+뜻(織 짜다)+앙이'를 생각해 볼 수 있다. 즉 '빼뿌쟁이'는 '베를 짜는 일'과 관련이 있는 말인 것이다.

　실제로 예전에는 어린 아이들이 '질경이' 잎의 가느다란 실로 '베짜는' 놀이를 하던 풍속이 있었다고 한다. 그래서 '베를 짠다'는 의미로 '뵈작이', '뵈뚱이'라 이름을 지었다고 보는 것이다.

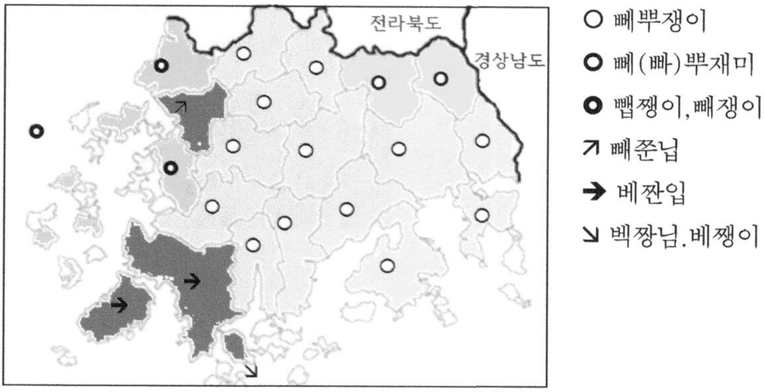
전라북도
경상남도
빼뿌쟁이
빼(빠)뿌재미
뺍쨍이, 빼쟁이
빼쭌닙
베짠입
벡짱님. 베쨍이

그래서 '베뿌쟁이'는 '뵈ᄧᆞᆼ이>뵈ᄇᆞᄌᆞᆼ이>베브장이>빼뿌쟁이'로 설명할 수 있으며, 해남, 진도의 '베짠입'을 통하여서도 역시 '베를 짜다'는 의미를 이끌어낼 수 있을 것 같다.

옛말 '뵈빵이'가 '*뵈브장이(ㅄ>브ㅈ)'로 즉 '빵'을 '브장(뿌장)'으로 바뀐 것은, 전라도에서 '한뽁'을 '한비쪽(핸피짝)'으로 말하는 것과 같다. ㅄ의 ㅂ이 살아난 경우다.

북한에서는 '길짱구(귀)', '찔짱구', '떨짱구' 등이 쓰인다. 전라도에서는 '찌끼풀'이라고도 하는데, 아이들이 '질경이' 풀로 '제기차기'를 대신했던 데서 유래한 것이다(제기풀>찌끼풀).

현장 구술 담화

"질에 난디, **빼뿌쟁이** 아니요? 봄에 단일화여, **빼뿌쟁이**다. 막 토사광란 나면 요놈 찌어서 국물 조깐 묵으먼 나서. 그냥 막 설사허고 우그로 토허고 막, 외역질 허먼서 땀을 펄펄 흘림서 설사 줄줄 허고."(길에 나는데, **질경이** 아니요? 봄에 단일화여, **질경이**다. 막 토하고 배탈나면 이놈 찧어서 국물 조금 먹으면 나아. 그냥 막 설사하고 위로 토하고 막, 토역질 하면서 땀을 펄펄 흘리면서 설사를 줄줄 하고.)(장성군)

⑥ 솔품[소나무 섶]

　전라도 말에는 국어사전이나 어느 지역에서도 보고되지 않은 정겹고 아름다운 말들이 많다. 소나무와 관련된 '솔품', '솔공'이라는 말들도 그렇다. '솔품', '솔공'은 무슨 뜻으로 어떻게 생겨난 말일까.

　가지가 탐스럽고 소복하게 많이 퍼진 어린 소나무를 표준어로 '다복솔'이라고 하는데, 이 다복솔의 안쪽에 보이지 않은 포근한 품속같이 보이는 부분을 전라도 말로 '솔품'이라 한다.
　'솔품'은 '소나무의 품속'을 말하는 아늑한 느낌을 주는, 좀처럼 교과서나 다른 문학작품에서도 등장하지 않은 말이다. 이 말은 국어사전에 실려야 할 보물과도 같은 아름다운 우리말이다. 아늑한 엄마 품을 생각게 하지 않는가.
　소나무처럼 자연물을 마치 사람의 인체에 비유하여 표현하는 지역민들의 언어감각에는 참으로 따뜻한 마음이 전해오는 듯한 느낌이다.

　또 이와같이 소나무와 관련된 정겨운 말은 장흥 등의 서부 지역에 '솔공'이란 말도 있다.

　"**솔공**, **솔공**. 아따, 저 솔나무에 **솔공**이 많이 널었다. **솔공**에서 씨가 빠져 날아간다." (장흥군)

'솔공'이란 '솔+공'으로 소나무의 열매인 '솔방울'이 마치 공처럼 생겼다고 해서 붙여진 이름이다.

광주(광산구)에서는 솔방울을 '솔방굴'이라고도 한다.

또 전남 동부에서는 아직 피어서 날리기 전의 송화를 '솔밥'이라고 한다. 송화가 송이가 맺혀 있는 모습이 마치 쌀알이 붙어 있는 것처럼 보이기 때문이다.

이 밖에도 '솔(소나무)'과 관련된 전라도 말에는 '솔검불(갈퀴나무-신안,완도)', '솔다방(다복솔-고흥)', '솔깽이(솔가지-보성,광양,여수)', '솔투방(소나무-진도)' 등을 볼 수 있다.

현장 구술 담화

"밥이 껌혀, 밥을 싸주면 가다가 걸 **솔폼**에다 넣어 났다 옴서 다시 가져와. 얼마나 속이 상혀겠냐. **솔폼**에다 감쳐 났다 올 때 솔나무 밑에 거따 너 났다가 학교 갔다 오먼 찾아왔당께. 글먼 얼매나 신간이 안 펜허겄소."(밥이 까매, 밥을 싸주면 가다가 그것을 **다복솔 안**에다 넣어 놓았다 오면서 다시 가져와. 얼마나 속이 상하겠니. **다복솔 안**에다 감추어 놓았다 올 때 소나무 밑에 거기다 넣어 놨다가 학교 갔다 오면 찾아왔다니까. 그러면 얼마나 마음이 안 편하겠소.)(담양군)

⑦ 쌀밥(솔가리)

주로 땔감으로 사용하는 '말라서 땅에 떨어져 쌓인 솔잎'을 표준어로 '솔가리'라고 하는데, 전라도에서는 '갈쿠나무', '가리나무', '가리', '솔가리', '솔껌불', '솔꺼울', '갈비', '깔비', '솔깔비', '쌀밥' 등 애착이 많았던 이름이었다. 이러한 말들이 생겨난 내용을 살펴보자.

대상에 대한 사람들의 선호도가 바뀐 것 중에서 '솔가리(갈퀴나무)'만큼 큰 변화를 보인 자연물과 지칭어는 없을 것이다. 난방을 오직 아궁이의 땔감에 의존하던 시절에 최고의 불땀이 좋은 것이 바로 이 '솔가리'였다. 소나무 밑에 수북이 쌓여 있는 모습만 보아도 좋아서 가슴이 두근거릴 정도였다. 그러던 것이 50여 년의 세월이 흐른 지금은 쌓여 있어도 누가 눈길 한번 따뜻하게 바라봐 주지 않을 것이기 때문이다. '낙엽귀근(落葉歸根, 잎이 떨어져 뿌리로 돌아간다는 뜻으로, 결국은 자기가 본래 났거나 자랐던 곳으로 돌아감을 이르는 말.)'이라고 했던가.

전라도에서는 지도에서 보듯 '갈쿠-'형과 '가리-'형이 가장 넓게 분포하고 있는 것을 알 수 있다. '갈쿠나무(솔가리)'는 이 땔감을 할 때 주로 '갈퀴'로 긁어야 한다고 하는 데서 붙여진 이름이다. 이들 지역에서는 '갈퀴'를 '갈쿠'라고 하기 때문이다.

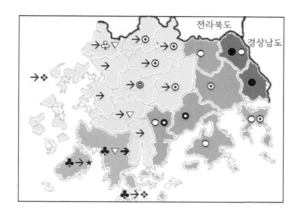

◉ 가리나무 ○ 가리
◉ 솔까리 ◉ 솔꺼리
● 솔깔비, 갈비
→ 갈쿠나무
➔ 깔쿠나무
❖ 솔껌불 ▽ 솔꺼울
★ 솔꼬불, ♣ 솔꼬울
♧ 쌀밥

    그리고 '가리나무', '(솔)가리'의 '가리'는 가루처럼 떨어지는 이파리 '가루>가리'가 연상되지만, 지역적 분포를 보면 경상도 방언형 '갈비(갈쿠나무)'의 변화형일 가능성이 높다. '솔꺼울', '솔꼬불'은 '솔껌불(솔+검불)'의 변화형이 아닐까 생각된다. '검불'은 '가느다란 마른 나뭇가지, 마른 풀, 낙엽 따위'라 한다.

    그런데 '쌀밥'이라고 하는 이유는 무엇일까? 바로 예전에 너무나 좋은 것을 쌀에 비유하던 인식 때문이었을 것이다. 즉 가장 하얗고 먹기 좋은 흙을 '쌀흙'이라고도 하였듯이 최고의 땔감인 '솔가리'를 이 '쌀밥'이란 이름으로 대신한 것이다.

현장 구술 담화

    "때 껏도 없어. 갈쿠나무가 좋아. 갈쿠나무는 **쌀밥**이라 그래, **쌀밥**. 솔잎삭 종게, 가랑잎은 후루루 타버리고. 하도 좋게 **쌀밥**."(땔 것도 없어. 갈퀴나무가 좋아. 갈퀴나무는 **쌀밥**이라 그래, **쌀밥**. 솔잎이 좋으니까, (다른)가랑잎은 후루루 타버리고, (갈쿠나무는)하도 좋으니까 **쌀밥**이지.)(영광군)

⑧ 옥까시[나무의 가시]

　표준어에서 들판을 지나칠 때 사람의 옷에 걸리는 찔레 등의 뾰쪽한 가시를 전라도에서는 '옥까시'라고 한다.
　'옥까시'는 원래 어떤 의미를 지닌 어휘였을까?

　먼저 '옥까시'의 '옥'은 표준어 '옥낫', '옥니' 등에서 볼 수 있는데, '옥낫'은 '자그마한 낫(접낫)'이고 '옥니'는 '안으로 옥게 난 이'라고 풀이되어 있다. 이처럼 '옥'은 '옥니'처럼 약간 안쪽으로 '오그라들다'는 뜻을 가진 표준어 '옥다(물체가 안쪽으로 오목하게 휘어져 들어가다)'에서 온 말임을 알 수 있다.

　그래서 '옥까시'는 '안으로 구부러진 가시'를 뜻하는 말이다. 그런데 지역민들은 꼭 가시 중에서 안으로 구부러진 가시만이 아니라 들판의 가시나 나무에 붙어 있는 모든 가시를 통칭하여 이렇게 부르고 있는 것을 볼 수 있다. 그래서 '옥까시'는 그냥 일반적인 보통의 가시를 말한다.
　그리고 표준어 '옥다'의 반대말은 밖으로 향하여 있다는 '벋다'라고 한다. 그래서 '옥니'의 상대되는 말은 '밖으로 벋은 앞니'를 말하는 표준어 '뻐드렁니(바깥쪽으로 버드러진 이)'인데, '버드러지다'의 어간 '버들-'에 접미사 '-엉'에 '이(齒牙)'가 합해진 말로 '버드렁니>뻐드렁니'로 변해 왔을 것이다. 옆으로 벌어져 나온 이를 말한다. '버드러지다'는 '끝이 밖으로 벌어져 나오다'로 풀이되어 있다.

그런데 전라도의 지역민들은 '옥다', '벋다'는 아래 대화처럼 일반적으로 사용하는 말이다.

이 톱낫은 **옥든**(안으로 구부러지지는) 안허고 요러게 뻗어. 반달칙기로(반달같이). 뻐뗏해야 짤라지잖여. 좀 뻐드러졌제. 좀 **벋다**(벌어지다) 그말이여. 이렇게 안 **옥고** 쪼끔 벋다고, **벋어**요 요렇게.(장성군)

"항상 무서와서 이부더아부지 무서와서 **오그럼해**(웅크려) 갖고 묵는디, 미역국도 낄이면 같이 혼수발로 묵었다 그말이여. (울엄니가) 아들 둘이 낭께 우덜이 그 때부터 시집살이가 풀레부렀어."(신안군)

"까시가 오그당당해각고 사람이 가도 못하고, 내꼬랑 가세도 있고 산에도 있고, **옥가시**, **옥가시**. 오그당당해각고 그냥 가도 오도 못하게. 대꼬마리, 대꼬마리라 그래. 요만썩 해각고 쪼금 질쭉해각고 옷에가 엉거부러라. 오그당당해라."(가시가 오그려져서 사람이 (걸리면)가지도 못하고, 도랑 가에도 있고 산에도 있고, **가시**, **가시**. 구부러져서 그냥 가도 오도 못하게. 도꼬마리, 도꼬마리라고 해. 이만큼 해서 조금 길쭉해서 옷에 붙어버려요. 오그랑해요.)(완도군)

⑨ 왕도토리[상수리]

갈참나무, 졸참나무, 물참나무, 떡갈나무 따위의 열매를 통틀어 이르는 말을 표준어로 '도토리'라고 하는데, 이 중 크고 동그란 '상수리나무의 열매'를 '상수리'라고 한다. 이 '상수리'를 전라도에서는 대체로 '상:솔', '상소리'라고 하는데, 전남 동부에서는 '왕도토리', '참도토리'라고 한다.

'참도토리', '왕도토리'는 어떻게 생겨났을까?

전라도에서도 작은 '도토리'는 그대로 표준어와 같이 '도토리'라고 하고 '상수리'도 이와 비슷한 '상솔', '상소리' 등으로 말한다.

그런데 여수, 순천, 광양 등에서는 작고 길쭉한 도토리는 '개도토리'라고 하고 굵고 동그란 도토리(상수리)를 '왕도토리', '참도토리'라고 부른다.

먼저 표준어 '도토리'는 한글이 없던 시대에(13세기) 이두 표기 '猪矣栗(**저의율**)'로 표기되어 이 말의 어원을 잘 보여주고 있다. 이것은 '돼지의 밤(猪 **돼지 저**, 矣 어조사 **의**+栗 **밤 율**)'으로 본다. 한글 창제 이후 표기로는 '도토밤(15세기)'이 나오는데, '돝'은 '돼지'의 뜻이므로 '도토밤(**돝**+**오**+**밤**)'은 '猪矣栗'과 일치한다. 나중 '도토밤'의 '밤' 대신에 접미사 '-리'가 붙어 '도토리'로 바뀐 모습으로 보고 있다.

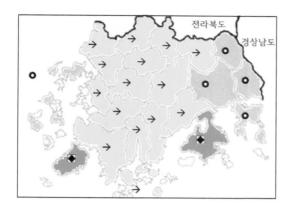

○ 도토리, 참(왕)도토리
→ 상소리
◆ 상도토리, 상도틀

'상수리나무(橡)'에서 열리는 열매(實)를 표준어로 '상수리', 또는'상실(橡實)'이라고 하는데 전라도에서 대체로 '상:소리', '상시리', '상도토리', '상:솔'이라고 한다. '상도토리'는 '상수리'와 '도토리'의 혼태형으로 볼 수 있다.

전남 동부의 '참도토리', '왕도토리'는 말 그대로 '참-'은 '참깨', '참옻나무', '참꽃(진달래)'처럼 '참다운', '좋은'이라는 의미를 담고 있는 말이다. 굵고 둥글게 생긴 좋은 도토리라는 뜻이다. '왕도토리'의 '왕-'도 '왕눈', '왕제(왕겨)'에서 볼 수 있는 말이다.

'개도토리'는 작고 볼품없다는 의미인 '개-'가 덧붙은 말이다. 구슬을 구하기 힘들어 '참도토리'로 구슬치기를 했던 기억이 새롭다.

현장 구술 담화

"질쭉헌 거 개도토리라 갰고, 개도토리 따각고 당가났다 묵도 해묵고 밥도 해묵고 그래. 똥글똥글 헌 것은 **참도토리**고, **참도토리**여. **참도토리**라." (길쭉한 것은 개도토리라 했고, 개도토리를 따가지고 담아놓았다가 묵도 해먹고 밥도 해먹고 그래. 동글동글한 것은 **상수리**고, **상수리**여. **참도토리**라.)(여수시)

⑩ 좀팽나무
[열매가 작은 팽나무]

전라도 말에는 식물 중에서도 열매나 나무의 크기가 좀 작고 볼품이 없는 품종에 대한 이름이 더러 있는데 '좀팽나무'와 '포리대'가 그것이다.

'좀팽나무'와 '포리대'는 어떻게 생겨난 말일까?

'좀팽나무'는 팽나무 '열매가 좀 상대적으로 작은 것'을 말하고, '포리대'는 대(竹) 구실을 못하는 '아주 작은 대나무'를 말한다.

전라도에서 '포리(蠅)'는 '파리'를 말하는데, 15세기 '포리'가 서울에서는 '포리>파리'로 변한데 비하여 전라도에서는 '포리>포리'로 변했기 때문이다. '포리대'는 이렇게 하찮고 귀찮은 존재인 '파리(포리)'에 비유하여 붙여진 이름이다.

실제로 대나무의 본고장 담양에서 주로 쓰이는 말 '포리대'는 아주 작아서 제대로 대의 구실을 못하는 허접한 모양의 대를 말한다. 지역민들은 포리대에 관하여 이렇게 말한다.

"작다 개서(작다고 해서) **포리대**, 자잘헌 거, 새끼 대, 잘잘헌 거 또 있어요, 큰 대는 왕대, 분죽, 아주 짧은 건 일본대. **포리대**는 씰 데가(쓸 곳이) 없어요, 빗지락(빗자루)이나 매제."(담양군)

또 팽나무 중에서도 열매가 작은 팽나무를 '좀팽나무(좀+팽나무)'라고 하는데, 전라도 말에서 '졸-'과 '좀(쫌)-', '족(쪽)-'은 '작고 볼품없는' 경우에 사용하는 접미사이다. '졸갑시럽다(행동이 잘고 볼품없다)', '좀 상하다', '쫌셍이(생김새나 행동거지가 자질구레한 물건이나 사람)', '쪽 빡(작은 박)' 등에서 볼 수 있다.

그래서 '좀팽나무'는 팽나무 중에서도 좀 잘고 볼품없는 열매가 열기는 팽나무를 말한다.

참고로 팽나무는 대부분 우리나라의 남부지방(전남, 경남, 제주)에 서식한다고 한다. 수명이 천 년을 넘긴 나무도 있을 정도로 오래 살기 때문에 마을 당산나무의 역할을 떠맡고 있다. 보통 콩알만한 크기로 파란 열매가 맺는데, 가을에 황갈색으로 익은 열매의 달콤한 껍질은 배고픈 시골 아이들이 갉아 먹는 심심풀이의 대상이었다.

현장 구술 담화

"**좀팽나무**, 이것이 짜잘한 것이요. **좀팽나무**는 수명이 길어요. **좀팽나무** 라 그래, 큰 것은 건팽나무라 그러고."(**열매 작은 팽나무**, 이것이 열매가 잔 것이요. **열매 작은 팽나무**는 수명이 길어요. **좀팽나무**라 그래, 열매가 큰 것 은 건팽나무라 그러고.)(장흥군)

⑪ 항갈꾸〔엉겅퀴〕

약초의 이름은 전문가가 아닌 일반인이 습득하기에는 벅찰 정도로 헤아릴 수 없이 많은 종류가 있다. 누구나 알 수 있는 약초인 표준어 '엉겅퀴'를 전라도에서는 '항각꾸', '항갈꾸', '항가쿠'라고 한다.

'항각꾸', '항갈꾸', '항가쿠'는 어떤 의미를 가지고 있는가.

'엉컹퀴'는 옛 문헌에 '한거싀(15세기)', '한것귀', '항것괴(이상 16세기)', '항가싀', '엉것귀(野紅花 이상 17세기)' 등으로 문헌에 나타난다.

<u>한거싀</u>와 조방거싀와 즛두드려 똔 므를 머그라. 大薊는 <u>한거싀</u>, 小薊는 조방거싀(<u>엉겅퀴</u>와 조방가새를 짓두드려 짠 물을 먹으라. 15세기 구급간이방)

이로 미루어 엉컹퀴는 동의보감(17세기)에 풀이되어 있듯이 '항가싀=대계(大 큰 대, 薊 삽주 계)', 즉 '큰 삽주(약초)'라는 뜻이었다.

실제 '한'은 원래 '한길', '한숨' 등에서 보는 '크다(大)'는 뜻으로 '한->항-'의 변화는 '한것>항것(주인, 종이 주인을 일컫는 말=큰 사람)'에서 볼 수 있는 변화다. 그리고 그 변화를 본다면 '한것귀>한갓귀>항각구', 또는 '항갈꾸'로 변해왔음을 짐작할 수 있다.

그래서 결국 '항각구', '항갈꾸'는 옛말 '한것귀(큰 삽주, 16세기)'라는 말이 약간의 형태 변화를 겪으며 그대로 살아 있는 오랜 고어에 해당하는 말인 것을 알 수 있는 것이다.

표준어 '엉겅퀴'는 이 '한것귀'가 그 원형을 알아보기 어려울 만큼 많은 변화를 겪으며 '엉것귀(17세기)', '엉겅퀴' 등으로 변해 온 모습이라 할 것이다.

현장 구술 담화

"**한갈꾸**라 그래요. 소가 대났다고 그래갖고 대붙이로 가잖아요. 대가 나먼 꼬리를 들고 거그다가 **한갈꾸**를 쑤세 너부러. 그러면 소가 막 까시가 아픈께 막 뛰제. 대가 나먼 동네 부락기 키운 사람한테 데꼬가제."(**한갈꾸**라고 해요. 소가 암내가 났다고 그래서 교미시키러 가잖아요. 소가 암내가 나면 우리들이 꼬리를 들고 거그다가 **엉겅퀴**를 쑤셔 넣어 버려. 그러면 소가 막 가시가 찔러서 아프니까 막 뛰지. 암내가 나면 동네 황소를 키우는 사람에게 데리고 가지.)(완도군)

⑫ 깐치퐃[얼룩덜룩한 팥]

팥 중에서도 흰색과 빨간색이 얼룩덜룩 섞인 팥을 '깐치퐃'이라고 한다.
'깐치퐃'은 어떤 의미로 만들어진 말일까?

지역민들은 '까치'를 '깐치'라고 한다. 뒤이어 오는 ㅈ, ㅊ음 앞에서 ㄴ
이 첨가되는 현상은 '고치다>곤치다', '여치>연치' 등에서 쉽게 찾아볼
수 있다.

'까치'를 대하는 지역민들의 인식은 까마귀와 달리 반가운 새이면서 '뛰
는 모습'을 '깐치발'이라고 하고, 또 흰색과 검은색이 섞여 '얼룩덜룩한 생
김새'를 까치에 빗대어 표현하였는데, 흰색과 검정색이 얼룩덜룩 섞여 있
는 팥의 외모 때문에 '깐치퐃'이라는 이름을 붙였던 것으로 보인다.

현장 구술 담화

"옛날에 이퐃도 있고, 큰 퐃 보고는 앵두퐃이라 글고, 그것은 **깐치퐃**, 꺼머
고 허거고, 삐러고 얼룩덜룩헌 것은 **깐치퐃**, 거그서는 **깐치퐃**이라 안 혀요?
깐치퐃이라 했어." (예전에는 이팥도 있고, 큰 팥을 일러 앵두퐃이라고 하고,
그것은 **깐치퐃**, 까맣고 하얗고, 빨갛고 얼룩덜룩한 것은 **깐치퐃**, 그 마을에서
는 **깐치퐃**이라고 안 해요? (우리는)**깐치퐃**이라고 했어.)(담양군)

제 8 장
자연과 시간

⓵ 지녁〔저녁〕

'해가 질 무렵부터 밤이 되기까지의 사이'를 말하는 '저녁'을 전라도에서는 '저닉', '지녁', '지역'이라고 한다.

'지녁'은 원래 어떤 의미로 어떻게 변해 온 말일까?

먼저 '저녁'의 옛말은 '뎌녁', '져녁(17세기)'으로 나타난다.

표준어 '저녁'은 '저물녁'이 '저녁'으로 줄어든 말이지 않을까 짐작된다. 그렇다면 해가 질 무렵을 말하게 되는 것이다. 전라도 말 '저닉', '지녁'은 '저녁'의 변화형이다.

'저녁'의 옛말로 또 하나 '나조'라는 말이 있었으나 지금은 사라진 사어 (死語)가 되었다.

아ᄎᆞ미ᄂᆞᆫ 노다가 **나조**힌 므레 가 자ᄂᆞ니. (아침에는 놀다가 **저녁**에는 물에 가서 자니.)(15세기 석보상절)

현장 구술 담화

"해름참에 치 찾아다 갖다 나라. 글고 **지녁**에. 지녁에 집에 와서 밥 먹어라, 놀로 댕이지 말고. **지녁**에 같이 밥 먹게. 오늘 **지녁**에 나가지 마라잉."(해거름에 키 찾아다 갖다 놓아라. 그리고 **저녁**에, **저녁**에 집에 와서 밥 먹어라, 놀러 다니지 말고. **저녁**에 같이 밥 먹게. 오늘 **저녁**에는 나가지 마라웅.)(함평군)

02 황투수[홍수, 큰물]

소나기가 내릴 때 비가 억수로 내리는 것을 일러 전라도에서는 '악수'가 퍼붓는다고 말하고, 이로 인하여 붉은 황토물이 냇물을 뒤덮여 밀려 내려오는 물 '황투수'라고 한다. '황투수'와 '악수'를 살펴보자.

'홍수'가 나서 물이 밀려 내려오는 것을 일러 대체로 전라도에서는 '큰물 진다'고 말한다. 그리고 이때 쏟아져 내리는 황토색의 물을 '황투수'라고 하는데, 표준어의 '황토물'과는 다르다. '황토물'은 한의학에서 '황토(黃土)로 된 땅을 팠을 때 그 속에 고이는 맑은 물, 해독제로 쓴다'고 나와 있다.

'황투수'는 '황토(黃土)'에 '수(물 水)'가 붙어 '황토수〉황투수'로 변한 말이다. 엄밀한 의미에서 '황토색의 물'이니 '큰물', '홍수'와는 다르지만, 큰물이 져야 내린다는 의미로 이 '황토색의 홍수'를 '황투수'라고 하는 것이다. 그리고 또하나 전라도 말 '악수'라는 말이 표준어로도 실려 있는데, 표준어의 의미인 '악수(惡水: 수질이 나쁜 물-표준어)'가 아니라 '억수(억세게 내리는 비-전라도말)〉악수'다.

현장 구술 담화

"**황투수**가 내려옹께 징검새비 잡으로 가자. 큰비가 왔을 때 **황투수**가 많이 내려와 큰물 졌다. **황투수**라 그래." (**흙탕물**이 내려오니까 징거미새우 잡으러 가자. 큰비가 왔을 때 **흙탕물**이 많이 내려와 큰물 졌다. **황투수**라 그래.)(장흥군)

03 아직끌(아침결)

아침때가 지나는 동안(아침결)을 전라도에서는 '아침질', '아침절', '아적때', '아적질', '아직절', '아직끌'이라는 다양한 말을 사용한다. 이 말들은 어떤 뜻을 가진 말로 생겨났을까?

표준어 '아침때'와 '아침결'은 비슷하지만 '아침때'는 그냥 '아침 시간'을 말하고 '아침결'은 '아침이 지나는 그 무렵'을 뜻한다.

'아침'을 전라도에서 '아직', '아적'이라고 하는 지역이 많기 때문에 '아침결'도 '아적때', '아직절', '아직끌' 등의 모습으로 나타나는 것을 볼 수 있다. 이때 '아적(아침)'은 옛말 '아젹(17세기)'을 그대로 이어받은 모습이다.

'아젹', '아침'은 '앚-', '앛-'에 '-옴(접미사)'이 붙은 모습이다. 우리말 '앚', '앛', '앗' 등은 모두 '처음(初)', '시작(始)', '작다(小)'는 뜻으로 보는 견해가 우세하다. 이와 관련된 말뿌리는 모심은 후 처음으로 논을 매는 행사 '아시매다(앗+이+매다=처음매다)'와 '처음부터'의 뜻인 '애시당초(앗이>아시>애시+당초)'에서도 볼 수 있다. 이처럼 '아침결'을 뜻하는 '아적때', '아직질', '아직끌'도 '아직', '아적'에 '때', '질', '끌'이 합성된 것임을 알 수 있다. 이 중에서 '질'은 '결>절>질'로 변한 말로 보이는데, '결'은 '잠결', '얼떨결'에서 보듯 '잠깐 사이', '때', '짬' 등의 의미이다.

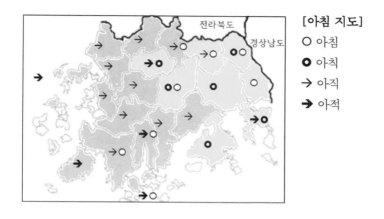

[아침 지도]
○ 아침
◉ 아칙
→ 아직
➔ 아적

　다만 '아직끌'의 '끌'은 좀 주의 깊게 보아야 한다. '끌'은 '때(時間)'를 나타내는 옛말 '쁴'가 변한 말이다. 그래서 '아직(아침)+쁴(때)'로 합성된 모습으로 '아직쁴>아직ㄲ'로 변한 후에 '아직질(아침결)'의 '질(결)'에 이끌려 ㄹ이 첨가된 '아질끌'로 변하지 않았을까 생각된다. 그리고 이 '아직끌'은 '아침때'보다 더 넓은 시간대, 즉 점심이 오기 전까지 '거의 오전 전체 시간'을 의미하기도 한다.

　참고로 '아침'에 해당하는 말로 전라도에서는 '아적', '아직', '아척', '아칙', '아새' 등 상당히 많으며 그대로 '아침밥'을 뜻하기도 한다.

현장 구술 담화

　"**아칙**으로 푸나무 다 뜯어다 때고, 뭐 풀 그냥 풀 비서 몰라 나서 땡거 푸나무다 그래. 나무도 없어각고 푸나무도 항상 해다가 <u>아칙</u>에 가서 뜯어각고 와서 낮에 몰라각고 때고, 그 뒷날 <u>아칙</u>에 또 뜯어각고 때고 그래."(**아침**마다 베어서 말리는 풀을 뜯어다 때고, 뭐 풀만 그냥 풀을 베어서 말려 놓아서 때는 것 푸나무라고 해. 나무도 없어서 푸나무도 항상 해다가 **아침**에 가서 베어가지고 와서 낮에 말려서 불때고, 그 뒷날 **아침**에 또 뜯어가지고 때고 그래.)(고흥군)

⑭ 벳바리[양지]

　'볕이 잘 드는 곳, 바로 드는 곳'을 표준어로 '양지', '양달'이라고 하는데 이를 전라도 구례 등지에서는 '벳바리'라고 한다.
　'벳바리'는 어떻게 생겨난 말일까?

　양지바른 곳은 대체로 따뜻한데 전라도 말로 '따땃허다', '따시다(전남 동부)', '따숩다(전남 서부)' 등으로 말한다. 그래서 전라도에는 따뜻한 마을이라는 뜻을 가진 '따신기미'라는 지명이 더러 보인다.

　"가다가 산속에 **따땃헌** 디 있으면 우리 깨금쌈(깽깽이: 앙감질로 상대를 넘어뜨리는 놀이)이나 한번 하고 가자."(순천시)

　'따땃하다'는 옛말 '덧ᄒᆞ다(溫,愛, 15세기)'에서 온 말이다. 즉 '온기가 있는 듯하다'는 의미인데 '양지바른 곳', 또는 '불을 지핀 온돌방', '마음이 따뜻하다' 등을 말할 때 주로 쓰이는 말이다.
　전남 서부와 동부의 '따숩다-따시다'의 대응은 '꼬숩다-꼬시다(고소하다)', '짤룹다-짜리다(짧다)' 등의 예에서 찾아볼 수 있다.

　'벳바리'는 '볕(햇볕)'에 '바리'나 '발'이 합해서 생겨난 말로 '볕바리>벳바리' 또는 '볕발이(볕+발+이)>벳바리'처럼 볼 수 있을 것 같다.

'-바리'가 들어 있는 말은 같은 '양지(陽地)'를 '양지바리'라고 하는 말이 있는데(여수) 이때의 '바리'는 '장소'를 의미하고, 역시 이와 비슷한 말 '발'도 '경계나 장소'를 나타내는 의존명사이다.

"쩌그 까끔서보토(산에서부터) 여그 꼬랑까장(도랑까지) 요 **발(근처까지)**로 전부 우리 논이었단다."(여수시)

이처럼 '바리'나 '발'은 모두 어떤 '장소', '방향'을 나타내는 말이다, 그래서 '벳바리'는 '볕이 드는 쪽', '볕이 쬐는 장소'를 말하는 '양지(陽地)'에 해당하는 말이 된다.

현장 구술 담화

"햇빛이 따땃헌 곳을 **벳바리**라 글제. 벳 든 디를 보고 **벳바리**라 그래. 메도 **벳바리**디다 씨먼 좋아."(햇볕이 따뜻한 곳을 **벳바리**라 그러지. 볕이 드는 곳을 일러 **벳바리**라고 해. 묘지도 양지에다 쓰면 좋아.)(구례군)

⑮ 해으름참[석양]

표준어로 '해거름'은 서쪽으로 넘어가는 일. 또는 그런 때를 말하는데, 전라도에서는 '해으름판', '해으름참', '해름판', '해으름', '해그름', '해그름판', '해거름판' 등 다양하다.

'해으름판', '해으름참'은 어떻게 생겨난 말일까?

먼저 전라도 말 '해으름참'은 '해으름+참'인데 '참'은 '때(時)'를 나타내는 말로 '요참(이번)', '정참(점심때)' 등에서 볼 수 있다.

전라도 말 '해으름'은 '해'에 '어스름'이 합하여진 말로 보인다. 표준어 '어스름'은 15세기 '어스름'으로 나타나는데, 19세기에는 '어으름'으로 변한 모습을 볼 수 있다. 그래서 '해어스름>해어으름>해으름'으로의 변화를 추정해 볼 수 있다. 지금도 '조금 어둡다'는 뜻으로 표준어에서 '어스름', '어슬하다' 등의 말이 사용되고 있다.

결국 '해으름참'은 '해가 넘어갈 때'를 가리키는 전라도 말이다.

'해그름참', '해름참'은 '해으름참'의 변이형으로 볼 수 있다. '해으름참>해그름참'의 ㄱ첨가의 모습은 '내음새>내금새'에서 볼 수 있고, '해으름참>해름참'은 축약의 모습이다.

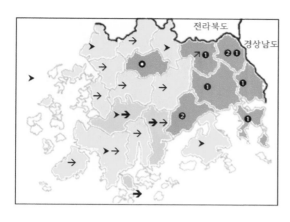

→	해으름참
→	해으름판
↗	해름판
➤	해으름
○	해그름
❶	해그름판
❷	해거름판

  '해그름판'에서의 '판'은 '시간'의 의미보다는 '해가 저무는 그런 시간의 들녘, 들판'을 나타내는 말이지 않을까 하는 생각이 든다. '판'으로 시간을 표현하는 사례가 보이지 않으며, '판'은 주로 '들판', '재끼판(노름판)' 등에서 보듯이 어떤 '장소'나 '구경거리' 등을 의미하기 때문이다.

  또 이렇게 땅거미가 밀려오면 '어심든다(무안)', '땅금든다(구례)'고 하였으며, 그러한 때를 '해질꼴새(무안)'라고도 하였다.

현장 구술 담화

  "**해으름참**에 가서 소 끄집어 온다고 글제. **해으름참**이 대면 데리고 와. **해으름참**이라 그래."(**석양**에 가서 소 끌고 온다고 하지. **석양**이 되면 데리고 와. **해으름참**이라 그래.)(장성군)

06 거그〔거기〕

표준어 '거기'를 전라도에서는 대체로 '거그', '거:', '걱'이라고 한다. '여기'도 물론 '여그', '요그', '역' 등이다.

'거그', '거:', '걱'은 어떻게 변해 온 말일까?

전라도에서는 '거기'를 '거그' 말고도 줄어든 모습인 '거:', '걱'은 흔히 다음과 같은 대화를 통해 들을 수 있다.

"아자씨 옷 맹이로 **거그**다 지사시리에다 떡을 허먼 좋아요. 옹구시리에다 허먼 물기가 돌고."(담양군)

"**걱**서 놀다가 물에 빠지먼 짚어 못나올라."

"**거:**다 나누먼 아무라도 각고 가분다고라(가져 가버린다니까요)."

먼저 표준어 '거기'는 '그곳'을 일컫는 말인데 이와 관련된 옛말은 15세기 '그어긔(거기에)', '거긔(그곳에)', '그엣(거기의)' 등이었다.

이들로 미루어 보아 표준말 '거기'의 원형은 '그어긔'이었으며 '그어긔>거긔>거기'로 변해 온 것을 알 수 있다. 그리고 '그어긔'의 원래 의미는 '그(其)+억(부근, 근처)+의(에)' 즉 '그 근처에'라는 뜻이었음을 짐작할 수 있다.

전라도의 '거그', '걱', '거:'는 '그억의>거긔>거그>걱>거:'로 변한 것으로 보이고 꾸준한 축약의 과정을 밟고 있음을 알 수 있다.

그런데 자세히 보면 '거기에', '거그에'는 '그억+의(에)+에'로 처소격 조사가 두 번이나 중복되었다는 것을 알 수 있으며, 오히려 전라도 말의 '걱서(거기서)'나 '거:다(거기에다)'가 조사가 중복되지 않고 옳게 반영된 모습임을 알 수 있는 것이다.

전라도에서 '여기'에 해당하는 말도 '거기'와 비슷하게 '여그', '여:', '역'과 같이 사용되는 것을 볼 수 있다.

현장 구술 담화

"**거그** 머다로 갔냐? 안 가도 될 디를 **거그** 머달라고 가각고, 물에 빠져 각고 오냐. **거그**가 머 있다냐. **거그** 둠벙에 시방도 조개 있다냐? 전에는 손바닥 절반 짜리도 있고 한나만헌 것도 있고 했는디."(**거기** 무엇 하려고 갔느냐? 안 가도 될 곳을 **거기** 뭐하려고 가가지고 물에 빠져서 오느냐. **거기**가 뭐 있더냐. **거기** 웅덩이에 지금도 조개 있더냐? 전에는 손바닥 절반 크기도 있고 손바닥 하나 크기도 있었는데.)(함평군)

07 빤듯허니(반듯하게)

　표준어의 '반듯하게'를 전라도에서는 대체로 '빤듯이', '빤듯허니', '반 득허게'라고 한다. '빤듯허니'의 원래 의미는 무엇이었을까?

　표준어 '반듯하다'는 원래 '바르다', 즉 '옳다', '곧다'라는 뜻의 '바른듯 하다'가 줄어든 말이다. '바른듯하다>반듯하다>빤듯하다'로 변해 온 것 이다. 전라도 말 '빤듯허니' 역시 '바른듯허니>반듯허니>빤듯허니'로 바 뀌었다. 이와 관련되어 다음과 같은 말들이 쓰인다.

　"밭꼬랑이 **빤듯허다**."
　"나락 가리(볏단)를 **빤듯허니** 좀 개레 나라(가려 놓아라)."
　북한에서는 '반드사다' 등의 말이 쓰이고 남한 여러 지역에서 '빨갓다', '뻘것다' 등 특이한 어형이 사용되는 것을 확인할 수 있다.

현장 구술 담화

　"네모를 기래라 글 때는 네모잽이를 기래라 글고 세모를 기래라 글 때는 세 모잽이를 기래라 그래. 네모잽이가 **빤듯허니** 기래졌그만. 네모잽이, 세모잽 이 글지."(네모를 그려라 할 때는 네모잽이를 그려라 하고 세모를 그려라 할 때는 세모잽이를 그려라고 해. 네모가 **반듯하게** 그려졌구먼. 네모잽이, 세모 잽이 그러지.)"(곡성군)

08 목포대(목포 쪽)

전남 신안에서는 '목포 방향으로 갔다.'는 말을 '목포대로 갔다'고 말하는 걸 쉽게 들을 수 있는데, '목포대'는 어떻게 생겨난 말일까?

신안에서 방언조사를 할 때 '목포대'라는 말을 자주 들었다. 처음에는 '목포대학교'를 말하는 것으로 착각을 했다. 그런데 '쪽'이나 '방향'을 나타내는 말로 중세국어에서 '다히>대'의 변화임을 알 수 있었다.

님**다히**(님 계신 **쪽**의)쇼식을 아므려나 아쟈 ᄒ니 오ᄂᆞᆯ도 거의로다. 닉일이나 사ᄅᆞᆷ 올가. 내 ᄆᆞᄋᆞᆷ 둘 ᄃᆡ 업다.(속미인곡 16세기)

그래서 '목포대로'의 '대'는 '다히>다이>대'로 변해 온 말임을 알 수 있다. 아직도 고어를 그대로 사용하고 있는 셈이다.

현장 구술 담화

"도망수, 남자가 도망하먼 도망수라고도 하고. 부락에 살다가 **목포대**로 도망 간 사람이 도망수제. 도망수라 가제. 빚지고 도망한 사람이 도망수제." (도망수, 남자가 도망하면 도망수라고도 하고. 부락에 살다가 **목포 쪽**으로 도망 간 사람이 도망수지. 도망수라고 하지. 빚을 지고 도망을 한 사람이 도망수지.)(신안군)

09 앵기청(살피)

　땅과 땅 사이의 '경계선'을 간단히 나타낸 표를 표준어로 '살피', '살표'라고 한다. 그런데 이 '살피'를 진도 등지에서는 '엥기청', '앵기청'이라고 한다.

　'앵기청'은 어떻게 생겨난 말일까?

　살피는 논밭보다는 주로 산의 경계를 말하는데 사용했다고 지역민들은 말하는데, '살피'의 어원은 정확히 알려진 바가 없다. 표준국어대사전에 '살피'는 '땅과 땅 사이의 경계선을 간단히 나타낸 표'라고 풀이되어 있다. 다만 이와 관련된 어휘로 '갈피'가 있는데, '겹치거나 포갠 물건의 하나하나의 사이, 또는 그 틈'으로 '책갈피', '노트 갈피' 등에서 볼 수 있다.

　아마 '사이(間)의 표시'가 변한 말이 '살피'이고, '간(間 사이)의 표시'가 '갈피'이지 않을까 짐작될 뿐이다.

　'살피'와 관련된 말로, 전라도에서 '밭살피', '살피두럭(담양)'이라는 말도 있다.

　전라도말 '앵기청', '엥기청'은 '한계청>행기청>앵기청'으로 변한 말로 보인다. 밭이나 산의 '한계(경계)'를 정하는 일이기 때문이다. '한계청>앵기청'처럼 ㅎ이 탈락한 모습은 표준어에서 '헝클다-엉클다'가 있고, 옛말 '한것귀'가 현대표준어 '엉겅퀴'로 변한 말에서도 찾아 볼 수 있다.

‘살피’를 제대로 알게 해 줄 사람은 이 세상에 자기가 가장 믿는 자기 자식밖에 없다. 아버지를 따라 산길을 오르며 아무 관심도 없는 어린 나에게 살피를 애써 가르쳐 주시던 아버지는 이제 세상에 계시지 않다. 나도 그 살피를 잊은 지 오래고 그 산도 주인이 바뀐 지 오래 되었다.

　언젠가 나도 자식에게 살피를 알려주는 날이 올지는 기약할 수 없다. 길이 아니면 가지 말라는 경계의 살피라도 몇 남겨주고 떠나는 것이 내 임무가 아닐까.

현장 구술 담화

　“산 경계, 너무네 산허고 길을 냈어요. 경계를 냈어요. **앵기청**이라 글고. 옛적 노인들 **앵기청**이라 그래. **앵기청**에 나무가 많이 돋아났네. 길이 잘 안 보이네. 밭에서는 잘 안 써요. 산을 **앵기청**이라 글제.”(산 경계, 남의 산 사이에 길을 냈어요. 경계를 냈어요. **앵기청**이라고 하고. 옛날 노인들 **앵기청**이라 그래. **살피**에 나무가 많이 돋아났네. 길이 잘 안 보이네. 밭에서는 잘 안 사용해요. 산의 살피를 **앵기청**이라 하지.)(진도군)

⑩ 몬당[산꼭대기, 산 정상]

전라도 전역에서 산 '꼭대기(정상)'를 뜻하는 단어는 너무나 많다. '산 꼬작', '산꼬젱이', '산꼭데기', '산봉뎅이', '뽕닥지', '봉뎅이', '뽕데가리', '뽕데기', '뽈랑가지', '뽁데기' 등인데, 여수, 순천 등에서는 '몬당', '몬댕이'라는 말이 있다.

'몬당', '몬댕이'는 어떻게 생겨났을까?

현대국어에서 '지붕이나 산의 꼭대기'를 '마루'라고 하는데 이 말은 '정상', '최고의 우두머리'를 의미하는 옛말 'ᄆᆞᄅᆞ(15세기)', 'ᄆᆞ르(17세기)' 에서 변해 온 말로 볼 수 있다. 그래서 'ᄆᆞᄅᆞ>마루'로 변화과정을 짐작해 볼 수 있다.

이 '마루'에 해당하는 전라도 말 '몬당'과 '몬뎅이'는 '산의 정상'을 뜻하는 말로만 사용되지만, 이와 비슷한 '몰랑가지', '몰랑이', '몰랑지', '몰렝이' 등은 '산의 정상'과 '능선'을 잘 구분하지 않고 2가지를 함께 일컫는 말이다.

여기서 '몬당', '몬댕이', '모렝이', '몰랑이'는 모두 원래 '마루(宗)'의 옛말 'ᄆᆞᄅᆞ(꼭대기)'와 관련이 있어 보인다. 먼저 '모렝이', '몰랑이'는 'ᄆᆞ ᄅᆞ>모로'로 변하면서 접미사 '-앵이', '-앙이'가 첨가된 모습이다. '모로 앵이>모렝이', '모로앙이>몰랑이'로 변했을 것이다.

'몬당', '몬댕이'도 '모렝이', '몰랑이'처럼 '모로'에 접미사 '-당', '-댕이'가 붙어서 생겨난 말로 보인다. 결국 '몬당', '몬댕이'는 표준어 '마루'와 같은 뜻, '산꼭대기'를 이르는 말이다.

혹은 '몬당', '몬댕이'는 '무릭+ㄴ+당(댕이)' 정도를 생각해 볼 수 있는데, 다만 '당'의 실체가 조금 궁금하긴 하지만 '당'은 '꼭대기', '높은 곳'을 의미하는 우리 옛말 '아사달', '양달'의 '달'이 '당'으로 음운변화한 모습이 아닐까 싶다. ㄹ-ㅇ 교체는 전라도 말에서 '갈 줄'-'갈 중(떠날 줄)', '불알-붕알(고환)' 등에서 쉽게 볼 수 있는 변화이다.

그리고 지붕의 맨 위쪽 '용마루'를 전라도에서는 '용모리', '용모름'이라고 하는데, 이때의 '모리', '모름'도 같은 어원을 지니고 있는 단어이고, '대청마루' 등의 '마루'도 원래 같은 어원이라고 본다.

▰ 현장 구술 담화

"산꼭대기, **몬당**에 제일 위에 산 **몬당**에 올라갔제. 소 믹이로 가서 **산몬당**에, 옆에 오늘은 요쪽 매방골, 피아골이 동네 앞에도 있어. 거그 계곡에 소 풀어 놓고 산 **몬당**에 가잖아. **산몬당**에 가서 돌가지 캐고, 나무 우게, 바구 우게서 놀제, 돌파구에 넘어지고 그러제잉."(산꼭대기, **정상**에 제일 위에 **산꼭대기**에 올라갔지. 소 먹이로 가서 **산꼭대기**에, 옆에 오늘은 이쪽 매방골, 피아골이 동네 앞에도 있어. 거기 계곡에 소 풀어 놓고 **산꼭대기**에 가잖아. **산꼭대기**에 가서 도라지 캐고, 나무 위에, 바위 위에서 놀지, 돌에 넘어지고 그러지웅.)(순천시)

⑪ 산태배기〔산비탈〕

　산기슭이 황토 등의 가파른 곳으로 홍수가 지면 쉽게 깎이어 내리는 그러한 장소(골짜기)를 전남 동부에서는 '산태배기'라고 한다.

　이 '산태배기'는 어떤 의미로 만들어진 것일까?

　'산태배기'는 어디에서도 보고되지 않은 말인데, 전남의 여수, 순천에서 흔히 사용하는 말이다.

　표준어에 '산태(山汰)'란 말이 있는데, 산태는 폭우나 지진, 화산 따위로 산 중턱의 '바윗돌이나 흙이 갑자기 무너져 내리는 현상'을 말한다. '산태'를 '산사태(山沙汰)'라고도 하는데, 흔히 우리는 '산사태가 났다'고 말한다.

　그래서 '산태배기'는 그대로 '산사태'가 자주 나는 그러한 곳을 말하는 '산태+배기'인데, 전라도 말에서 '-배기'는 '진짜배기', '새짤배기' 등 주로 물건이나 사람에 사용되는 접미사인데, '산태배기' 말고는 장소나 지명을 나타내는 사례가 없는 특이한 모습이다.

　예전의 '산태배기'에는 떡깔나무나 참나무의 이파리들이 골이 진 바닥에 쌓여 있어서 이것을 망태기에 담아 땔감으로 쓰기도 했다. 그런데 이 '산태배기'는 대부분 높다란 절벽을 이루고 있는 곳이 많아, 각종 철새들이 둥우리를 파고 그 안에 둥지를 틀고 새끼를 기르기 좋은 장소이다. 마을 청년들이 이들 새 새끼를 데려와서 집에서 기르곤 했었다. 여기에는 주로 물총새가 많았는데, 여름철 냇가에서 물고기를 물어다 나르는 장면을 쉽게 볼 수 있었다.

이제는 시골의 '산태배기'는 그야말로 아무도 찾아오지 않는 적막한 절벽이 되었다. 마치 강남 갔던 제비가 농약 때문에 각종 벌레가 박멸된 농촌 마을로 돌아오지 않듯이 말이다.

현장 구술 담화

"소새 구멍이 총총총총 머이 염벙헐라고 구녕마다 쑤새 보면 뱀이 들어가먼 잡아 묵어 불고. 쌔부러 와글와글해. 시방은 멸종이 대 부렀어. 응, 꼴짝 **산태배기**에서 퍽 새 잡았그마 우리덜. 산태나무 말고 계곡이 파해불면 **산태배기**라 그래. 그런디 **산태배기** 요런디. 구녕을 뚫어각고 모른 것을 해각고 집을 맨들아."(물총새 구멍이 총총 뭐하려고 구멍마다 손을 쑤셔 보면 뱀이 들어가먼 잡아 먹어 버리고. (물총새가)아주 많아 와글와글해. 지금은 멸종이 되어 버렸어. 응, 골짜기 **산태**에서 무척 새를 잡았구만 우리들. 산태나무가 아니라 계속 계곡이 파이면 **산태배기**라고 해. 그런 곳이 **산태** 이런 곳, (물총새가)구멍을 뚫어서 마른 풀을 모아서 집을 만들어.)(여수시)

⑫ 구녁[구멍]

　'뚫어지거나 파낸 자리'를 말하는 표준어 '구멍(穴)'을 전라도에서는 '구먹', '구녕', '굼기(고흥)', '구녁' 등으로 부른다.
　'구녁', '구먹' 등은 원래 무슨 의미로 만들어진 말이까?

　먼저 표준어 '구멍(穴)'의 옛말은 '굼ㄱ', '구무', '구모', '구메' 등인데 곡용을 하면 '굼기(구멍이)', '굼글(구멍을)', '구무와(구멍과)' 등으로 다양한 모습을 보이고 있다.
　'구멍'은 '구무+엉'의 모습으로 '엉'은 '시렁(실+엉)', '비렁(비르+엉= 바위 절벽)' 등에서 보듯이 특별한 뜻이 없는 단순한 접미사 역할을 하고 있다.
　그런데 전라도의 '구녁'은 옛말 '구무/구모'에 접미사 '-억'이 첨가되어, '구무억>구먹>구녁'으로 ㅁ>ㄴ 교체를 보인다.

　이때 '-억'은 전라도 말 '부석(아궁이)', '아적(아침)'과 표준어 '주먹 (줌+억)', '주걱(죽+억)' 등의 말에도 나타나는데, '붓(불 火)+억>부석', '앚(이르다, 루)+억>아적'의 경우는 '근처(부근)'나 '때(시간)'의 의미를 지니고 있고, 표준어 '주먹(줌+억)', '주걱(죽+억)'의 경우 '-억'은 '작은 물건'에 붙는 접미사로 볼 수 있다.

그래서 전라도 말 '구녁'은 '구먹(구무+억)>구녁'으로 '구멍 근처'의 뜻으로 볼 수 있지만, '주걱'처럼 특별한 뜻이 없는 접미사가 붙은 말로도 볼 수 있을 것 같다.

고흥에서 보이는 '굼기(구멍이)'는 옛말 '굼ㄱ'을 잘 보존하고 있는 모습이다(굼ㄱ+이).

현장 구술 담화

"그전에는 모도 가래낙지, 폴낙지 했어. 부인들이 주로 허는 것은 폴낙지, 남자들은 가래낙지. 폴낙지는 부인들이 **구녁** 있으면 요렇게 파가지고 뻘로 쌓아나, 그먼 **구녁** 안에 낙지란 놈이 앙겄제."(그전에는 모두 삽으로 파서 잡는 가래낙지, 팔(폴)로 뻘구멍을 헤집어 잡는 폴낙지를 했어. 부인들이 주로 하는 것은 폴낙지, 남자들은 가래낙지. 폴낙지는 부인들이 **구멍**이 있으면 이렇게 파가지고 뻘로 쌓아 놔, 그러면 **구멍** 안에 낙지란 놈이 앉아 있지.) (무안군)

⑬ 몰강물[깨끗한 물]

　'맑은 물'을 전라도에서는 '멜강물(광주)', '몰강물(담양,광주,여수)'이라고 하고, 탁한 물을 '꾸정물'이라고 한다.

　'멜강물', '몰강물', '꾸정물'은 어떻게 생겨난 말일까?

　'맑은 물'을 말할 때 '맑은'은 중세국어 '묽다(15세기)'이고 여기에 '물(水)'이 합성된 '묽은 물(묽+은+물)>맑은물'이다. 전라도 말 '몰강물'은 표준어의 표준어의 '묽>맑'의 변화에 비하여 전라도에서는 '묽>몰'로 변한 모습이다(묽+앙+물>몰강물). 순음 아래에서 `ㆍ>ㅗ 변화는 흔히 '므을>모실', '붉다>볽다'의 모습과 같다.

　"아까 물이 꾸정허등마(흙탕물이더니), 인자 샘에서 <u>**몰강물(맑은 물)**</u>이 나온다."

　그리고 이와는 정반대의 말, 무엇을 씻거나 빨거나 하여 더러워진 물을 '꾸정물'이라고 하는데 이 말은 어떻게 생겨났을까?

　먼저 전라도 말 '꾸정물'은 표준어 '구정물'이 경음화한 말로 볼 수 있다. '구정물'은 '궂은 물'이 변한 말이다. '궂다'는 15세기(석보상절)부터 등장하는데 의미는 '언짢고 나쁘다', '비나 눈이 내려 날씨가 나쁘다'로 풀이된다. 그래서 '꾸정물'은 '궂+엉(접미사)+물'로 '구정물>꾸정물'의 변화임을 알 수 있다.

그런데 전라도의 '꾸정물'은 표준어 '구정물'과는 많은 차이가 난다. '구정물'은 '무엇을 씻거나 빨거나 하여 더러워진 물(오수)'이라고만 풀이되어 있는데, 전라도의 '꾸정물'은 이 외에도 '얼굴이나 목에서 흐르는 땀'을 말하기도 하고, 돼지나 소를 기르는 '가축의 먹이'로 사용되는 '등겨나 식사 후의 남은 찌꺼기가 모두 합한 물'의 뜻으로 더 많이 사용된다. 이것은 마치 전라도의 '씨래기국'이 '쓰레기'가 아니듯이 '꾸정물'도 단순한 더러워진 '구정물(궂은 물)'의 의미만이 아닌 것이다.

"**꾸정물**이라 그래. 헛물 겉은 거 받아 꾸정물통, 기명통에 받아났다 주고, 밥 주는 디는 돼지구시(돼지구유)." (광양시)

지금은 고향에 가면 신기하게도 냇가의 물이 오히려 예전보다 더 맑아 보이는 '몰강물'이 흐르지만 물속에 피라미나 참게, 붕어 등이 아예 보이지 않는다. 각종 농약과 하수구의 생활용수가 이제는 물고기를 살 수 없게 된 것이다.

현장 구술 담화

"**몰강물**이라 그래. 아따 물이 맑을 때 더런 거 아무것도 없이 깨끗한 생수를 **몰강물**이라 그랬어. 샘에서도 그러고, 독아지, 오가리에 물이 말금허니 있으면 **몰강물**이라. 아그들이 깨끗허니 허고 오면 **몰강물**이 룩룩 떨어진다, 아따 **몰강물**이 룩룩 떨어지네 그래." (**몰강물**이라 그래. 아따 물이 맑으면 더러운 것 아무것도 없이 깨끗한 생수를 **몰강물**이라 그랬어. 샘에서도 그랬고, 독이나 오가리에 물이 말갛게 있으면 **몰강물**이라. 아이들이 깨끗하게 하고 오면 **맑은물**이 뚝뚝 떨어진다. 아따, **맑은물**이 뚝뚝 떨어지네 그래.)(강진군)

⑭ 초드리(밀물의 시작)

　주로 신안 등의 섬 지역에서는 물이 썰물이 되면 '간조'라고 하고, 밀물이 되어 들어오는 모습을 '초들이'라고 한다.

　이 '초들이'는 어떤 의미일까?

　먼저 신안, 진도에서는 '썰물'을 '쓴물'이라고 한다. 참고로 표준어 '썰물'은 옛말 '혈물'이 변한 말인데, '혀다(15세기)'는 '끌어당기다'는 뜻으로 '혈물'은 바닷물을 멀리서 '끌어당겨서 빠지는 물'로 보는 것이다.

　'쓴물'은 '썰물'의 변화형이다. 즉 이 지역에서 물이 빠지는 '썰물'이 합성을 할 때 '써(다)+ㄹ+은+물'의 형식이 '썰은물>쓴물'이 된 모습이다. 이처럼 동사 원형 '써다'가 활용할 때 '써고, 썼다, 쓴'으로 활용을 하는 특이한 모습을 보여주고 있다. 전라도 말에서 '썰물>쓴물'처럼 ㅓ>ㅡ 음운 교체를 보이는 예는 '헝겁-훙겁데기', '허리끈-흘껀' 등에서 쉽게 볼 수 있다.

　그리고 물이 다 들어 온 상태인 '만조(滿潮)', '사리'를 여수 등지에서 '다드리'라는 말이 있다. 이는 '다(모두)+들(入)+이(접사)'로 '물이 다 들어오다'는 뜻이다.

그래서 '다드리'는 '다(모두)+들+이'로 '다 들어 왔다'는 의미이고, '초들이'는 '초(初 처음 초)+들(入 들 입)+이'로 '처음 들어 온다'는 뜻으로 보면 될 것 같다.

완도의 '참바지(밀물, 사리)', '가센물(간조)'은 특이하다.

현장 구술 담화

"중물이어요. 다 들어 왔을 때는 만조. 다 썼을 때에는 간조. 또 중물 정도 썼다고 그래요. 들어오는 물한테는 <u>초들이</u>헌다. <u>초들이</u>헌께 여섯 시간 써고 마지막 물때가 들어오먼 <u>초들이</u>헌다 그러제."(중물이어요. 다 들어 왔을 때는 만조. 다 썰물이 되면 간조, 또 중물 썼다고 해요. 들어오는 물에는 **초들이**한다. **초들이**하니까 여섯 시간 밀려나고 마지막 물때가 들어오면 **초들이**한다 그러지.")(신안군)

제 9 장
감정표현

🔟 개안허다(산뜻하다)

주로 기분이나 몸이 상쾌하고 가뜬할 때 전라도에서는 '개안허다', '개완허다(광양)', '개분허다(고흥)'라는 말을 쓴다. 표준어에도 '개운하다'는 말이 있으나 정확히 내용이 일치하지는 않은 것 같다.

'개안하다', '개분하다'는 말은 어떻게 변해 온 말일까?

대체로 전라도에서는 '개안하다', '개완하다'라고도 하는데, 지역에 따라서 '개분하다'라는 말도 함께 쓰인다.

또 이와 같은 상황을 '모뜩허다(표준어: 마뜩하다)'라고 말하기도 한다.

"머슬 해 놓고 맘이 **모뜩허면(만족스러우면) 개분허다** 그래요. 이녁 맘이 안 좋습디까. 그렇게 모뜩허면, 그러면 **개분허다**고 해요." (고흥군)

먼저 표준어 '가볍다'는 옛말 '가비얍다'가 변한 말이다. 이 말은 물건이 가볍다는 말이지만, 차츰 자질구레한 것을 떨쳐버리고 거리낄 것이 없는 시원한 마음의 상태로도 사용되어 온 말이다.

전라도에서는 '가볍다'를 흔히 '개북다', '개복다'라고 말한다. 그래서 '개분허다'도 마음이 가벼운 상태이니 '개북다'의 어간이 활용된 모습인 '개북+은+허다(개분하다)'는 의미로 볼 수 있을 것이다.

그리고 같은 뜻을 가진 '개안하다', '개완하다'는 '개분하다'의 이전형이 '*개콘하다'가 아니었을까 하는 생각이 든다. 그래서 표준에서는 '*개콘하다>개운하다'로 변했고, 전라도에서는 '*개콘하다>개분하다', 또는 '개완하다', '개안하다'로 변한 것이 아닐까 생각된다.

전라도 말에서 '개운하다>개완하다'처럼 ㅜ>ㅘ의 변화는 '홀홀>활활', '줄줄>좔좔'에서처럼 상황을 강조하기 위한 청각 인상의 한 방법으로 것으로 볼 수 있을 듯하다.

경남방언에서도 '마음이 가볍다'의 의미로 '개분하다'와 비슷한 형태인 '깨분하다'가 보고되어 있다.

그런데 이와 같이 '개안하다'와 반대의 경우, 꺼림칙하다는 뜻으로 전라도에서는 '짬짬하다', '찜찜하다'를 쉽게 들을 수 있다.

현장 구술 담화

"**개안허다**, 시언허다 그말이여. 아따 **개안허다**. 우리 성 이름이 개안이라 그래갖고 사람들이 놀레. 머시 안 답답허요 그러다 말끔허게 되면 **개안혀**. 시방은 닭을 안 키운게 **개안해**. 촌에도 문화도시 되아 가지고 **개안허지라**." (**개운하다**, 시원하다 그말이여. 아따 **개운하다**. 우리 형 이름이 개안이라 그래서 사람들이 놀려. 뭔가 답답하다 말끔하게 되면 마음이 **개운해**. 지금은 닭을 안 키우니까 **개운해**. 시골도 문화도시 되어서 **개운하지요**.)(완도군)

02 꼴짝허다(배고프다)

전라도에서는 '배가 약간 고픈 상태'를 '꼴짝허다', '꿀찜허다'는 표현을 한다.

'꼴짝허다'는 어디서 온 말일까?

표준어 '고프다'는 옛말 '골프다(飢 15세기)'란 말에서 왔다. '알프다>아프다'처럼 **ㄹ**탈락의 모습이다.

'골프다>골프다>고프다'인데, '고프다'의 뿌리가 원래 '골'이라고 본다면 전라도 말 '꼴짝허다', '꿀찜하다'도 원래는 '골'에 왔고, 된소리로 변화한 모습을 '꼴', '꿀'로 볼 수 있을 것 같다.

그래서 '꼴짝허다', '꿀찜하다'의 뿌리는 '골', '꼴', '꿀'이며 이는 '비어 있는 상태', '배가 고픈 상태'를 말한다고 보면 될 것 같다.

이와같이 '골프다', '꼴짝허다'의 '골', '꼴'과 관련된 말은 배가 비었을 때 '배를 골는다(곯다)'고 하는 데서 볼 수 있고, '꿀찜하다'의 '꿀-'은 물통의 안이 비어 있는 상태를 표준어 '꿀렁꿀렁하다'고 하는 데서도 찾아볼 수 있다.

그래서 '꼴짝허다'는 비어 있는 상태인 '꼴(골)'에 '-직하다'라는 뜻의 '-작하다'가 붙은 모습이다.

우리가 흔히 아이를 나무랄 때 쓰는 전라도 말 '꼴통', '골통가심(담양)'이라는 말도 '비어 있는 머리'로 볼 수 있다. 그래서 '꼴통'은 '꼴(비어 있다)+통(머리통)'이 합하여진 말이지 않는가 생각된다. '통'은 '머리'를 속되게 말하는 '대갈통', '머리통'이란 말에서 볼 수 있다.

위의 '꼴짝하다', '꿀찜허다'와 같은 의미로 전라도에서 '꿀찍허다', '꼴망하다', '깨꼴찜하다', '꼴짝허다'는 말도 함께 사용된다.

전라도에서는 배가 고픈 상태인 '꼴짝허다'는 말과 반대되는 말로 아예 너무 많이 먹어서 배가 부른 상태인 '짜구나다'란 말이 있다. 표준어 '자귀나다(개 돼지가 많이 먹어서 생기는 병)'라는 말과의 연관성을 짐작해 볼 수 있다.

현장 구술 담화

"애기들이 울면 배가 **꼴짝형갑다**, 그래. 배가 **꼴짝허다고** 머 묵어야 헐랑갑다고. 애그들 울면 배가 **꼴짝형게** 운다 글제라."(아이들이 울면 배가 **고픈 모양**이다고 해요. 배가 **고프다**고 뭐 먹어야 할 모양이라고. 아이들이 울면 배가 **고프니까** 운다고 하지요.)(담양군)

03 얼척없다(어이없다)

표준어의 너무 어이가 없는 상황에서 쓰는 말로 전라도에서는 '얼척없다'는 말을 쓴다.

'얼척없다'는 어디서 나온 말일까?

'얼척없다'는 대체로 '얼척이 없네', '얼처구니 없이'라는 형식으로 쓰인다.

"참말로 <u>내가 얼척(이) 없네</u>."

'얼척없다'는 '어처구니없다'에서 나온 말이 아닐까 생각된다. 전라도 말에서 '어처구니>얼척'처럼 ㄹ이 첨가되는 경우는 '애탄가탄>알탕갈탕(표준어: 애면글면)', '우려먹다>울궈먹다/울가묵다' 등에서 볼 수 있다.

또 '느닷없이', '갑작스럽고 엉뚱하다', '예상하지 못하다'에 해당하는 말로 '뚱금없다', '뚱금없이'라는 말도 쉽게 들을 수 있다.

"새끼가 <u>뚱금없는</u> 말을 해각고 어런들한테 소리 바가지로 얻어 묵어 부렀씨야."
"니는 어디 갔다 <u>뚱금없이</u> 와각고 사람 놀래게 허냐?"

표준어에도 '뜬금', '뜬금없이'가 실려 있다. 이때 '뜬금'은 '일정하지 않고 시세에 따라 달라지는 값'이라 풀이되어 있다. 여기서 표준어 '금'은 물건의 값(시세)를 말하며, "물건 **금(값)**을 놓아 보세요."처럼 사용된다. 그래서 '뜬금'은 '떠 있는 금(물건 값)'이니 정해지지 않고 때에 따라 달라지는 값인 것이다.

그런데 '뜬금없이'는 '갑작스럽고도 엉뚱하게'로 풀이되어 있다. 아마 '뜬금(일정하지 않다)+없이'로 합성되면서 '뜬금없이(예상치 않게)'로 의미가 확대된 것이라 본다.

전라도 말 '뚱금없이'는 말할 것도 없이 '뜬금없이'가 변한 발음이다.

완도 지역에서는 예상치 못하게 태어난 아이를 '뚱금수'라고 하는 말이 있다. '뚱금없이 태어난 아이'를 말한다.

현장 구술 담화

"생각없는 말을 허먼 **얼척없는** 말을 헌다 그래. **얼척없이** 고런 말을 헌다고."(생각이 없이 말을 하면 **어이없는** 말을 한다고 해. **어이없이** 그런 말을 한다고.)(고흥군)

⑭ 쌔부렀다(많다)

'아주 많다'는 의미로 전라도에서는 '쌔부렀다'는 말을 많이 사용한다. '쌔부렀다'는 말은 어떻게 나온 말일까?

전라도 말 '쌔부렀다'는 표준어 '쌔다(많다)'에 보조용언 '-부렀다(버렸다)'가 덧붙은 형태이다.

표준어국어대사전에는 '쌔다'란 말은 '쌓이다'의 줄인말로서 주로 '쌘', '쌔고 쌘', '쌨다', '쌔고 쌨다' 꼴로 쓰여 '쌓일 만큼 퍽 흔하고 많이 있다.'로 풀이되어 있다. 그리고 다음과 같은 예문이 실려 있다.

"**쌔고 쌘** 것이 남자인데, 그런 사람을 사귀다니."
"그런 물건은 창고에 **쌨다**."

그래서 '쌔부렀다'는 결국 '쌓이다', 즉 '많은' 상태를 강조하여 나타낸 말임을 알 수 있다. 다만 '-버렸다'는 표준어에서는 주로 동사 뒤에서 아쉬운 감정과 관련된 표현인데, '쌔부렀다(많다)'는 형용사에 사용된 점이 특이하다고 하겠다.

말하자면 표준어에서 동사 뒤에 '가 버렸다'는 흔히 쓰이는 말이지만,

형용사 뒤의 '예뻐 버렸다'는 잘 쓰이지 않는데, 전라도에서는 '이뻐 부러 (아주 예쁘다)', '좋아 부러' 등에서도 쉽게 볼 수 있는 표현이다.

현장 구술 담화

"토끼풀 하로 가면 토끼 줄라고 독새란 거이 믹이고 그랬는디, 논두럭에 독 새가 **째부렀제**. 토끼가 잘 먹는 거 뜸물 나온 풀도 많고. 그때는 바닷가에 갱 조개 캐로 가면 갱조개도 **째부렀어**."(토끼풀을 하러 가면 토끼 주려고 둑새 란 것을 먹이고 했는데, 논두렁에 둑새가 **아주 많지**. 토끼가 잘 먹는 것 뜨물 나오는 풀도 많고. 그때는 바닷가에 가막조개를 캐러 가면 가막조개도 **아주 많아**.)(보성군)

05 자급허다[소스라치게 놀라다]

전라도에서는 '깜짝놀라다', '소스라치게 놀라다'는 의미로 '자망(자망을)하다', '자급(잘급을)하다'는 말이 사용된다.

'자급하다', '자망하다'는 무슨 뜻일까?

'자급하다'라는 말은 놀라도 보통 놀란 게 아니라 '아주 심하게 놀랄 때' 하는 말이다. '잘급허다'로도 나타나며, 그 용례는 다음과 같다.

"하이고 **자급허게** 놀랬네, **자급을 허겠네**. 놀래 **자급** 똥을 싸겄네."

먼저 '자급허다'는 말은 표준어 '질겁하다'에서 온 말로 보인다. '질겁 (窒 막을 질, 怯 겁낼 겁)하다'는 '뜻밖의 일에 자지러질 정도로 깜짝 놀란다'는 뜻이다. 그래서 '잘급하다'의 '잘급'은 '질겁'이 '질겁>잘겁>잘급'으로 변화했을 것으로 추정한다.

전라도에서 ㅈ, ㅊ 에 이어지는 ㅣ- ㅏ 모음의 변화는 '질금거리다>잘금거리다(액체가 떨어질 때)', '질질>잘잘(물이 흐를 때)', '칭칭-창창(감을 때)' 등에서 쉽게 찾아볼 수 있기 때문이다.

그리고 표준어 '질색'의 '질(窒)'은 '질색(窒 막을 질, 塞 막을 색, 몹시 싫어하거나 꺼리다)하다'에서 보듯 '몹시 꺼려서 피하고 싶은' 뜻을 보다 강조하여 표현하고 있는 듯하다.

'잘급하다'와 같은 말로 전라도 동부에서는 '왕자급하다'라는 말을 쓰고, 또 이렇게 너무 놀라서 기절하는 모습을 영광에서는 '천풍하다'는 말도 있다.

또 이와 거의 비슷한 말로 '자망하다'라는 말도 있다. '자망하다'는 말은 정확한 어원을 알 수 없지만 이것도 한자어 '자망(自 스스로 자, 忙 두려울 망)' 정도의 의미가 아닌가 추측해 본다.

"하이고 **자망을 허겄네(질겁을 하겄더군)**. 놀래 자빠져불겄드랑께."

현장 구술 담화

"독새가 얼매나 큰 거시 나오등가, **자급을 허겄네잉**. 아따 자급을 허겄네. **자급허게** 놀랐다. 머이 시커먼 멧뒤아지 같은 거이 눈앞에서 뛰고 대등께 자망을 허겄네. 참말로 자망헐 일이데."(독사가 얼마나 큰 것이 나오든지 **까무러지겄더군**. 아이고 놀라 죽겄네. **까무러지게** 놀랐다. 무엇이 시커먼 멧돼지 같은 것이 눈앞에서 뛰고 대드니까 놀라 기절을 하겄더군. 정말로 놀랄 일이었네.)(화순군)

06 꼼치다(감추다)

    표준어 '감추다'는 남이 보거나 찾아내지 못하도록 가리거나 숨기는 것을 말하는데, 전라도에서 '꼼추다', '꼼치다'는 말을 많이 사용한다.

    이 '꼼치다'는 의미는 원래 어떤 뜻이었을까?

    현대 국어 '감추다'의 옛말인 'ᄀ초다(15세기)'는 '갖추다(備 구비할 비)'의 의미와 '감추다(臟 숨길 장)'라는 2가지 의미를 모두 가지고 있었다.

    그래서 'ᄀ초다'는 '구비하다'의 의미를 지닌 동사 어간 'ᄀᆽ-'에 사동접미사 '-오/우-'가 결합한 것이다. 또 다른 의미로 중세국어 시기의 'ᄀ초다'는 '감추다'는 뜻이었는데, 15세기 일부 문헌에서부터 'ᄀᆫ초다'와 같이 ㄴ 첨가 형태가 나타나기 시작하였다. 이후 16세기에는 '곰초다'가 보인다.

    바로 이 '곰초다'는 표준어에서 '곰초다>감추다'로 변한데 비하여 전라도에서 '곰초다>곰초다>꼼치다'로 바뀐 모습이다.

    그런데 '곰-', '꼼-'을 다른 관점에서 볼 수도 있다. 즉 '꼼-'은 '꼼치다' 외에도 여수, 고흥에 '곰판다', '곰돈다'라는 말을 찾아볼 수 있는데, '꼼판다(곰판다)'는 '뒷조사를 해본다'는 뜻을 지니고 있고, '곰돈다'는 '적의 뒤쪽(배후)를 돌아서 가다(공격하다)'에서 볼 수 있는데, '곰'은 '뒤쪽'의 의미를 가지고 있는 것을 알 수 있다.

따라서 '곰'은 '뒤', 또는 '잘 보이지 않는 곳'을 의미한다고 볼 수 있으며 '곰추다' 역시 '잘 보이지 않게 뒤쪽으로 숨기다'는 의미를 지니게 되었다고 볼 수 있을 것이기 때문이다. '곰(뒤쪽으로)+추+다' 정도로 볼 수 있지 않을까 생각한다.

각지의 지명에서 보이는 '곰골', '곰말', '곰태', '곰산' 등에서 '곰-'의 의미는 공통적으로 그 위치가 '북쪽' 또는 '뒤쪽'에 위치하고 있는 것을 볼 수 있다.

현장 구술 담화

"동네 게론식 헐 때 놈들 모르게 차꼬 떡을 **꼼쳐** 났다가 즈그 아들 오면 살짝 주고 그러더만."(동네 결혼식 할 때 남들 모르게 자꾸 떡을 **감추어** 났다가 자기 아들이 오면 살짝 주고 그러더구먼.)(진도군)

❼ 있도없다[없다]

전라도 말의 특징 중의 하나는 부정문에서 특이한 통사구조를 가지고 있는데, 표준어의 '없다'라는 표현을 '있도 없다', '있도 안해'라는 말이 있다. '있도 없다', '있도 안해'라는 통사구조의 특징을 보자.

전라도의 부정표현의 특징 중 하나는 위에서와 같이 부정요소 '안', '못' 등의 위치변경이 자유롭다는 것이다. 아래의 예시처럼 '알도 모른 것이 (모르는 것이)', '고놈이 안 속을 태우요(그 놈이 속을 태우잖아요)', '있도 안해(없다)' 등의 말들이 자유롭게 사용되고 있는 것이다.

"늦게까장 가시내가 안 들어옹께 밤에 얼매나 **안 속을 태웠소**(속을 태웠잖아요)."

"우리 거그 **안 갔냐**(갔잖아)."

"진작 우덜이 거그 **갔다고 안**(갔잖아)."

"근디 암도 없시야. 위매 겁나 **안 무섭냐**(무서웠지)."

"그래각고 얼렁 **안 와 부렀냐**(와 버렸지)."

"지는 **알도 모른 것이**(모르는 것이) 차꼬 머시라 그래싸서 빰따구 맞었제."

"그런 건 한나도 **있도 안해**(없어)."

이러한 특징은 우리 전라도에서만 들을 수 있는 특징적인 대화 장면이다.

'있도 안해', '있도 없다', '알도 몰르다'는 말은 분명 상대방에게 의자를 명확히 전달하고픈 화자의 확인성 의지가 담긴 말일 것이다.

'없다' 하면 될 것을 앞에서 부차적인 설명을 더함으로써 강조를 하는 것이다.

이렇듯 전라도말의 부정 표현은 특이하다.

현장 구술 담화

"거칠거칠 짐치 같은 걸 묵은께. 해우는 **있도 잘 없었고**. 해우도 그랬고, 쌀도 귀헐 때고, **있도없다**고. 멋이 다 떨어져 없다고, **있도없다고**."(거칠거칠 김치 같은 것을 잘 먹으니까. 김은 별로 **없었고**. 김도 그랬고, 쌀도 귀할 때고, **없다고**. 무엇이 다 떨어져 없다고, **없다고**.)(나주시)

08 대니다(다니다)

어떤 볼일이 있어 일정한 곳을 정하여 놓고 드나드는 일을 표준어로 '다니다'라고 말하는데 전라도에서는 흔히 '댕긴다', '댕인다', '대니다'라고 한다.

'댕인다', '댕긴다', '대니다'는 원래 무슨 뜻이었을까?

먼저 표준어 '다니다'와 관련된 옛말은 15세기 '둔다(달리다)', '니다(가다)'를 볼 수 있는데, 같은 시기 이 둘의 합성어 '둔니다'도 함께 나타난다.

'다니다'는 바로 '둔니다'의 변화형임을 쉽게 알 수 있다. 즉 '둔+니다'가 '둔니다>든니다>다니다'로 변해 온 것이다.

그래서 '둔니다'는 '둔다(走 달리다)'와 '니다(行 가다)'의 합성어로 원의미는 '달리면서 가다'는 뜻이었다.

그런데 현대국어에서 '다니다'의 의미는 '달리면서 가다'는 뜻이 아니고, 옛말 '니다(가다)'와 같은 뜻, 그냥 '걸어가는 모습'을 이야기하고 있을 뿐이다. 전라도의 '댕이다', '대니다' 역시 '걸어가다'는 의미를 지닌 형태로 '둔니다>다니다>대니다>댕이다'로 변화한 모습이다. 원래는 '달리면서 간다'는 뜻에서 의미가 변한 말이다.

그리고 전라도에서는 '댕이다'보다 오히려 '댕기다'가 더 많이 사용되

고 있다. '댕기다'형의 옛말은 '든기다(17세기)'였는데, '든기다'도 '닫니
다'와 같은 환경에서 사용되었으나 역시 지금의 '다니다'의 의미로 굳어진
것을 알 수 있다.

　참고로 표준어 '달리다(走)', '다투다(爭)'도 옛말 '듣(走)'와 관련이 있
는 말이다. '달리다'는 '듣니다＞든니다＞달리다'일 것이고, '다투다'도 옛
말이 '듣토다'였는데 이는 '듣다＋오다'가 아닐까 싶다. 즉 '앞다투어 빨리
재촉하여 달려오는 일' 이것이 '다투다(爭 싸우다)'로 의미확대가 이루어
진 것이라 보인다.

▇ 현장 구술 담화

　"망태 짊어지고 **댄닌다** 그래요. 연장도 담아 갖고 **대니지요**. 어디 놀로 마
실대니냐? 어떤 사람들은 니는 어디로 **댕개** 쌌냐 그러고. 나는 여그 이장 만
낼라고 **대니로** 왔다."(망태기 짊어지고 **다닌다**고 해요. 연장도 담아가지고
다니지요. 어디 놀러 마을다니냐? 어떤 사람들은 니는 어디로 **다녀** 대느냐
그러고. 나는 여기 이장 만나려고 **다녀** 왔다.)(구례군)

⑨ 근분에(워낙)

전라도에서는 '근분에', '근분'이라는 말을 사용하는데 표준어의 '워낙'에 해당하는 말이다. '근분에', '근분'은 어디에서 온 말일까?

"가는 **근분에** 심이 싱께 씨름을 허면 기술이 안 멕혜들어."(그 애는 워낙 힘이 세니까 씨름을 하면 기술이 안 먹혀들어.)

'근분에'는 '워낙'에 해당하는 말인데, '애당초', '근본적으로'의 뜻인 '근본(根本)'에서 온 말이다. '근본'에서 나왔지만, '애당초', '근본적으로'의 뜻보다는 '아예', '워낙', '놀랍게도'에 더 가깝다.

전라도에서 같은 뜻을 가진 다른 말로는 '원체'라는 말이 쓰인다. 또 정반대의 의미로 '아무리 해도'의 뜻인 '당체'라는 말이 쓰인다.

이 '당체'는 '도무지', '영'의 뜻을 나타내는 말인 '당초에'라는 말의 변형이다. 또 이와 같은 말 '당췌'라는 말도 있다. 즉 원래는 '일이 생기기 시작한 처음'을 말한다. '당초(當初)에', '처음에'라는 뜻이었는데, '도무지~할 수 없다'는 뜻으로 변화를 겪은 말이다.

현장 구술 담화

"**근분에** 부자라 노니까 자석들도 잘 개치고 그랬다. 아 긍께 **근분에** 영리해놓께 멋이든지 잘헌다.(**워낙** 부자라서 자식들도 잘 가르치고 그랬다. 아 그러니까 **워낙** 영리해 놓으니까 무엇이든지 잘한다.)(여수시)

⑩ 잔생이(결코)

'좀체', '아무리 봐도'에 해당하는 말을 전라도에서는 '잔생이'라는 말을 들을 수 있다.

'잔생이'는 무슨 뜻으로 어떻게 생겨난 말일까?

"저놈은 먼 말을 해도 **잔생이**도 말을 안들어야."(좀체 말을 듣지 않 들어야.)"

'잔생이'는 '작다', '잘다'는 말의 어간 '잘'에 관형사형 어미 '-은', 그리고 '-생이(접미사)'가 붙어서 이루어진 말이다(잘+은+생이). '잔돈', '잔심부름', '잔챙이' 등에서 볼 수 있는 '잔'의 모습이다.

'-생이'는 '작다'는 의미의 접미사인데, '망생이', '염생이' 등에서 볼 수 있다. 그래서 '잔생이'는 '잘다'는 뜻이 두 번 겹쳐진 말이어서, 그대로 '아주 작다'는 의미가 강조된 말이다. 그러면서 뜻도 '작다'에서 '좀체', '조금도', '결코'의 의미로 변한 말이 된 것이다.

현장 구술 담화

"아 그 자석 말도 **잔생이**도 안듣고, 키도 **잔생이**도 안 크게 생겼다. 땅발심 허니 **잔생이**도 안 크게 생겼네."(아 그 자식 말도 **좀체** 듣지 않고, 키도 **좀체** 잘 안 크게 생겼다. 짤막하게 **좀체** 안 크게 생겼네.)(보성군)

⑪ 물짜다[형편없다]

　'형편없다'는 의미로 주로 전남의 동부에서는 '물짜다'라는 말이 쓰인다. '물짜다'는 말은 어떻게 생겨난 말일까?

　전라도에서는 '고물짜'라는 말이 있는데 쉽게 설명하면 표준어 '고물(古物)'은 다 '헐어 쓸모없이 되거나 헌것이 된 물건'을 뜻하고 여기에 접미사 '-짜'가 붙어서 생겨난 말이다. 접미사 '-짜'는 '진짜', '가짜', '알짜(중요한 것)'와 전라도 말 '얼짜(어리숙한 사람)' 등에서 볼 수 있다.

　그런데 전라도에서는 '고물짜'와 같은 의미의 명사 '물짜'라는 말이 함께 쓰인다. 그리고 그 쓰임이 확대되어 동사로 쓰이면서 '물짜다', '물짜게도', '참 물짜네' 등으로 사용된다. 또 '허술하고 칠칠맞게 행동을 하고 다니는 사람'을 일러 위와 같이 '물짠이'라는 말로 부르기도 한다.

　"**물짠이**겉은 것들이 도시고 댕이고 있당께.(**형편없는** 것들이 까불고 다니고 있다니까.)"

　이처럼 '물짜다'란 말은 원래 '고물짜'에서 앞의 '고-'가 탈락하고 남은 명사 '물짜'에 '-다'가 붙어서 동사 '물짜다'라는 말로 재구조화 한 말임을 알 수 있다.

"손지 미느리 줍고, 우리 미느리 줍고. 미느리 두 개가 요리 내래 갔어. 바보들 어먼 질로 간다고 글드라고. 미느리가 세탁기로 <u>**물짜게**</u>도 빨아 났그마." (손자 며느리가 줍고, 우리 며느리가 줍고. 며느리 둘이 이리 내려 갔어, 바보들 잘못된 길로 간다고 그러더라고. 며느리가 세탁기로 **형편없이** 빨아놓았구먼.)(구례군)

⑫ 취다〔자랑하다〕

전라도에서는 대상를 과도하게 칭찬하는 행위를 '취다'라고 하고 그렇게 자기 아내나 자식을 취는(칭찬하는) 사람을 '왼비치기', '반비치기'라는 말을 사용한다.

이 '취다'는 어떻게 생겨난 말일까?

대상을 지나치게 자랑하거나 칭찬하는 '취다'는 말의 쓰임을 전라도에서는 다음과 같이 흔히 들을 수 있다.

　"자식 **취고**, 지집 **취** 놈은 모지런 놈이제."(자식 자랑하고 아내 자랑한 놈은 모자란 녀석이지.)(장성군)

그런데 표준국어대사전에 '취다'에는 '칭찬'이라는 말은 전혀 없고 '춤을 추게 하다'는 뜻만 있다. 그리고 '칭찬하다'는 의미와 관련된 말은 '추키다'라는 말이 있다.

전라도의 '취다(추이다)'는 접미사 '-이'가 생산적이었던 중세국어의 조어법을 그대로 물려받은 모습이다. 즉 옛말의 사동법에는 '살다(生)>살이다'가 '살게 하다'의 뜻이고, '깊다(深)>깊이다'는 '깊게 하다'는 방식으로 만들어진 말이 많았기 때문이다.

그래서 전라도 말 '취다'는 예부터 사용해 왔던 '들어올리다, 추기다'는 뜻을 가진 '추다(15세기~현재)'의 사동형인 '*추이다>취다'의 모습으로 볼 수 있을 것 같다.

현대국어에서 이러한 '추이-' 형태의 말로는 '추임새{고수(鼓手)가 창(唱)의 사이사이에 흥을 돋우기 위하여 삽입하는 소리}', '추임(추앙하고 신임함)'에서도 찾아볼 수 있다.

그래서 '취다'는 예전에는 자주 사용되었으나 지금은 겨우 전라도 말에서 찾아볼 수 있는 소중한 고어 형태로 볼 수 있을 것 같다.

현장 구술 담화

"자식 **취는** 놈은 반비치기, 지집 자랑헌 놈은 왼비치기 그려. 모지래재 머여, 히도 우리 손녀 같은 놈은 하도 공부만 열심히 허글레 녹용 줄라고 지었어. 자식 자랑헌 놈은 반비치기, 또 지집 **취고**, 지집 **취는** 놈은 왼비치기."(자식을 **자랑하는** 사람은 절반바보, 마누라 자랑 하는 놈은 온전한 바보라고 해. 모자라지 뭐여, 그래도 우리 손자 같은 놈은(괜찮지) 하도 공부만 열심히 하기에 녹용 주려고 약 지었어. 자식 자랑하는 놈은 절반바보, 또 마누라 **자랑하고**, 마누라 **자랑하는** 놈은 온전한 바보.)(장성군)

⑬ 매칼시랍다(솜씨가 좋다)

'손끝이 야무지고 하는 일이 깔끔하다'는 의미로 전라도에서는 '매시랍다', '매칼시럽다'는 말을 사용한다.

이 '매시랍다', '매칼시랍다'는 어떤 의미를 가진 말로 생겨났을까?

표준어에서 아름답고 보기 좋은 모양새를 '맵시'라고 말하고, 이러한 맵시가 있는 모습을 '맵시롭다'고 말한다.

그래서 전라도 말 '매시랍다'는 말은 '맵시롭다'가 '맵시롭다>매시랍다'로 변한 말로 보인다.

"조각쟁이(바구니 등 생활용품 만드는 사람)치고 잘 사는 디 없다 그래. 또 바느질쟁이도 그래. 바느질 잘 헌 사람, **매시라운** 사람 없냐 안(**손끝이 야무지고 깔끔한 사람** 있잖아)."(여수시)

이와 비슷한 말로 화순, 여수 등지에서는 '매칼시럽다', '매깔시럽다'라는 말이 있다. 그런데 이 말은 '입에 당길 만큼 음식의 맛이 있다'는 뜻의 표준어 '맛깔스럽다'가 변한 말이다.

변화의 모습은 '맛깔스럽다>매깔시럽다>매칼시럽다'이다. 다만 '매칼시럽다'는 표준어 '맛깔스럽다'와 달리 '맛(味覺)'에 한정되어 쓰이지 않고 오히려 '매시랍다'와 같은 의미로 '맵시가 좋다'라는 비교적 넓은 의미로 사용되고 있는 것이다.

"솜씨가 얌전허먼 **매칼시럽게** 잘헌다. **매칼시럽게** 얌전히 잘 헌다. 아따 **매칼시럽게** 얌전허다. 깨끗이 얌전히 잘 헌다 그말이여." (솜씨가 좋으면 **맵시롭게** 잘한다. **맵시롭게** 잘 한다. 아따 **맵시롭게** 얌전하다. 깨끗이 얌전히 잘 한다 그 말이여.)(화순군)